Dia a dia com

LUTERO

DEVOCIONAL DIÁRIO

Dia a dia com
LUTERO

DEVOCIONAL DIÁRIO

Martinho LUTERO

Dia a dia com Martinho Lutero — Devocional diário
Esta obra é um trabalho de compilação e organização feita
por Marcos Rodrigues Simas e Adriel Moreira Barbosa.
Os textos foram extraídos das obras originais de Martinho Lutero.
Copyright © Publicações Pão Diário, 2024

COORDENAÇÃO DO PROJETO: Marcos Rodrigues Simas
COORDENAÇÃO EDITORIAL: Adolfo A. Hickmann
TRADUÇÃO E EDIÇÃO: Adriel Moreira Barbosa
REVISÃO: Dalila Mendes, Dayse Fontoura, Marília P. Lara
PROJETO GRÁFICO E CAPA: Audrey Novac Ribeiro
DIAGRAMAÇÃO: Raquel Segala Ribeiro, Rebeka Werner

Dados Internacionais de Catalogação na Publicação (CIP)

LUTERO, Martinho (1483–1546)
Dia a dia com Martinho Lutero — Devocional diário
Tradução: Adriel Moreira Barbosa — Curitiba/PR, Publicações Pão Diário
1. Devocional   2. Vida cristã   3. Encorajamento   4. Bíblia

---

Proibida a reprodução total ou parcial, em qualquer formato, sem prévia autorização, por escrito, da editora. Todos os direitos reservados e protegidos pela Lei 9.610 de 19/02/1998. Permissão para reprodução: permissao@paodiario.org

Exceto quando indicado o contrário, os trechos bíblicos mencionados são da edição Revista e Atualizada de João F. de Almeida © 2009 Sociedade Bíblica do Brasil.

Publicações Pão Diário
Caixa Postal 9740
82620-981 Curitiba/PR, Brasil
publicacoes@paodiario.org
www.publicacoespaodiario.com.br
Telefone: (41) 3257-4028

Capa dura: EU594
ISBN: 978-65-5350-407-3
Capa couro: HJ333
ISBN: 978-65-5350-408-0

1.ª edição 2024

Impresso na China

APRESENTAÇÃO

Martinho Lutero é uma das figuras centrais dos movimentos de Reforma que sacudiram a Europa no século 16. Sua experiência de vida, conversão, ensino e pregação o levaram a assumir posições firmes e enfrentar oponentes poderosos. Lutero era teólogo, no sentido mais forte que esta palavra pode ter. Todavia, isso não deve provocar em nossa mente a imagem de um homem atrás de uma mesa escrevendo incansavelmente, afastado das pessoas e das situações concretas da vida. A teologia não é feita para Deus, mas para o homem. O teólogo transmite aos ouvintes sua compreensão da mensagem divina, a fim de que sejam alcançados e libertos. É verdade que nem toda teologia é libertadora, pois seus pressupostos podem não estar alicerçados nas verdades bíblicas; mas, no caso desse homem, assim como de tantos outros que foram chamados naquele momento e em todos os tempos da Igreja, essa é uma verdade presente em suas palavras.

A experiência de libertação (ou de salvação) de Lutero o levou a se identificar com essa expressão em seu próprio nome. Lutero, derivado da expressão grega *eleutheria*, significa "liberdade". Assim também, a obra de Lutero foi construída em torno desse eixo teológico, pelo qual ele convidou sua geração a viver a experiência de salvação em Cristo e a consequente liberdade cristã. Por isso, todas as suas obras passam, de uma forma ou de outra, necessariamente por esse tema.

Acreditamos que essa é uma importante chave hermenêutica pela qual podemos compreender as aspirações e o trabalho de Lutero. Por isso, as leituras devocionais que você tem em mãos também estão atravessadas por reflexões que carregam essa preocupação. Expressões como "graça", "justificação", "conhecimento das Escrituras", "arrependimento", "piedade", "salvação", "reino de Deus", "boas obras", "fé", "pecado", "dia do julgamento", "aliança com Deus" marcam estes textos, e eles edificarão você ao longo das leituras diárias.

Sabemos que muitos cristãos não tiveram a oportunidade de ler alguma das obras de Lutero, embora muitas estejam traduzidas para o português. Então, com estas meditações, esperamos que você tenha um encontro com o coração desse homem de Deus, que procurou conduzir seus ouvintes a uma experiência com a mensagem do evangelho e a um encontro pessoal com o Deus da Bíblia. Apesar de terem sido escritos há mais de 500 anos, a força destes textos permanece atual, pois estão ligados aos conceitos e valores mais profundos e centrais da Bíblia.

Para aqueles que já leram alguma das obras do autor, devemos explicar que estas reflexões são porções de explanações maiores, traduzidas e adaptadas para ganharem a consistência de uma mensagem direta. Para isso, foram feitos ajustes necessários à fluidez da leitura, porém evitando inserções de elementos estranhos ao texto original. A nossa expectativa é que estes devocionais o encaminhem às Escrituras, ao conhecimento de Cristo e da obra da redenção, pois não há experiência ou conhecimento que substitua a compreensão da Verdade que nos salva.

Tenha uma leitura abençoada!

dos organizadores

Martinho
LUTERO

Martinho Lutero
(1483-1546)

artinho Lutero (1483-1546) nasceu com o nome de Martin Luder, filho de Hans e Margarethe Luder, em Eisleben, no Sacro Império Romano-Germânico. O sobrenome Luder deriva do nome de um dos imperadores romanos medievais, mas Lutero, quando adulto, passou a assinar Martinus Eleutherius (da expressão grega *eleutheria*, que significa "liberdade"), de onde procede nossa grafia mais comum para o seu sobrenome.

Logo após o nascimento de Lutero, sua família mudou-se para Mansfeld, a cerca de 16 km de distância de Eisleben. Em 1492, seu pai prosperou na empresa local de refino de cobre e foi nomeado vereador de Mansfeld. Além de suas memórias, as informações sobre a infância de Lutero são escassas, mas sabe-se que foi um tempo difícil, no qual seu pai trabalhava duro nas minas de cobre, enquanto sua mãe cuidava da casa e dos filhos.

Hans planejou a educação de Lutero para que ele não sofresse tanto e tivesse uma carreira intelectual como advogado. Lutero começou sua educação em Mansfeld, na primavera de 1488, onde aprendeu o latim, além de decorar os Dez Mandamentos, a Oração do Pai Nosso, o Credo dos Apóstolos e as orações da manhã e da noite. Em 1497, Lutero foi enviado para a cidade vizinha, Magdeburg, para frequentar uma escola administrada pelos Irmãos da Vida Comum, uma ordem monástica leiga, cuja ênfase na piedade pessoal exerceu uma influência duradoura sobre o jovem Lutero.

Em 1501, ele se matriculou na Universidade de Erfurt, na época, uma das universidades mais importantes da Alemanha. Os registros o descrevem como não elegível para receber auxílio financeiro, o que é um testemunho indireto do sucesso profissional de seu pai. Lutero fez o curso de Artes Liberais (lógica, gramática, retórica, geometria, astronomia, música e aritmética) e recebeu o bacharelado em 1502.

Essa formação dava-lhe a possibilidade de continuar seus estudos de pós-graduação em um dos três campos "superiores": Direito, Medicina ou Teologia. Ele começou a estudar Direito, de acordo com a vontade de seu pai. Porém, em 17 de julho de 1505, Lutero abandonou seus estudos jurídicos e ingressou no mosteiro da Ordem dos Eremitas de Santo Agostinho, em Erfurt, uma ordem mendicante fundada em 1256. O motivo de sua súbita mudança de vontade foi uma enorme tempestade que o assustou a ponto de ele prometer se tornar um monge, caso sobrevivesse.

Lutero poderia ter ignorado a sua promessa porque foi claramente feita sob pressão, mas ele não o fez, o que revela que a experiência foi apenas um gatilho para razões muito mais profundas nele. O pai de Lutero ficou naturalmente furioso por ele ter renunciado a uma carreira proeminente e lucrativa em favor do mosteiro e da pobreza voluntária. Em resposta à admissão de Lutero no mosteiro, seu pai respondeu que esperava que aquilo fosse apenas uma ilusão e um engano.

A vida monástica de Lutero refletia o compromisso assumido por muitos homens e mulheres, ao longo dos séculos, com um estilo de vida comprometido com o trabalho diário e a adoração. Seu pequeno alojamento não possuía aquecimento, apenas uma mesa, uma cadeira e uma cama. Ele foi plenamente aceito na ordem no outono de 1506 e procedeu à preparação para a sua ordenação ao sacerdócio. Segundo suas próprias memórias, ele celebrou sua primeira missa em maio de 1507, com considerável medo e tremor.

Mas Lutero não se conformou à rotina monótona de um monge e, em 1507, matriculou-se na Universidade de Erfurt para estudar Teologia. No outono de 1508, foi enviado para o convento agostiniano de Wittenberg, onde continuou seus estudos na universidade daquela cidade. Lutero completou os requisitos não apenas para o bacharelado em Bíblia, mas também para o grau teológico seguinte, o de Sentenciário, que o qualificava para lecionar a obra *Libri Quattuor Sententiarum* (Os Quatro Livros de Sentenças), de Pedro Lombardo, compilação sistemática de teologia da época. Em 19 de outubro de 1512, recebeu seu grau de Doutor em Teologia e, em 21 de outubro de 1512, foi recebido na faculdade de teologia da Universidade de Wittenberg como professor. Em 1515, ele foi nomeado vigário provincial da Saxônia e da Turíngia por sua ordem religiosa, o que significava que ele visitaria e supervisionaria cada um dos onze mosteiros de sua província.

De 1510 a 1520, Lutero lecionou sobre os livros de Salmos, Hebreus, Romanos e Gálatas. Ao estudar esses livros da Bíblia, ele se convenceu de que a Igreja havia perdido de vista várias das verdades centrais do evangelho, sendo a mais importante de todas a doutrina da justificação, isto é, o ato de Deus de declarar um pecador como justo, o que pode ser alcançado somente pela graça, por meio da fé. Então, ele começou a ensinar que a salvação ou redenção é um dom da graça de Deus, alcançável somente por intermédio da fé em Jesus como o Messias.

Durante esse período, o jovem sacerdote aprendeu sobre os problemas que poderiam surgir com o oferecimento de indulgências aos fiéis. A indulgência é a concessão de remissão (parcial ou total) de um castigo temporal imposto a alguém como resultado de seus pecados. Naquele tempo, qualquer pessoa que doasse dinheiro para a reforma da Basílica de São Pedro, em Roma, poderia receber indulgência plenária do papa.

Lutero julgou essa prática como um abuso que poderia confundir as pessoas e levá-las a confiar apenas nas indulgências, deixando de lado a verdadeira confissão e arrependimento. Em 1516 e 1517, ele proferiu três sermões contra as indulgências e, em 31 de outubro de 1517, fixou suas 95 Teses na porta da Igreja do Castelo de Wittenberg com um convite aberto para uma disputa escolástica sobre elas. As 95 Teses foram rapidamente traduzidas do latim para o alemão e impressas. Em apenas dois meses, foram distribuídas por toda a Alemanha, fazendo eclodir o movimento alemão da Reforma. Esse foi o primeiro fato histórico no qual a prensa móvel desempenhou um papel crucial na disseminação rápida e ampla de um documento.

A data de 31 de outubro de 1517 passou a ser celebrada como o Dia da Reforma Protestante (Reformationstag, em alemão) por vários estados alemães, devido à influência essencial desse movimento para a identidade cultural do país. Progressivamente, esse dia também passou a ser celebrado por diferentes igrejas originadas dos movimentos da Reforma e por diversas outras igrejas evangélicas.

Após 1525, Lutero já não desempenhou atividades centrais de ação na Reforma. Em vez disso, ele serviu como teólogo, conselheiro e facilitador da Igreja. Como resultado, as biografias de Lutero terminam frequentemente com o seu casamento com Catarina von Bora, em 1525. Tais narrativas deixam de fora os últimos 20 anos da sua vida, quando muita coisa aconteceu. Para muitos, o Lutero desses últimos anos parece menos cativante do que o Lutero anterior, que desafiou o imperador e o papa.

Lutero tinha doença de Ménière e catarata. Ele começou a sofrer de artrite, infecção no ouvido, pedras nos rins e na bexiga, em 1536. Em dezembro de 1544, começou a sofrer de angina. Três dias antes de morrer, em 15 de fevereiro de 1546, pregou seu último sermão em Eisleben, sua cidade natal. A preocupação de Lutero com as famílias de seus irmãos, que continuavam no comércio de mineração de cobre do seu pai, motivou sua última viagem para Mansfeld naquele mesmo ano. Na viagem de volta para Wittenberg, ele sentiu dores no peito, depois das 20h do dia 17 de fevereiro de 1546. Ele perdeu a fala devido a um derrame e morreu em Eisleben aos 62 anos, às 2h45 do dia 18 de fevereiro de 1546.

O pensamento acadêmico e pastoral de Lutero, ferrenho defensor da verdade evangélica sobre a fé e a salvação, foi a fagulha que incendiou incontáveis corações ao longo dos séculos e continua influenciando a Igreja atualmente. Segundo R.C. Sproul, as 95 teses, muito além de serem um chamado à discussão teológica, são a expressão da preocupação pastoral desse reformador com as almas. Lutero via nelas a carência por fé, esperança e amor. Por isso, o que impulsionava o ensino e a pregação desse pastor era que as pessoas conhecessem a Jesus e fossem alimentadas pelo evangelho.

1.º DE JANEIRO

PROSSIGAMOS EM CONHECER A CRISTO

*Antes, crescei na graça e no conhecimento
de nosso Senhor e Salvador Jesus Cristo.*

2 PEDRO 3:18

A lição fundamental da teologia é aprender a conhecer bem e corretamente a Cristo, pois Ele nos é apresentado de forma muito amável. Por isso, o apóstolo Pedro nos diz: "Crescei na graça e no conhecimento de nosso Senhor e Salvador Jesus Cristo"; e o próprio Cristo também ensina que devemos aprender a conhecê-lo apenas pelas Escrituras, sobre as quais Ele diz: "Examinai as Escrituras, porque julgais ter nelas a vida eterna, e são elas mesmas que testificam de mim" (JOÃO 5:39). Não devemos avaliar, criticar e entender as Escrituras de acordo com nosso próprio sentimento e razão naturais; devemos lê-las e meditar nelas diligentemente por meio da oração. O diabo e as tentações também nos dão alguma oportunidade de aprender e entender as Escrituras por experiência e prática. Sem provações e tentações, nunca entenderíamos nada sobre muitos assuntos contidos na Bíblia, embora possamos ter lido e ouvido diligentemente sobre eles. O Espírito Santo deve ser o único mestre e tutor que nos guia nesta prática de estudo, e os jovens e estudiosos não devem se envergonhar de aprender com esse tutor. Quando me encontro em tentação, logo me agarro e me apego a alguma verdade da Bíblia que Cristo Jesus me faz recordar, como, por exemplo, que Ele morreu por mim. Assim, recebo Seu consolo.

*Que eu possa aprofundar meu conhecimento
das Escrituras a partir das experiências
e lutas que estou enfrentando.*

Martinho Lutero

A NATUREZA DA FÉ

*Mas, a todos quantos o receberam, deu-lhes
o poder de serem feitos filhos de Deus, a saber,
aos que creem no seu nome.* JOÃO 1:12

A fé não é o que algumas pessoas pensam, e o devaneio humano delas é uma ilusão. Ao entenderem que a fé não depende de boas obras, elas caem em erro, embora falem e ouçam muito sobre a fé. "A fé não é suficiente... você deve fazer boas obras, deve ser piedoso para ser salvo", dizem. Todavia, a fé é a obra de Deus em nós, que nos transforma e nos dá um novo nascimento de Deus (JOÃO 1:13). Isso mata o velho Adão e nos torna completamente diferentes. A fé muda nosso coração, nosso espírito, nossos pensamentos e todas as nossas capacidades. Sim, a fé é algo vivo, é criativa, ativa e poderosa. A fé não pode deixar de nos induzir a fazer boas obras constantemente. A fé é uma confiança viva e ousada na graça de Deus, tão certa do favor de Deus que colocaríamos a vida em risco de morte mil vezes confiando nela. Essa confiança e conhecimento da graça de Deus torna o crente feliz, alegre e ousado em seu relacionamento com Deus e com todas as criaturas. O Espírito Santo faz isso acontecer por meio da fé. Por ela, nós, livremente, de boa vontade e com alegria, fazemos o bem a todos, servimos a todos, sofremos todos os tipos de coisas, amamos e louvamos o Deus que nos revelou tal graça. Assim, é tão impossível separar a fé das obras quanto separar o calor e a luz do fogo! Por isso, tenha cuidado com suas próprias ideias falsas e guarde-se desses especuladores inúteis, que pensam que são espertos o suficiente para definir fé e obras. Peça a Deus para operar a fé em você, ou você permanecerá para sempre sem fé, não importa o que deseje, o que diga ou o que possa fazer.

*Minha fé me dará ousadia e confiança em meu
relacionamento com Deus e com todos os homens!*

Martinho Lutero

O CORAÇÃO DOS BEM-AVENTURADOS

*Bem-aventurado o homem
que não anda no conselho dos ímpios...*
SALMO 1:1

Salmo 1 é um salmo de consolação. Por meio dele, o coração das pessoas piedosas é encorajado e estimulado a magnificar a Palavra de Deus acima de todas as coisas, pois nela está a verdadeira vida e a salvação. Também é encorajado a ouvir, ler, ponderar e meditar sobre ela com prontidão, pois este salmo mostra que somente os verdadeiramente abençoados, prósperos em todas as coisas e que desfrutam de uma consolação firme, segura e eterna, tanto na prosperidade quanto na adversidade, são capazes de aprender e conhecer sobre a Palavra, a vontade e as obras de Deus. Assim como uma grande palmeira plantada à beira d'água cresce continuamente e, a despeito de toda a violência das tempestades, mantém-se firme contra todos os pesos que o homem pode colocar sobre ela e, por um crescimento secreto, torna-se cada dia mais forte e próspera, produzindo seus frutos em sua estação — assim, diz este salmo, os santos se tornam melhores e crescem continuamente pelo Espírito e pela Palavra; assim eles se tornam cada vez mais firmes, constantes e invencíveis contra todo mal; assim, diariamente, eles se tornam mais fortalecidos contra todas as calamidades da vida.

*A Palavra de Deus é meu alimento diário, como a água
é para a árvore plantada junto a corrente de águas.*

Martinho Lutero

DEVEMOS PREGAR A QUALQUER CUSTO

*...nos últimos dias,
sobrevirão tempos difíceis...*
2 TIMÓTEO 3:1

Certa ocasião, Albertus, bispo de Mentz, por acaso, tomou a Bíblia nas mãos e leu-a por quatro horas. Um de seus conselheiros entrou repentinamente em seu gabinete e, vendo a Bíblia nas mãos do bispo, ficou muito surpreso e perguntou-lhe: "O que Vossa Excelência faz com esse livro nas mãos?". Ele, então, respondeu: "Não sei que livro é este, mas tenho certeza de que tudo o que está escrito nele está totalmente contra nós". Em pouco tempo, haverá tamanha falta de pregadores e ministros íntegros que as pessoas ficariam felizes em riscar da face da Terra os bons e piedosos mestres que agora vivem, se pudessem pegá-los. Quando esse tempo chegar, as pessoas verão o que fizeram ao prejudicar e desprezar os ministros da Palavra de Deus. Há médicos e advogados suficientes, talvez demasiados, para servir a este mundo, mas um país precisa de 200 ministros do evangelho para cada advogado. O príncipe da Saxônia tem 20 advogados em todo o seu território, mas deve ter cerca de seis mil pregadores e ministros. Se eu soubesse o que agora sei quando comecei a escrever — isto é, que as pessoas são tão inimigas da Palavra de Deus e tão ferozmente se colocam contra ela — verdadeiramente eu teria me calado. A princípio, pensei que as pessoas estavam pecando por ignorância e por fraqueza humana, não por causa de um propósito e para intencionalmente tentar sufocar a Palavra de Deus; mas aprouve a Deus guiar-me como um cavalo de corrida com olhos vendados, que não pode ver quem disputa com ele.

Embora existam muitos pregadores e pastores, Deus ainda precisa que pessoas se levantem e preguem Sua Palavra.

Martinho Lutero

NUNCA SE AFASTE DA PALAVRA DE DEUS

Não cesses de falar deste Livro da Lei;
antes, medita nele dia e noite…
JOSUÉ 1:8

Se eu fosse dependente da Palavra de Deus em todos os momentos e sempre tivesse tanto amor e desejo por ela como às vezes tenho, eu certamente seria o homem mais abençoado da face da Terra. Assim como eu, o amoroso apóstolo Paulo também falhou nisso, como o vemos se lamentar com um coração quebrantado em Romanos 7:23: "…vejo, nos meus membros, outra lei que, guerreando contra a lei da minha mente…". Seria a Palavra de Deus falsa por nem sempre produzir frutos em nós? Verdadeiramente esta arte de examinar e conhecer a Palavra tem estado em grande perigo desde o começo do mundo e tem sido ameaçada. São poucas as pessoas que podem alcançá-la, exceto se Deus, por meio de Seu Espírito Santo, ensiná-la a seu coração. Os sectários não entendem a força da Palavra de Deus. Fico me perguntando como eles podem escrever e ensinar tanto sobre a Palavra de Deus, sendo que a consideram tão pouco. Ferdinand, Príncipe Eleitor da Saxônia, costumava dizer que nada poderia ser proposto pela razão e pelo entendimento humanos — por mais sábio, astuto ou perspicaz que fosse — que um homem, mesmo partindo da mesma proposição, não fosse capaz de refutar ou derrubar. Mas a Palavra de Deus permanece firme e segura, como uma poderosa parede que não pode ser abalada nem derrubada.

Se eu meditar na Palavra de Deus
todos os dias, serei fortalecido
e vencerei todas as minhas lutas
exteriores e interiores.

Martinho Lutero

O NOSSO REI NOS SALVA E PRESERVA

*Os reis da terra se levantam,
e os príncipes conspiram contra o
Senhor e contra o seu Ungido...*

SALMO 2:2

Este salmo é uma notável profecia a respeito de Cristo, que prediz Seu sofrimento, Sua crucificação, Sua glorificação. Anuncia que Cristo se tornaria Rei e Senhor de todas as criaturas, que a Ele deve ser dado todo o poder no Céu e na Terra e que Seu nome deve estar acima de todo nome mencionado, não apenas neste mundo, mas no que está por vir. Este salmo também contém promessas consoladoras, a saber, que aquele que está assentado nos Céus (em comparação com quem todos os reis da Terra são meros vermes) zomba e, em um piscar de olhos, derrota todos os conselhos deles e todos os seus astutos ardis contra a Palavra e o reino de Cristo; e que Ele sempre poderosa e milagrosamente salva, preserva, liberta e faz prosperar os crentes e toda a igreja em todo o mundo, contra todos os poderes do reino do diabo e contra as portas do inferno. Este salmo flui do primeiro mandamento, em que Deus declara que somente Ele é o nosso Deus, para nos salvar e nos livrar de todas as aflições. É somente Ele que nos livra, por meio de Cristo, do pecado, da morte, do poder do diabo e do inferno e nos dá a vida eterna. E isso também se refere à segunda petição da oração do Senhor: "...venha o teu reino..." (MATEUS 6:10).

*Somos súditos desse Rei eterno
e poderoso. Então, o que temeremos?
Estamos sob o poder de Seu cetro!*

Martinho Lutero

NÃO SE CANSE DAS PALAVRAS DE CRISTO

...as palavras que eu vos tenho dito são espírito e são vida. JOÃO 6:63

Se as preciosas palavras ditas pelo Senhor Jesus Cristo não tivessem sido registradas, um espírito excessivamente curioso tentaria e impeliria todos a correr atrás dele até Jerusalém ou até o fim do mundo para ouvir apenas uma palavra proferida por Seus lábios. Haveria muito dinheiro disponível para construir uma boa estrada, e cada um se vangloriaria de ter ouvido ou lido as próprias palavras que o Senhor Cristo tivesse dito. Ó, que homem maravilhosamente feliz seria aquele que tivesse sucesso nisso! Certamente seria assim se não tivéssemos nenhuma das palavras de nosso Salvador por escrito — embora muitas tenham sido escritas por outros homens — e todos diriam: "Sim, eu realmente posso ler o que Paulo e outros apóstolos ensinaram, mas preferiria ler o que o próprio Jesus disse e pregou". Mas agora que é tão comum que todos tenham as Suas palavras registradas em um livro e possam lê-las diariamente, ninguém as considera especiais e preciosas. Sim, nós nos cansamos delas e as negligenciamos, como se não tivesse sido a mais alta majestade do Céu que as tenha proferido. Por isso, somos justamente penalizados por nossa ingratidão e tratamento desdenhoso a essas palavras, obtendo pouco delas e nunca provando que tesouro, força e poder existem nas palavras de Cristo! Contudo, aquele que tem a graça de reconhecê-las como palavras de Deus, e não do homem, certamente as considerará as mais elevadas e preciosas palavras e nunca se cansará delas.

As palavras de Jesus são tão poderosas
que nunca me cansarei de lê-las.
Sempre aprenderei algo novo por meio delas.

Martinho Lutero

O SINAL DA VERDADEIRA FÉ

Dizei à filha de Sião: Eis aí te vem o teu Rei, humilde, montado em jumento, num jumentinho, cria de animal de carga. MATEUS 21:5

Quando Cristo diz: "Dizei à filha de Sião", isso está relacionado a uma nova mensagem dada para que os discípulos pregassem, ou seja, um conhecimento correto de Cristo. Eu sempre digo que existem dois tipos de fé. O primeiro é a fé na qual a pessoa realmente acredita que Cristo é alguém como está descrito e proclamado nos evangelhos, mas não acredita que ela tenha alguma parte nele e pensa: Sim, Ele é alguém assim para os outros, mas como lá saber se Ele é assim para mim ou se posso esperar o mesmo dele e confiar nele como fizeram as outras pessoas? Esta fé não é nada, não recebe a Cristo nem desfruta dele, tampouco pode sentir amor e afeição vindos dele ou por Ele. É uma fé sobre Cristo e não em (ou de) Cristo, uma fé que os demônios também têm, assim como os homens maus. Pois quem é que não acredita que Cristo é um Rei misericordioso para os santos? Ao mencionar "a filha de Sião", o Senhor se refere ao outro tipo de fé: a verdadeira fé. Pois, se Ele ordena que as tais palavras a respeito de Cristo sejam ditas, deve haver alguém para ouvir, receber e entesourá-las com uma fé firme. Tal fé produzirá em você amor por Cristo e alegria nele, e as boas obras em você virão naturalmente. Se isso não ocorrer, a fé certamente não está presente, porque, onde está a fé, aí está o Espírito Santo para operar o amor e as boas obras.

A verdadeira fé tem produzido em mim os frutos de boas obras que se esperam de um verdadeiro filho de Deus?

Martinho Lutero

A FÉ, O AMOR E AS BOAS OBRAS

*...porque o amor cobre
multidão de pecados.*
1 PEDRO 4:8

Estas e outras passagens semelhantes não significam que as obras podem apagar ou remover o pecado, pois isso roubaria de Cristo Seu ensino e toda a Sua obra. Essas obras são, seguramente, obras de fé, daquele que, em Cristo, recebe a remissão dos pecados e a vitória sobre a morte. Pois é impossível para aquele que crê em Cristo como único Salvador não amar e não fazer o bem. Se ele não pratica o bem nem ama, certamente a fé não está presente nele. Conhecemos a árvore pelo tipo de fruto que ela produz, e é pelo amor e pela ação que se evidencia que Cristo está em nele. A fé apaga o pecado de maneira diferente do amor: a fé faz isso por si mesma, enquanto o amor ou as boas obras demonstram que a fé apagou o pecado e está presente, como diz o apóstolo Paulo: "...ainda que eu tenha tamanha fé, a ponto de transportar montes, se não tiver amor, nada serei." (1 CORÍNTIOS 13:2). Por quê? Sem dúvida porque a fé não está presente onde não há amor, pois eles não podem ser separados um do outro. Então, cuide para que você não erre e seja desviado da fé para as obras. A boas obras devem ser praticadas, mas não devemos confiar nelas, em vez de confiar na obra de Cristo. Não devemos tocar o pecado, a morte e o inferno com nossas obras, mas encaminhá-los de nós para o Salvador. Ele apagará o pecado, vencerá a morte e subjugará o inferno. Se você permite que Ele realize essas obras enquanto serve ao próximo, terá um testemunho seguro de fé no Salvador que venceu a morte.

*Quero ter amor e fé para servir
ao meu próximo.*

Martinho Lutero

COMO PODEMOS NOS TORNAR PIEDOSOS

*Como, porém, invocarão aquele
em quem não creram?*
ROMANOS 10:14

O que devo fazer para ser piedoso e para que Deus comece Sua obra em mim? A resposta é: não cabe a você trabalhar para ser piedoso, muito menos para aprofundar e completar esta obra em você. Tudo o que você começa está sob o pecado, mesmo que brilhe com muita intensidade; você não pode fazer nada além de pecar, independentemente do que fizer. Portanto, não adianta ensinar às pessoas a orar e fazer boas obras, fundar algo, doar, cantar, tornar-se espiritual, a fim de, com isso, alcançar a graça de Deus. Antes que você possa clamar a Deus e buscá-lo, Deus deve vir a você e encontrá-lo. Sendo assim, aprenda com esse evangelho o que acontece quando Deus começa a nos tornar piedosos, e qual é o primeiro passo para nos tornarmos piedosos. Não há outro começo senão que seu Rei venha até você e comece a trabalhar em você. Acontece assim: o evangelho deve ser pregado e ouvido. Nele, você ouve e aprende como todas as suas obras não valem nada diante de Deus e que tudo o que você faz é pecaminoso. Seu Rei deve, primeiro, estar em você e governá-lo. Nisso está o princípio da sua salvação; ao ouvir e ver que tudo o que você faz é pecado e não vale nada, e receber pela fé o seu Rei, agarre-se a Ele e implore por Sua graça. Assim, você encontrará consolo em Sua misericórdia. Quando isso ocorrer, não será o seu poder, mas a graça de Deus que tornará o evangelho frutífero em sua vida, e você saberá que você e as suas obras não são nada.

*Eu confio plenamente na graça de Deus
para me fazer agradá-lo?*

Martinho Lutero

O SENHOR NUNCA NOS DESAMPARA

São muitos os que dizem de mim:
Não há em Deus salvação para ele.

SALMO 3:2

Esta é uma oração de Davi no tempo de sua maior aflição, quando estava sob a provação mais severa de sua vida. Temos diante de nós um exemplo de como esse notável homem de Deus orou ao Senhor com fé quando todo o Israel se revoltou contra ele e se voltou para Absalão, tornou-se fugitivo, foi abandonado por todos e traído por sua própria família e estava em meio ao mais terrível perigo de vida e sob esta pesada calamidade — e que fervor de coração havia em seu clamor! Com um maravilhoso estado de espírito e uma notável experiência de fé, ele exaltou a grandeza da longanimidade e da bondade de Deus, quando disse: "Do Senhor é a salvação..." (v.8), como se dissesse: "O Senhor é o único que tem a salvação em Suas mãos, só Ele controla a vida e a morte". Ele estabelece e muda reinos em um momento, assim como bem quiser. Nenhum perigo é tão grande, nenhuma morte tão iminente, que Ele não possa livrar, se apenas invocarmos com verdadeira fé e nele nos escondermos. Este salmo faz referência ao primeiro mandamento, no qual lemos: "Eu sou o Senhor, teu Deus..." (ÊXODO 20:2); e está compreendido na sétima petição da oração do Pai Nosso, com a qual oramos: "...livra-nos do mal" (MATEUS 6:13).

Minha confiança está completamente
em Deus e na Sua salvação?

Martinho Lutero

OS DONS DE CRISTO PARA A SUA IGREJA

Aquele que não poupou o seu próprio Filho, antes, por todos nós o entregou, porventura, não nos dará graciosamente com ele todas as coisas? ROMANOS 8:32

Cristo não apenas nos salva do domínio e da tirania do pecado, da morte e do inferno, e torna-se nosso Rei, mas também oferece tudo o que Ele é e tem, como escreve Paulo. A filha de Sião recebe dois dons de Cristo. O primeiro é a fé e o Espírito Santo em seu coração, pelo qual ela se torna pura e livre do pecado; o outro é o próprio Cristo, por quem ela pode se gloriar nas bênçãos dadas por Ele, como se tudo o que Cristo é e tem pertencesse a ela, e para que ela possa confiar em Cristo como em sua herança. O apóstolo Paulo fala disso em Romanos 8:34, ao afirmar que Cristo "intercede por nós". Se Ele interceder por nós, nos receberá e nós o receberemos como nosso Senhor. E, em 1 Coríntios 1:30, Paulo afirma que Cristo "se nos tornou, da parte de Deus, sabedoria, e justiça, e santificação, e redenção". Sobre dons em dobro, lemos em Isaías 40:2: "Falai ao coração de Jerusalém, bradai-lhe que já é findo o tempo da sua milícia, que a sua iniquidade está perdoada e que já recebeu em dobro das mãos do Senhor por todos os seus pecados". Isso significa que Ele vem a você para o abençoar; pelo fato de ser seu Rei, você recebe Sua graça em seu coração, para que Ele o livre do pecado e da morte e assim se torne seu Rei e você, súdito dele. Ó, que forma alegre e reconfortante de falar sobre esse assunto! Quem se desesperará e terá medo da morte e do inferno, se crer nessas palavras e receber a Cristo como seu?

Que eu possa desfrutar da Sua maravilhosa graça todos os dias da minha vida.

Martinho Lutero

NÃO SE AFASTE DA PALAVRA DE DEUS

Induzo o coração a guardar os teus decretos,
para sempre, até ao fim.
SALMO 119:112

Eu acredito que os melhores pregadores são aqueles que ensinam às pessoas comuns e aos jovens da maneira mais clara e simples possível, sem sutilezas, sem palavras deturpadas ou ampliações. Cristo ensinou ao povo por meio de parábolas claras e simples. Da mesma forma, os melhores ouvintes são aqueles que, de bom grado, ouvem e creem na Palavra de Deus simples e claramente. Embora sejam fracos na fé, enquanto não duvidarem da doutrina, devem ser ajudados; pois Deus pode suportar (e certamente suportará) as nossas fraquezas, se apenas as reconhecermos e novamente buscarmos Sua cruz, corrigindo-nos e buscando a graça de Deus. Davi diz: "Aborreço a duplicidade, porém amo a tua lei" (SALMO 119:113) e mostra com isso que devemos considerar diligentemente o poder da Palavra de Deus e nunca a desprezar, como fazem alguns, pois Deus nos visitará e tratará conosco. É isso que os antigos Pais da Igreja dizem bem sobre este assunto, ou seja, que não devemos olhar para a pessoa que batiza ou ministra no altar, mas para a Palavra de Deus. Nosso Senhor Deus elege a quem Ele revela a Sua Palavra e lhe dá boca para anunciá-la; Ele preserva e mantém Sua Palavra, não pela espada, mas por meio de Seu poder divino.

Nunca devo me afastar da Palavra de Deus,
mesmo quando tudo parece estar bem.

Martinho Lutero

O GLORIOSO REINO DE CRISTO

*Ouve, filha; vê, dá atenção; esquece
o teu povo e a casa de teu pai.*

SALMO 45:10

Este salmo é uma profecia a respeito do evangelho e do reino de Cristo. Ele fala, de forma figurada e com ricas e amáveis expressões, sobre a esposa de Cristo, a Igreja. Também descreve Cristo vindo em Sua pompa real. E, para colocar o reino de Cristo diante de nossos olhos em uma imagem preciosa, o salmista o apresenta em palácios e casas de marfim, com uma rainha acompanhada de suas damas, filhos e filhas. Todas essas coisas devem falar sobre o reino espiritual de Cristo e a Igreja, onde Ele é Rei, poderoso, sábio, justo, gracioso e vitorioso. Além disso, Ele é apresentado como um vencedor triunfante sobre o pecado, a lei e a morte. Davi prediz claramente que a lei do Antigo Testamento seria revogada, quando afirma "esquece o teu povo e a casa de teu pai", pois ele parece olhar para a sinagoga. E o versículo 11, "o Rei cobiçará a tua formosura; pois ele é o teu senhor; inclina-te perante ele", mostra que não há Deus verdadeiro fora de Cristo e atribui a Cristo honra divina, a saber, a do primeiro e grande mandamento, isto é, a adoração. E no sexto e sétimo versículos, o salmista claramente o chama de Deus. Sendo Cristo um Rei eterno, cujo trono é fundamentado na justiça, pode justificar todos os que nele creem, tirar o pecado e destruir a morte e o inferno. E ninguém pode ser um rei eterno e imortal, senão Aquele que é verdadeira e naturalmente Deus!

*Sou vencedor sobre o pecado e a morte porque
estou sob o cetro do Rei eterno, Jesus.*

Martinho Lutero

QUÃO GRANDES BÊNÇÃOS DEUS TEM NOS CONCEDIDO!

*Aquele que não poupou o seu próprio Filho,
antes, por todos nós o entregou, porventura,
não nos dará graciosamente com ele
todas as coisas?* ROMANOS 8:32

Se Deus apenas retivesse o brilho do sol, o ar, a água ou o fogo… ah, quão rapidamente daríamos todo o nosso dinheiro e qualquer riqueza para usufruir novamente de Sua criação. Mas, vendo Deus tão generosamente acumular Seus dons sobre nós, os reivindicamos como se fossem nossos por direito, mas esses lhe pertencem e Ele pode tirá-los de nós, se quiser. A indizível multidão de Seus benefícios obscurece a fé dos crentes e muito mais a dos ímpios. Por todos os Seus benefícios, Deus recebe em troca apenas ingratidão. Ele dá o Sol e a Lua, as estrelas e os elementos — fogo e água, ar e terra — e todas as criaturas; corpo, alma e todo tipo de manutenção necessária de frutas, grãos, milho, vinho e o que for proveitoso para a preservação desta vida temporal; além disso, Ele nos dá Sua Palavra salvífica… sim, Ele mesmo a concede. E o que Deus ganha com isso? Verdadeiramente nada mais do que ser perversamente blasfemado; sim, Seu único Filho ser lamentavelmente desprezado e pendurado no madeiro e Seus servos, atormentados, banidos, perseguidos e mortos. Essa é a gratidão que Ele recebe por Sua graça, por criar, redimir, santificar, nutrir e preservar. Ai desse mundo! Nosso amoroso Senhor Deus deseja que comamos, bebamos, alegremo-nos e façamos uso de Sua criação, pois para isso Ele a criou. Ele não quer que reclamemos, como se Ele não tivesse dado o suficiente, ou como se não pudesse manter nossa pobre vida; apenas requer que o reconheçamos como nosso Deus e o agradeçamos por Suas dádivas.

*Senhor, meu Deus, ajuda-me a ter um coração
grato por todos os Teus benefícios.*

Martinho Lutero

A RIQUEZA DA JUSTIÇA CELESTIAL

*Pois disse eu: a benignidade está
fundada para sempre; a tua fidelidade,
tu a confirmarás nos céus...*
SALMO 89:2

"Confirmada nos céus" quer dizer uma justiça celestial que é anunciada pelo evangelho, que não se baseia em qualquer dignidade ou mérito nosso, que é a justiça de Cristo, imputada, graças a Cristo, a todos os que Nele creem; e, portanto, as riquezas prometidas desse Reino são o dom do Espírito e a remissão dos pecados, com todas as demais bênçãos espirituais. Essas bênçãos não nos são oferecidas sob qualquer condição requerida pela Lei, nem por nossas obras ou mérito; elas nos são dadas gratuitamente por Deus. Portanto, a salvação não é uma questão condicionada às nossas obras, mas gratuitamente concedida a nós em Cristo, para que toda dúvida possa ser tirada de nossa alma e para que possamos descansar em plena segurança sobre a certeza imutável desta promessa de Deus. As imensas e gloriosas riquezas desse Reino espiritual, como o perdão dos pecados, o dom do Espírito, a vitória sobre a morte e sobre o diabo etc., são prometidas e dadas sem qualquer condição vinda da Lei; em uma palavra, a remissão de pecados é prometida gratuitamente não apenas àqueles que não fizeram nada para merecê-la, mas àqueles que fizeram tudo para perdê-la. Seu trono não é feito de ira e poder destruidor, mas de pura graça; não está fundado em nossas boas obras e méritos, mas na rocha da verdade segura e eterna que é Deus, por isso oferece uma grande e maravilhosa consolação às consciências aflitas dos pecadores.

*Eu posso confiar na justiça que vem pela fé
em Cristo Jesus, meu Senhor e meu Rei.*

Martinho Lutero

NOSSO SENHOR É MANSO

Tomai sobre vós o meu jugo e aprendei de mim, porque sou manso e humilde de coração; e achareis descanso para a vossa alma. MATEUS 11:29

A palavra "manso" deve ser especialmente notada, pois ela conforta a consciência sobrecarregada pelo pecado. O pecado naturalmente cria uma consciência covarde, que faz o homem fugir por medo de Deus, como Adão fez no Éden. Ela não suporta a aproximação de Deus, pois sabe e sente que Deus é inimigo do pecado e o castiga severamente. Para que tal covardia não nos aflija, Ele nos dá a reconfortante promessa de que nosso Rei vem mansamente a nós, como se dissesse: Não fuja nem se desespere, porque Ele vem a você, não como para Adão, para Caim, no dilúvio, em Babel, em Sodoma e Gomorra, nem como para o povo de Israel no Monte Sinai; Ele não vem a você com ira; não deseja ajustar contas com você e exigir que você pague sua dívida com Ele. Toda ira é deixada de lado e não há nada além de ternura e bondade. Ele fará com que você tenha prazer, amor e confiança nele, permaneça com Ele e encontre refúgio — e isso tudo em maior grau do que foram seu medo e fuga de Sua presença. Seu Senhor é manso. Ele deseja tranquilizá-lo, confortá-lo e aproximá-lo dele com amor e bondade. Deus fala de forma consoladora a uma consciência carregada de pecado, anunciando Seu evangelho. Como é possível que esta forma de falar não alegre o coração e não afaste todo o medo do pecado, da morte e do inferno, e não estabeleça uma consciência livre, segura e boa, que alegremente fará tudo o que a ela é ordenado?

Se minha consciência está atormentada pela culpa ou pelo medo, preciso me voltar para Jesus.

Martinho Lutero

A BÍBLIA É A PALAVRA DE DEUS

*Porque em verdade vos digo: até que
o céu e a terra passem, nem um i ou um til
jamais passará da Lei, até que tudo
se cumpra.* MATEUS 5:18

Posso demonstrar que a Bíblia é a Palavra de Deus da seguinte maneira: todas as coisas que existiram e que agora existem no mundo estão particularmente descritas no primeiro livro de Moisés acerca da criação. E assim como Deus as fez e as criou, assim elas permanecem até os dias de hoje. Embora Alexandre, o Grande, o Egito, o império babilônico, os monarcas persas, gregos e romanos, os imperadores Júlio e Augusto tenham se enfurecido ferozmente contra este Livro para destruí-lo por completo, não puderam prevalecer. Todos se foram, mas a Bíblia permaneceu pelos séculos e seguirá inalterada, perfeita e íntegra como quando foi escrita. Mas quem a preservou e ainda a defende? Verdadeiramente, não é nenhuma criatura humana, mas o próprio Deus, o único capaz de fazê-lo — e é uma tremenda maravilha que ela tenha sido protegida e preservada por tanto tempo, pois o diabo e o mundo são seus grandes inimigos. O diabo, sem dúvida, destruiu muitos bons livros da Igreja e matou muitos santos sobre os quais nada sabemos; porém, em relação à Bíblia, ele nada pôde fazer. Da mesma forma, o batismo, a Ceia do Senhor e a pregação permaneceram entre nós contra o poder de muitos tiranos e hereges que se opuseram a eles. Nosso Senhor Deus os preservou por Seu grande poder. As obras clássicas da literatura e outras semelhantes são proveitosas, mas nada são em comparação com a Bíblia.

*Que meu coração se apegue à Palavra de Deus
neste dia e eu confie nela plenamente!*

Martinho Lutero

A GRAÇA DE CRISTO ESTÁ SOBRE NÓS

*Ide à aldeia que aí está diante de vós e,
logo ao entrar, achareis preso um jumentinho,
o qual ainda ninguém montou; desprendei-o
e trazei-o.* MARCOS 11:2

O evangelho encoraja e exige fé, pois representa Cristo vindo com graça. A misericórdia, ternura e bondade de Cristo são reveladas nesta passagem, e aquele que recebe a Cristo e crê nele é salvo. Ele não vem montado sobre um imponente cavalo de guerra, com grande pompa e poder, mas sobre um jumento, um animal de paz, adequado apenas para carregar os fardos e trabalhos, um ajudante para o homem. Com isso, Ele nos mostra que não vem para assombrar o homem nem para dominá-lo ou esmagá-lo, mas para ajudá-lo e carregar seu fardo. E, embora fosse costume em seu tempo usar jumentos para montaria e os cavalos para a guerra (como as Escrituras costumam apresentar), nesta passagem, o objetivo é mostrar que a entrada desse Rei seria mansa e humilde. Mais uma vez, também mostra a pompa e a conduta dos discípulos ao levarem o jumentinho a Cristo, fazerem-no subir sobre o animal e estenderem suas vestes pelo caminho; também a multidão cortando ramos das árvores e as espalhando pela estrada. Eles não manifestaram medo nem terror, mas apenas abençoada confiança nele, como alguém por quem ousaram fazer tais coisas, sabendo que Ele as aceitaria gentil e prontamente. O Senhor começa a Sua jornada e chega ao monte das Oliveiras, indicando que Ele vem por pura misericórdia, pois, nas Escrituras, o azeite representa a graça de Deus, que acalma e fortalece a alma, como o óleo acalma e fortalece o corpo.

*Que Deus me faça humilde e manso
como meu Senhor Jesus.*

Martinho Lutero

O TESTEMUNHO DO ESPÍRITO SANTO EM NÓS

*...o Espírito, semelhantemente,
nos assiste em nossa fraqueza...*
ROMANOS 8:26

O testemunho do Espírito ensina que somos filhos de Deus e podemos ter confiança nisso. Onde há fé em Cristo, o Espírito Santo traz conforto e confiança sincera de que Deus é misericordioso e responderá nossas orações como prometeu, não porque somos dignos, mas por causa do nome e do mérito de Cristo, Seu Filho. Tal testemunho é nossa experiência interna do poder do Espírito Santo operando por meio da Palavra e do conhecimento de que nossa experiência está de acordo com a Palavra e a pregação do evangelho. Pois sabemos que, quando sentimos medo e angústia, podemos obter conforto no evangelho. Se nosso coração está seguro da graça de Deus e não nos afastamos dele, podemos invocá-lo alegremente e com fé, certos de que receberemos Sua ajuda. Este é o verdadeiro testemunho interior pelo qual você pode perceber que o Espírito Santo está trabalhando em você. Além disso, você tem também testemunhos externos do Espírito Santo em você: Ele lhe dá dons especiais, compreensão espiritual, graça e sucesso em seu chamado; você tem prazer e deleite na Palavra de Deus, confessando-a perante o mundo pondo em risco sua vida e integridade física; você odeia e resiste à impiedade e ao pecado. Aqueles sem o Espírito Santo não desejam nem conseguem fazer tais coisas. Mesmo nos cristãos, elas são realizadas em grande fraqueza, mas o Espírito Santo os governa em sua fraqueza e os fortalece nesse testemunho, como Paulo ensina.

*Eu sei que posso clamar a Deus, pois
Ele me responderá e me ajudará!*

Martinho Lutero

CUIDADO COM O ENGANO DAS APARÊNCIAS

*...e prostrou-se com o rosto em terra aos pés de Jesus,
agradecendo-lhe; e este era samaritano.*
LUCAS 17:16

Por que foi necessário que o evangelista escrevesse que aquele leproso era samaritano? Fazendo isso, ele abre nossos olhos e nos adverte para o fato de que há dois tipos de pessoas que servem a Deus. O primeiro deles tem a aparência e a reputação de ter uma vida excelente, espiritual e santa, mas é só aparência. Ele não passa de um lobo voraz em pele de cordeiro; no entanto, é considerado um verdadeiro adorador de Deus. O segundo tipo é oposto ao primeiro e não tem aparência ou nome, como se fosse o menor no povo de Deus. Somente os judeus tinham o nome de povo de Deus e somente eles eram tidos como adoradores de Deus entre todos os povos. Eles odiavam os samaritanos mais do que a qualquer outro povo, pois estes também afirmavam ser povo de Deus; portanto, para os judeus, um samaritano era como um cristão apóstata. É verdade que os samaritanos não tinham a crença correta, e os judeus tinham a verdadeira lei de Deus. Mas, como Deus ama a verdade e é inimigo da hipocrisia, Ele muda esse padrão e aceita os samaritanos, deixando de lado os judeus. Assim, não é Seu povo aquele que leva o nome, tem a aparência e a honra de ser Seu povo. O mesmo acontece no tempo presente. Quem se prostrou com o rosto em terra aos pés de Jesus foi o samaritano, o desprezado, o condenado, o maldito. Portanto, guardemo-nos de tudo o que pode ser apenas aparência, pois ela é enganosa.

*Que a minha vida cristã seja verdadeira,
sincera e pura diante de Cristo.*

Martinho Lutero

O EVANGELHO TRANSFORMA O CRENTE

*...erguendo os olhos ao céu, suspirou e disse:
Efatá!, que quer dizer: Abre-te!*
MARCOS 7:34

Esta é uma passagem muito bela. Aqueles que levaram o homem surdo e mudo ao Senhor representam o ofício do ministério. Apóstolos e ministros conduzem as pobres consciências dos homens a Deus. Essa obra é feita de três maneiras: pela pregação, por uma vida piedosa e pela intercessão. Com a pregação da Palavra, ainda que seja por um pecador, os homens são levados a Deus; uma vida piedosa mostra a Palavra muito mais poderosa em seu poder; orar pelo povo os conduz no caminho da fé e das obras. Se a Palavra seguir esse tríplice caminho, certamente produzirá frutos. Vemos isso pela introdução do homem surdo e mudo à presença de Cristo. Quando as pessoas são trazidas a Deus, Ele lhes dá graça para crer. Quando Jesus coloca os dedos nos ouvidos do homem, entendemos que, por meio da Palavra, Ele sopra o Espírito Santo nele e torna o coração crente, puro e santo. A saliva colocada na língua do homem tipifica a Palavra de Deus que é colocada em sua boca para que ele possa falar dela, pois, onde quer que haja fé verdadeira, o Espírito inquietará o crente. "Cri; por isso, falei", disse Davi (SALMO 116:10). O fato de Cristo levar o homem à parte e olhar para o Céu nos ensina que tal poder deve vir de lá para operar no coração do homem. Assim, devemos primeiro ouvir a Palavra de Deus e, pela intercessão de Cristo, receber a fé. Então confessaremos publicamente a Deus e o louvaremos para sempre.

*Que o Senhor me capacite todos os dias
para falar da Sua Palavra.*

Martinho Lutero

NÃO FALHE NOS PEQUENOS DEVERES

*Ora, aquele que possuir recursos deste mundo,
e vir a seu irmão padecer necessidade,
e fechar-lhe o seu coração, como pode permanecer
nele o amor de Deus?* 1 JOÃO 3:17

João usa uma ilustração bastante clara, pela qual podemos entender que a alma que falha em pequenos deveres não cumprirá os grandes. Segundo o apóstolo, se alguém possui bens deste mundo e vê seu próximo em necessidade e pode ajudá-lo, mas fecha seu coração, como pode dizer que o amor Deus habita nele? Como esperar que tal pessoa preste um serviço maior, como dar a vida por seu irmão? Que direito tem ela de dizer a todos que Cristo deu Sua vida por ela e a livrou da morte? Onde encontraremos, entre reis, príncipes e senhores, alguém que estenda a mão à Igreja necessitada no auxílio aos pobres, ao ministério e às escolas? Como eles se comportariam quanto ao dever maior de dar a vida pelos irmãos, e especialmente pela Igreja? Os que são egoístas poderiam muito bem escapar da minha censura, mas descaradamente privam e roubam de seu próximo necessitado, abusando, por fraude, opressão e extorsão, ao sonegarem à Igreja os bens que lhe são de direito e especialmente reservados a ela. Mas quão pesado e terrível é o julgamento iminente para aqueles que negaram a Cristo, o Senhor, quando Ele pediu um copo de água fresca! Portanto, aquele que diz ser cristão mostre-o por meio de suas obras.

*O testemunho da transformação de Cristo está
no amor que eu demonstro ao meu próximo.*

Martinho Lutero

O EXEMPLO DE ENOQUE

*Andou Enoque com Deus e já não era,
porque Deus o tomou para si.*

GÊNESIS 5:24

Para um homem andar com Deus, ele não precisa fugir para um deserto, ou esconder-se em algum canto, mas avançar em sua vocação, colocando-se contra a iniquidade e malícia de Satanás e do mundo. Moisés exalta Enoque merecidamente como um discípulo de maior destaque, tão preparado pelo Espírito Santo que era o maior profeta e santo de seu tempo. Foi da vontade de Deus que ele se tornasse um exemplo para todas as gerações em apontar para o consolo da fé na vida futura. O profeta deve pregar a vida além desta vida presente; deve ensinar sobre a semente vindoura, sobre a cabeça da serpente que será esmagada e a destruição do reino de Satanás que será destruído. Após o nascimento de seu filho Metusalém, este homem piedoso chamado Enoque viveu 300 anos na fé mais verdadeira, paciente em muitas opressões, as quais ele suportou e venceu pela fé na semente abençoada da mulher, que haveria de se manifestar. A caminhada de Enoque com Deus mostra que ele foi, nesta vida, uma testemunha fiel da vida eterna a ser adquirida após a vida presente, por meio da semente prometida. Na medida em que Enoque pregava constantemente essa doutrina, Deus cumpria sua pregação em sua vida, para que pudéssemos acreditar plena e seguramente nela. Enoque foi um homem como nós, nascido de carne e sangue, da semente de Adão. Foi levado ao Céu por Deus e agora vive a vida de Deus, isto é, a vida eterna.

*Preciso ter esperança na vida eterna
que me foi dada por Deus em Cristo Jesus.*

Martinho Lutero

A PROFUNDIDADE DA PALAVRA DE DEUS

Graças te dou, ó Pai, Senhor do céu e da terra,
porque ocultaste estas coisas aos sábios
e instruídos e as revelaste aos pequeninos.
MATEUS 11:25

Lembro-me de uma fábula que ilustra muito bem os tempos atuais: um leão ofereceu um grande banquete e convidou todos os animais, inclusive os porcos. E, como todo tipo de guloseima foi servido aos convidados, os porcos perguntaram se seria servido bagaço de cana. Hoje em dia, os pregadores colocam diante da Igreja os pratos mais finos e caros, como a salvação eterna, a remissão dos pecados e a graça de Deus, enquanto muitas pessoas, como porcos, levantam seus focinhos em busca de dinheiro e riquezas. Quando temos a pura Palavra de Deus, sentimo-nos seguros e nos tornamos negligentes, pensando que sempre será assim; não vigiamos e não oramos contra o diabo, que está sempre pronto para arrancar a Palavra do nosso coração. Acontece conosco o que ocorre com os viajantes que, enquanto estão no caminho certo, estão seguros e despreocupados. Contudo, quando se desviam para as florestas ou por atalhos, ficam atentos quanto a que direção tomar, se esta ou aquela é a correta. Mesmo que nós estejamos seguros pela pura doutrina do evangelho, estamos adormecidos e negligentes, não permanecemos no temor de Deus, nem nos defendemos, por meio da oração, contra o diabo. Todavia, aqueles que se acomodam aos erros estão bastante ocupados. Sim, são muito cuidadosos e diligentes em como permanecer como estão.

Meu coração precisa estar vigilante e
minha mente sempre ligada à Palavra de Deus
para eu não me perder no caminho.

Martinho Lutero

A VERDADEIRA ADORAÇÃO

*Bom é render graças ao Senhor e cantar
louvores ao teu nome, ó Altíssimo.*
SALMO 92:1

Nada é mais doce do que conhecer a Deus corretamente por Sua Palavra e pela fé verdadeira; nada é mais precioso do que reconhecer Suas infinitas misericórdias, dar-lhe graças alegremente com cada acorde de nosso coração; nada é melhor do que proclamá-lo e louvá-lo incessantemente, que celebrar Sua bondade e oferecer-lhe sacrifícios de ação de graças! Nada é mais doce que louvá-lo com aquela adoração verdadeira do primeiro mandamento, que requer, acima de tudo, fé verdadeira e exercícios alegres de fé como deste salmo. É como se o salmista tivesse dito: Quão preciosa é essa adoração a Deus! Quão aceitáveis a Deus, quão gratos aos Seus olhos e aos olhos dos anjos são tais sacrifícios (embora o mundo diga continuamente que nós, Seus santos, não sabemos nada sobre como adorar a Deus)! Todas essas coisas gloriosas são ditas pelo salmista contra os hipócritas, que honram a Deus (como eles pensam) com coração e lábios frios e assim pisoteiam a sublime adoração do primeiro mandamento. Fazem alarde do nome da Igreja entre si mesmos, prosperam aos olhos do mundo e exibem sua riqueza, poder e grandeza. Mas isso durará apenas por um tempo, e eles finalmente perecerão e serão destruídos. Como afirma Paulo: "...não irão avante; porque a sua insensatez será a todos evidente..." (2 TIMÓTEO 3:9). Mas os piedosos, embora quebrantados pelas aflições, florescerão para sempre, como palmeiras na casa do Senhor!

*Senhor, dá-me sempre um coração puro
e sincero para adorar o Teu nome!*

Martinho Lutero

O QUE DEVEMOS FAZER AOS HOMENS

Tudo quanto, pois, quereis que os homens
vos façam, assim fazei-o vós também a eles.
MATEUS 7:12

Esta é a explicação de Cristo sobre as boas obras. Você não deve fazer o bem a Deus e aos Seus santos que já se foram, pois eles não precisam disso; menos ainda à madeira e à pedra, para as quais nada disso é necessário, mas aos homens, aos homens, aos homens. Você entende? Aos homens! É a eles que você deve fazer tudo o que gostaria que fosse feito a você. Eu não gostaria que você construísse uma igreja com torres e sinos para mim, nem que você construísse um órgão com várias oitavas e dez fileiras de foles, pois disso eu não posso comer nem beber, nem sustentar minha esposa e filhos, nem manter minha casa. Onde estão as necessidades da vida? Ah, que loucura! Os bispos e senhores, que deveriam refreá-las, são os primeiros a cair nela, como um líder cego conduzindo outros cegos. Essas pessoas me lembram meninas e meninos brincando, pois não passam de crianças. Lembre-se de que você não precisa fazer nenhuma boa obra para Deus nem para os santos que partiram, apenas deve pedir e receber o bem que vem dele com fé. Cristo fez tudo por você; expiou seus pecados, deu-lhe Sua graça, vida e salvação. Fique feliz com isso e apenas pense em como Ele pode se tornar cada vez mais seu Senhor e fortalecer sua fé. Direcione tudo o que você pode fazer em sua vida para o que é bom, para aquilo que é útil para outras pessoas e não para você mesmo.

Preciso abençoar a todos
com aquilo que tenho recebido.

Martinho Lutero

NUNCA ENTENDEREMOS A DEUS

*Ó profundidade da riqueza, tanto da sabedoria
como do conhecimento de Deus!*
ROMANOS 11:33

Em todas as coisas e nas menores criaturas — até mesmo naquilo que as compõem — o poder onipotente de Deus e grandes obras maravilhosas brilham claramente. Pois que homem, por mais poderoso, sábio ou santo que seja, pode fazer de um figo uma figueira, ou de uma semente de cereja fazer uma cereja ou uma cerejeira? Ou que homem pode saber como Deus cria e sustenta todas as coisas e as faz crescer? E verdadeiramente encontramos e vemos impressa a marca da santíssima Trindade em todas as boas artes e criaturas, como o poder onipotente de Deus Pai, a sabedoria de Deus Filho e a bondade de Deus Espírito Santo. Tampouco podemos conceber ou saber como a menina dos olhos vê, ou como as palavras compreensivas são faladas distinta e claramente quando apenas a língua é movida e agitada na boca — tais coisas todas naturais, assim como vemos e agimos diariamente. Então, como seríamos capazes de compreender ou entender o conselho secreto da majestade de Deus, ou procurá-lo com nossos sentidos? Nenhum homem é capaz de imaginar, muito menos de entender, o que Deus fez e ainda faz sem cessar. Embora tenhamos trabalhado e suado sangue para escrever apenas três linhas de modo semelhante ao do apóstolo João, nunca conseguimos realizá-lo. Em que, então, devemos nos admirar ou maravilhar sobre nossa sabedoria? Eu, de minha parte, me considerarei um tolo e me renderei cativo a Ele.

*Que eu sempre renda a minha prepotência
e a minha arrogância diante de Deus
e me apegue a Ele todos os dias.*

Martinho Lutero

MANTENHA SEU CORAÇÃO FIRME NO SENHOR DEUS

Pouco faltou para que se desviassem
os meus passos. Pois eu invejava os arrogantes,
ao ver a prosperidade dos perversos.
SALMO 73:2-3

O poder de Deus é grande. Ele sustenta e nutre o mundo inteiro; Deus Pai criou todas as coisas para nós; todos os mares são nossos estoques, todos os bosques são nossas despensas; a Terra está cheia de prata e ouro e de inumeráveis frutas, criadas para o nosso bem. Os ímpios e maus desfrutam da maior parte das criações de Deus, pois os tiranos têm mais poder, terras e povos do mundo; os usurários têm dinheiro; os fazendeiros têm ovos, manteiga, milho, cevada, aveia, maçã, pera etc. Mas os cristãos bons e piedosos sofrem, são perseguidos, são confinados em lugares onde não podem ver o sol e a lua; são lançados na pobreza, são banidos e atormentados. Porém, certamente terão dias melhores e não permanecerão assim. Tenhamos paciência e permaneçamos firmes na doutrina verdadeira e, apesar de toda essa miséria, não nos desviemos da Palavra de Deus. Somente Deus, e não dinheiro e riqueza, mantém e preserva o mundo; pois riquezas e muito dinheiro tornam as pessoas orgulhosas e preguiçosas. Além disso, o dinheiro não torna o homem alegre, apenas muito mais preocupado e cheio de tristeza, pois ele é como espinho que penetra nas pessoas. No entanto, o mundo está tão louco que todos colocam nele toda a sua alegria e felicidade.

Não colocarei meu coração no engano das riquezas,
mas dependerei totalmente de Deus todos
os dias da minha vida.

Martinho Lutero

NÃO SE ENTREGUE À AVAREZA

*...o amor do dinheiro é raiz
de todos os males...*
1 TIMÓTEO 6:10

Um fazendeiro avarento, bem conhecido em Erfurt, carregava seu milho para vender no mercado, mas, como seu preço era muito caro, ninguém aceitava pagar o que ele pedia. Por isso, movido pela ira, ele disse: "Não o venderei mais barato. Eu o levarei de volta para casa e o darei aos ratos". Quando ele chegou em casa com seu milho, muitos ratos e camundongos se juntaram em torno de sua casa e devoraram todo o seu milho. No dia seguinte, ao sair para ver suas terras, que haviam sido recém-semeadas, descobriu que toda a sua plantação também tinha sido devorada, mas os terrenos dos seus vizinhos não haviam sofrido dano algum. Isso certamente foi um castigo justo de Deus e um sinal de Sua ira contra o mundo ingrato. A riqueza é a menor dádiva na Terra e o menor dos dons que Deus concedeu à humanidade. O que ela é em comparação com a Palavra de Deus? Sim, o que ela é se comparada aos dons corporais, como beleza, saúde etc.? Ou melhor, o que ela é em comparação aos dons da mente, como compreensão, arte, sabedoria etc.? No entanto, os homens estão tão ansiosos por ela que não se importam com o trabalho, viagem ou perigo necessários para a obtenção de riquezas. Não há nelas qualquer coisa que seja boa; portanto, nosso Senhor Deus comumente dá riquezas àqueles a quem não concede o bem espiritual.

*Que as minhas riquezas possam servir aos desígnios
divinos e não ser uma maldição em minha vida.*

Martinho Lutero

SEGUINDO OS PASSOS DE JESUS

Como quereis que os homens vos façam,
assim fazei-o vós também a eles.
LUCAS 6:31

Veja que boas obras Cristo ensina aqui por Seu exemplo! Diga-me: o que Ele faz para servir a si mesmo e fazer o bem a si mesmo? O profeta aponta para a filha de Sião e diz: "Eis aí te vem o teu Rei..." (ZACARIAS 9:9), e Ele vem como Salvador, justo e manso, apenas para tornar-nos justos e abençoados. Ninguém pediu nem o convidou para que Ele viesse; mas Ele veio por Sua própria vontade, por puro amor, fazer o bem e ser útil e prestativo. A Sua obra é multiforme e abrange tudo o que é necessário para nos tornar justos e bem-aventurados. A justificação e a salvação implicam em libertação do pecado, da morte, do inferno, e isso Ele faz não apenas para os Seus amigos, mas também para os Seus inimigos; sim, Ele o faz com tanta ternura que chora por aqueles que se opõem e não o recebem. Veja então como Ele guarda a Lei: "Como quereis que os homens vos façam, assim fazei-o vós também a eles". O que todos desejam mais profundamente do que se livrar da morte e do inferno? Quem não deseja estar livre do pecado e ter boa consciência diante de Deus? Como Ele gostaria que outros lhe fizessem, Ele tomou sobre si os nossos pecados, como diz a Lei, enfrentou a morte e venceu o pecado, a morte e o inferno, para que, doravante, todos os que creem nele e invocam o Seu nome sejam justificados e salvos e tenham uma consciência boa, alegre, segura e intrépida para sempre.

Quero seguir os passos de Jesus
e ser bondoso e generoso com todos.

Martinho Lutero

TRIUNFO SOBRE A MORTE

*Pela fé, Enoque foi trasladado
para não ver a morte...*
HEBREUS 11:5

Encontramos entre nós muitas pessoas para as quais palavras como estas são consideradas absurdas e não suficientemente dignas de serem cridas. Por essa razão estas palavras foram escritas por autoridade divina para os santos e fiéis, para que possam ler, entender, acreditar e obedecer. Elas nos revelam o triunfo sobre a morte e o pecado e nos proporcionam grande conforto por meio da vitória de Enoque sobre a lei, a ira e o julgamento de Deus. Para os piedosos, nada pode proporcionar mais graça e alegria do que os registros bíblicos pré-diluvianos. O que poderia inspirar mais admiração e apreço do que um homem, de carne e osso, como qualquer um de nós que estamos contaminados pelo pecado e pela corrupção, ter vitória sobre a morte e não a experimentar? Em Enoque, está o fato singular de que ele não morreu, mas foi arrebatado, sem a intervenção da morte, para a vida espiritual e eterna. Foi a vontade de Deus estabelecer em todas as épocas um testemunho da ressurreição dos mortos, a fim de afastar nossa mente desta vida, na qual servimos a Deus de bom grado, desde que isso o agrade, pelo fiel desempenho de todos os nossos deveres públicos e privados, especialmente quando instruímos outros na santidade e no conhecimento de Deus. Neste mundo "não temos morada certa" (1 CORÍNTIOS 4:11). Cristo foi preparar um lugar para cada um de nós.

*Meus olhos devem estar sempre sobre a eternidade
e não neste mundo passageiro!*

Martinho Lutero

DEUS SEMPRE NOS SALVARÁ

Responde-me quando clamo, ó Deus da minha justiça;
na angústia, me tens aliviado; tem misericórdia de mim
e ouve a minha oração. SALMO 4:1

Este salmo nos ensina a suportar as aflições com paciência, a esperar a ajuda de Deus e a confiar nele em todas as adversidades. Pois a maior de todas as sabedorias, a verdadeira e real sabedoria cristã, é desconhecida do mundo. Essa sabedoria consiste em aprender e saber, por meio tentações diárias e várias provações de fé, que Deus exercita Seu povo em todas elas, a fim de que possam entender Sua vontade. Seu objetivo quando os expõe ao ódio cruel do mundo e do diabo é que Ele possa salvar, libertar, confortar, fortalecer e glorificar Seu povo em meio a perigos e até na própria morte; e que Ele possa tornar conhecida Sua Igreja como invencível, pela fé e pela Palavra, contra todas as tempestades deste mundo e sob as trevas e saraivadas de tentações de todo tipo. As lutas agonizantes dos santos contra o pecado e contra o diabo, que os ataca incessantemente e deseja peneirá-los como trigo, são seus exercícios de fé e paciência; exercícios que fazem com que aqueles que temem a Deus aprendam não só a reconhecer Sua presença de uma maneira melhor, como também que Ele está sempre ao seu lado e nunca deixará nem abandonará aqueles que nele confiam e que sempre os libertará, salvará e resgatará maravilhosamente de todas as suas aflições.

Confio que Deus nunca me abandonará
em meio às minhas aflições.

Martinho Lutero

DEUS QUER SER ENCONTRADO POR NÓS

Buscai o Senhor enquanto se pode achar,
invocai-o enquanto está perto.

ISAÍAS 55:6

Enquanto o Senhor está perto, você pode buscá-lo e encontrá-lo, mas, quando Ele se for, mesmo que você atravesse o mundo inteiro procurando-o, não o achará. Por muitos anos, no claustro, experimentei essa decepção. Busquei a Deus com muito empenho e com severa mortificação do meu corpo, jejuando, vigiando, cantando e orando. Dessa forma, perdi vergonhosamente meu tempo e não o encontrei. Não, Deus não permite que o encontremos assim. Para encontrá-lo, vá à Bíblia. Leia os Dez Mandamentos; eles dirão o que você deve fazer. Corrija sua vida por eles. Busque ajuda na Oração do Pai Nosso. Comece com você mesmo e, depois, ore pela Igreja. Que o seu desejo seja o nome de Deus ser santificado em todos os lugares e que sua vida esteja de acordo com a vontade dele. Pois o estudo e a prática desses preceitos não lhe deixarão nenhuma oportunidade para praticar o mal. A Palavra de Deus logo lhe ensinará a santificar o nome dele, a estender Seu reino, a não prejudicar seu próximo, seja em sua mente, corpo ou em sua propriedade. Por certo, devemos agradecer supremamente a Deus pelas grandes bênçãos de Sua comunhão conosco. Temos a presença dele em nossa casa. Ele está conosco em nossa mesa, em nosso sofá, em qualquer lugar que desejemos que Ele esteja conosco. Deus nos oferece toda a ajuda que precisamos e concede tudo o que lhe pedimos. Um hóspede tão gracioso deve, de fato, receber nossa mais alta estima.

Preciso buscar a Deus como Ele quer
e não como eu penso e quero.

Martinho Lutero

DEUS NOS SUSTENTA NA TRIBULAÇÃO

Até quando, Senhor? Esquecer-te-ás de mim para sempre? Até quando ocultarás de mim o rosto?
SALMO 13:1

Esta é uma oração cheia de suspiros e gemidos de um coração aflito na hora da escuridão; quase dominado pelas trevas, com extrema dor e tristeza, o salmista é levado a uma tremenda pressão mental. O autor desse espírito de tristeza é o próprio diabo, que lança os incautos nessas tentações e perturbações quando os encontra sem a espada do Espírito, que é a Palavra de Deus. Ele mesmo tira do crente sua espada, quando os faz tirar os olhos das promessas de Deus para olhar para a incrível ingratidão e iniquidade que há no mundo, para a variedade de ofensas e para a grandeza dos perigos que devem ser enfrentados por causa da Palavra de Deus e de Seu santo nome. Mesmo alguém com uma mente saudável será lançado em tribulação se colocar sua atenção nos estratagemas de engano e ódio perverso com os quais Satanás e os homens maus se opõem à Palavra de Deus. Este salmo nos convida a termos aquela fé que nos permite permanecer firmes e não duvidar de que Deus é capaz de nos livrar de nossas terríveis dificuldades e nos confortará em meio a todos os nossos medos. Ele nos ensina a acreditar que permaneceremos vitoriosos em nossas angústias, embora elas possam parecer intermináveis, se apenas nos afastarmos de todas as aparências sombrias das coisas, nos apegarmos ao que é verdadeiro e real e nos levantarmos contra o peso que está sobre nós, descansando na consolação da palavra do Senhor registrada em Tiago: "Está alguém entre vós sofrendo? Faça oração..." (5:13).

Permanecerei firme em meio às minhas provas, pois minha confiança está em Deus.

Martinho Lutero

PERSEGUINDO UMA VIDA SANTA

Pois a nossa pátria está nos céus, de onde também aguardamos o Salvador, o Senhor Jesus Cristo.

FILIPENSES 3:20

Nós, que somos batizados e cremos em Cristo, não colocamos nossa confiança e esperança em nossa própria retidão. Pela fé em Cristo temos uma justiça que vem do Céu. Esta justiça se sustenta somente em Cristo; caso contrário, de nada valeria diante de Deus. Nossa preocupação deve ser apenas estar eternamente em Cristo, em ter nossa existência terrena culminando na vida vindoura, quando Cristo vier e transformar esta realidade em outra totalmente nova, pura, santa e semelhante à Sua. Portanto, não somos mais cidadãos desta Terra. O cristão batizado renasce como cidadão do Céu por meio do batismo. Devemos estar atentos a esse fato, caminhar aqui como quem pertence ao Céu e nos consolar com o fato de que Deus, assim, nos aceita e nos transportará para lá. Enquanto isso, devemos aguardar a volta do Salvador, que nos trará do Céu a justiça, a vida, a honra e a glória eternas. Quanto aos crentes em Cristo, justificados nele, a sua vida nesta Terra deve ser seguida dos frutos de uma vida reta em obediência a Deus. Esses frutos constituem as boas obras aceitáveis a Deus, as quais, sendo obras de fé, realizadas em Cristo, serão recompensadas na vida futura. Enquanto caminhamos pela fé em sua justiça, Deus tem paciência com a pobre e frágil justiça que exibimos nesta Terra. Ele honra nossa santidade sustentando-a e protegendo-a durante o tempo em que vivemos aqui.

Quero viver uma vida piedosa e santa, aguardando o retorno do Senhor.

Martinho Lutero

A OVELHA E SEU PASTOR

*O Senhor é o meu pastor;
nada me faltará.*
SALMO 23:1

Este salmo é uma notável oferta de agradecimento a Deus e contém a descrição de um coração piedoso que reconhece quão incomparável e indescritível é a bênção do conhecimento de Sua Palavra. Também declara e exalta gloriosamente a grandeza da bondade e misericórdia de Deus em nos guiar no caminho certo, nos erguer e nos consolar sob todas as tentações, enquanto os hipócritas são entregues a seus próprios caminhos tortuosos. De forma tão bela, o salmista se compara a uma ovelha, que é buscada, salva (se, por acaso, se extraviou), protegida e nutrida pelo fiel pastor, que não poupa esforços para provê-la. Por terem um pastor bom e vigilante, as ovelhas são levadas a pastos com farto alimento e riachos e fontes saudáveis; assim, os crentes também encontram todos esses benefícios para seu coração na Palavra que Deus lhes concede. Neste salmo, Davi também faz alusão à mesa, ao pão, ao bálsamo e ao óleo da alegria, pois Deus alimentará e confortará os ministros da Palavra e os ouvintes e os alegrará com Seu cálice, embora estejam entristecidos pelo mundo. Ele compara a Palavra de Deus ao cajado de pastor, águas de descanso, aos pastos verdejantes, para que, por meio de todas essas símiles, ele possa mostrar que a verdadeira salvação, a paz perpétua e o consolo seguro são estabelecidos na consciência do homem somente pela Palavra de Deus.

*Tudo o que eu preciso está em Deus,
meu Salvador!*

Martinho Lutero

A FÉ E A CARNE SÃO INCOMPATÍVEIS

Não sabeis que um pouco de fermento leveda a massa toda?
1 CORÍNTIOS 5:6

O fermento é uma figura comum para o apóstolo Paulo, e ele o usa com frequência, quase proverbialmente. Cristo também nos contou uma parábola sobre o fermento. É próprio do fermento que uma pequena quantidade, misturada a um pouco de massa, penetre e preencha toda ela até que sua própria natureza ácida tenha sido transmitida à massa. A introdução de um erro em um artigo de fé logo prejudicará toda a compreensão e resultará na perda de Cristo. A massa, outrora pura, ficará totalmente corrompida. Neste texto bíblico, Paulo está se referindo particularmente a uma ideia errônea sobre a vida e sobre nossa conduta. Uma vez que a carne recebe qualquer licença, e junto com o evangelho é introduzido algum fermento, este corromperá rapidamente a fé e a consciência, e continuará sua obra até que Cristo e o evangelho sejam perdidos. Tal teria sido o destino dos coríntios se Paulo não os tivesse advertido a expurgar o fermento da jactância, pois eles começaram a praticar grande devassidão e deram origem a seitas e facções, que tendiam a subverter o único evangelho e a única fé. Também não podemos tolerar em nossas obras e em nossa vida diária a submissão à devassidão da carne e, ao mesmo tempo, vangloriar-nos do evangelho de Cristo, como fizeram os coríntios. Manter a fé cristã e viver segundo a libertinagem da carne, em pecados e vícios condenados pela consciência, são duas coisas incompatíveis. Em questões como essas, Paulo diz que um pouco de fermento arruína toda a massa, ou seja, toda a vida cristã.

Senhor, não me permitas viver segundo a carne!

Martinho Lutero

CONFIANÇA NA SALVAÇÃO DE DEUS

Eu te exaltarei, ó SENHOR,
porque tu me livraste e não permitiste
que os meus inimigos se
regozijassem contra mim. SALMO 30:1

Com um maravilhoso fervor de coração, Davi exalta a Deus por tê-lo livrado das tentações espirituais e conflitos indescritíveis com Satanás, e por ter confortado seu coração quando ele estava fraco, abalado e quase dominado pelas muitas tentações. "Da cova fizeste subir a minha alma..." (v.3), disse ele; ou seja, Deus o capacitou a vencer a violência e a fúria de Satanás, que não poderiam ser vencidas por nenhum poder humano. Este salmo contém, como você vê, aqueles sentimentos sublimes e celestiais de alguém que se regozija no Espírito Santo por Deus ter transformado uma angústia tão profunda, tantos terrores e medos avassaladores, tantas lágrimas e suspiros desde o ventre do inferno, em uma alegria que revigorou e curou a alma que antes sofria sob os dardos inflamados do diabo e nas próprias chamas do inferno. As palavras de Davi contêm também um doce consolo: "...não passa de um momento a sua ira..." (v.5). Embora Deus exercite os piedosos nessas tentações profundas e nessas intensas agonias de alma, Ele não o faz com a intenção de matá-los nem os aflige no intuito de destruí-los. Deus não é o Deus da miséria, do terror e da morte, mas o Deus da paz e da vida, o Deus da alegria e da consolação.

Deus me dará a vitória a Seu tempo,
porque Ele sabe o que faz.

Martinho Lutero

AFIRME SUA FÉ DIANTE DO MUNDO

Se, entretanto, quando praticais o bem, sois igualmente afligidos e o suportais com paciência, isto é grato a Deus.

1 PEDRO 2:20

Quando alguém aceita a Cristo e começa a professar sua fé em palavras e obras, o mundo — esse eterno inimigo de Cristo e fiel servo do diabo — sempre ficará insatisfeito. Sua fúria se acende contra o cristão e ele passa a persegui-lo, torturá-lo e até matá-lo, quando possível. O que devemos fazer? Ficar calados e permitir que toda a humanidade vá direto para o inferno? Quem poderia tomar sobre si a culpa por tal negligência? O cristão piedoso, que busca a vida eterna e que se esforça para ajudar os outros a alcançarem o mesmo objetivo, seguramente deve afirmar sua fé e mostrar aos não crentes que eles estão trilhando o caminho largo para a morte eterna e para o inferno. Todavia, fazer isso será enfrentar o mundo e desagradar do diabo; por isso, é importante lembrar que é nosso dever ter paciência quando o mundo manifesta sua mais amarga e odiosa inimizade contra nossa doutrina e contra nossa própria vida; quando nos insulta, calunia e persegue ao máximo por nossos princípios. Neste versículo, Pedro adverte os cristãos a serem pacientes nessas circunstâncias e, ao mesmo tempo, procura confortá-los com palavras ternas e impressionantes. Se você é cristão, então não fique tão alarmado e impaciente com os tormentos gerados pelo mundo e pelo diabo.

Que eu seja forte e valente contra todo levante do inferno!

Martinho Lutero

A PODEROSA OBRA DO ESPÍRITO SANTO

*A terra, porém, estava sem forma e vazia;
havia trevas sobre a face do abismo,
e o Espírito de Deus pairava por sobre as águas.*

GÊNESIS 1:2

Alguns consideram que "o Espírito de Deus" aqui significa apenas o vento, mas, se algo material deve ser entendido aqui por "Espírito", devo antes referir-me ao primeiro movimento da massa informe original do céu e da terra, que é chamada de "abismo". Ela está sempre em movimento até hoje, pois a água nunca está parada; sua superfície está sempre em movimento. Prefiro entender o Espírito Santo de Deus, pois o vento é uma criatura que não existia, enquanto o céu e a terra ainda permaneciam naquela confusa massa caótica. De fato, há grande consenso na Igreja de que aqui se expõe o mistério da Trindade. O Pai cria o céu e a terra do nada, por meio do Filho, a quem Moisés chama de Palavra. Sobre estes, o Espírito Santo paira. E, como uma galinha se senta sobre seus ovos para que possa chocá-los, aquecendo-os e infundindo neles a vida para germinar seus pintinhos, assim as Escrituras dizem que o Espírito Santo pairava como se estivesse sobre as águas, a fim de que pudesse infundir vida nessas substâncias elementares, que depois seriam animadas e enfeitadas, pois o ofício do Espírito Santo é dar vida.

*Que a poderosa obra do Espírito Santo paire
sobre mim e me avive todos os dias!*

Martinho Lutero

SOMOS UM SÓ CORPO

*Porque nós, embora muitos, somos
unicamente um pão, um só corpo...*
1 CORÍNTIOS 10:17

Enquanto vivemos neste mundo, devemos suportar uns aos outros, como também Cristo nos suportou, visto que nenhum de nós é perfeito. Quando ouvimos a Palavra e recebemos a Ceia do Senhor, temos apenas uma palavra e um ato, mas por ela abraçamos a vida e todos os tesouros eternos. Da mesma forma, o amor é retratado nesses signos e elementos. Assim como os grãos de trigo são amontoados antes de serem triturados, cada um é um corpo separado e não se mistura aos outros; mas, quando são triturados, todos se tornam uma só massa. A mesma coisa acontece com o vinho. Se as bagas não forem esmagadas, cada uma retém sua própria forma, mas, quando são esmagadas, todas fluem juntas e se tornam uma mesma bebida. Você não pode dizer que a farinha procede deste ou daquele grão, ou que uma gota de vinho vem de uma determinada baga, pois cada um entra na forma do outro e assim é feito o pão e o vinho. Recebemos o Senhor pela fé na Palavra que a alma consome e desfruta. Assim meu próximo me recebe: eu dou a ele minha vida e tudo o que tenho e deixo que ele consuma e use conforme sua necessidade. Da mesma forma, também preciso do meu próximo. Também sou pobre e aflito e permito que ele me ajude e me sirva. Assim, somos entrelaçados uns aos outros, ajudando-nos mutuamente, como Cristo também nos ajuda. Portanto, depois de receber a Ceia do Senhor, você deve ser diligente em aumentar o amor, ajudar seu próximo quando ele sofre aflição e requer assistência. Se não o faz, você não é um verdadeiro cristão. Na melhor das hipóteses, é apenas um cristão muito fraco.

Senhor, ajuda-me a viver sob esta verdade poderosa.

Martinho Lutero

MINHA CONFIANÇA NA PALAVRA DE DEUS

*Não me rejeites na minha velhice;
quando me faltarem as forças,
não me desampares.* SALMO 71:9

Este salmo é uma oração que, penso eu, pode ser usada com muita propriedade para toda a Igreja, contra todos os inimigos e perseguidores que existem e sempre existirão, até o fim dos tempos. Embora estas palavras sejam mais especialmente relacionadas ao próprio autor, que pede proteção divina diante de suas infinitas tentações, elas podem ser aplicadas apropriadamente aos últimos tempos e à Igreja militante antes do último dia. Pois a Igreja também tem sua velhice, e o próprio Cristo e Seus apóstolos predisseram: "...nos últimos dias, sobrevirão tempos difíceis..." (2 TIMÓTEO 3:1), como Daniel também profetizou, afirmando que a verdade deveria ser perseguida e a iniquidade, abundar. No entanto, nos versículos 15 a 17, o profeta prediz a justiça e a retidão de Deus: "A minha boca relatará a tua justiça [...] Tu me tens ensinado, ó Deus, desde a minha mocidade; e até agora tenho anunciado as tuas maravilhas". Esta profecia pode ser de uso singular para nós e ser aplicada de maneira muito apropriada à nossa realidade, porque Deus, por assim dizer, trouxe-nos de volta do inferno e das profundezas da terra e fez a luz de Sua Palavra brilhar novamente. Por ela, nossa consciência tem um consolo firme e eterno.

*Firmarei minha mente na boa
e perfeita Palavra de Deus.*

Martinho Lutero

O GRANDE BENEFÍCIO DA RESSURREIÇÃO DE CRISTO

*Então, Jesus lhes disse: Não temais!
Ide avisar a meus irmãos que se dirijam
à Galileia e lá me verão.*

MATEUS 28:10

Estas são as primeiras palavras de Cristo ouvidas depois de Sua ressurreição dentre os mortos, pelas quais Ele confirmou todas as declarações anteriores, a saber, que Sua ressurreição é grandemente benéfica para nós, os que cremos. O Cristo ressuscitado não espera até que peçamos para nos tornarmos Seus irmãos. Podemos dizer que merecemos alguma coisa? O que os apóstolos mereceram? Pedro negou seu Senhor três vezes, e os outros discípulos fugiram. Ele deveria tê-los chamado de desertores, réprobos, qualquer coisa, menos irmãos. Assim sendo, essa mensagem é enviada a eles por intermédio das mulheres, por pura graça e misericórdia, que os apóstolos da época experimentaram profundamente, e nós também experimentamos quando estamos submersos em nossos pecados, tentações e condenações. Cristo recebe malfeitores desesperados, como você e eu, com palavras cheias de conforto e nos chama de irmãos. Cristo é verdadeiramente nosso irmão; portanto, do que mais precisamos? Os irmãos segundo a carne gozam dos mesmos bens, têm o mesmo pai, a mesma herança; assim também nós desfrutamos com Cristo das mesmas posses, temos um só Pai e uma só herança. Aquele que tem parte nessa herança espiritual tem tudo. O título "irmão de Cristo" é tão elevado que o coração do homem não pode entendê-lo. É o Espírito Santo que deve conceder essa graça.

*Quero viver de forma digna de ser
irmão do meu Senhor.*

Martinho Lutero

A IMAGEM DE DEUS EM NÓS

*Também disse Deus: Façamos o homem à nossa
imagem, conforme a nossa semelhança...*
GÊNESIS 1:26

Em primeiro lugar, precisamos notar, neste versículo, a diferença marcante entre o homem e todas as outras criaturas de Deus. As feras se parecem muito com o homem em muitos aspectos. No entanto, Moisés coloca diante de nós a notável diferença entre o homem e todos os animais mencionados quando afirma que o homem foi criado pelo conselho peculiar e providência divina, com isso significando que o homem é uma criatura muito superior a todos os outros animais, que vivem uma vida corpórea. Considere que o texto sagrado diante de nós expressa vigorosamente a distinção e separação entre o homem os animais quando afirma que Deus tomou conselho ao formar o homem conforme a Sua imagem e semelhança. Essa imagem de Deus é muito diferente do cuidado com o ventre e da satisfação do apetite, pois essas coisas os animais bem entendem e buscam ansiosamente. Moisés, portanto, nesta passagem, ensina para a mente espiritual que fomos criados para uma vida muito mais excelente e muito acima de qualquer coisa que esta vida no corpo jamais poderia ser, mesmo que a natureza tivesse permanecido perfeita e incorrupta. É lícito pensarmos em tal vida, mas ela não é agora possível a nós. Isto, porém, ainda nos resta: podemos crer e, com toda a certeza, buscar uma vida espiritual após esta vida presente; uma vida no paraíso, o qual Deus projetou e destinou a nós por meio dos méritos de Cristo.

*Aguardo ansiosamente pela vida eterna
que Cristo me prometeu.*

Martinho Lutero

A ESPERANÇA NA RESSURREIÇÃO DE CRISTO

Perguntou-lhe Jesus: Mulher, por que choras?
A quem procuras? JOÃO 20:15

Há duas coisas a respeito da ressurreição do Senhor que devemos saber e entender. A primeira é a história dos eventos, juntamente com as diferentes circunstâncias em que Ele se revelou vivo em várias manifestações. Isso nos é dado para que possamos ter um testemunho para o fundamento da nossa fé na ressurreição do Senhor, sobre o qual nossa salvação se alicerça e sem o qual todos os outros fundamentos seriam inúteis e infrutíferos. A segunda, que é mais importante e necessária, é o poder, o benefício e o conforto da jubilosa ressurreição do Senhor. Cristo se manifestou primeiro àquelas mulheres, e esta foi Sua primeira mensagem após a Sua ressurreição e, sem dúvida, a mais reconfortante. Foi dita primeiro a Maria Madalena, e, por meio dela, também aos Seus discípulos, para confortá-los e alegrá-los por Sua ressurreição. A alegria de Maria foi por ter seu Senhor vivo novamente como ela o tinha antes; ela pensou que Ele estaria novamente com Seus discípulos, comeria e beberia com eles, pregaria e faria milagres como havia feito antes. Mas Ele não se deixou tocar, porém, pediu que ela parasse, ouvisse e passasse a saber disto: "Eu não ressuscitei para permanecer com vocês corporal e temporariamente, mas para subir para meu Pai. Não é aqui que vou morar e permanecer. Creia que eu vou para o Pai e lá governarei e reinarei com Ele eternamente; para lá, os resgatarei da morte e da tristeza. Lá, você me terá visível e palpavelmente e se alegrará para sempre na comunhão eterna comigo e com o Pai".

Senhor, ajuda-me a viver na
esperança da vida eterna!

Martinho Lutero

16 DE FEVEREIRO

DEUS SEMPRE NOS LIVRA

*Inclina, Senhor, os ouvidos e responde-me,
pois estou aflito e necessitado.*

SALMO 86:1

Este salmo é uma súplica, uma oração de Davi. Nele, podemos ver que a oração é o mais alto exercício de fé e a mais elevada adoração a Deus. Sabemos por quais calamidades o grande Davi, considerado um homem segundo o coração de Deus, estava cercado, e, ainda assim, podemos ver que ele clama a Deus com todo seu coração. Veja que exemplo de oração este grande homem espiritual nos dá para seguirmos nos versículos 6, 9, 10 e 11 deste salmo. Veja como ele tem diante de seus olhos o primeiro mandamento. Veja aqui como ele chama e aguça, por assim dizer, a sua própria fé diante da misericórdia de Deus! Deus não é apenas poderoso, grande e invencível contra todos os ataques do diabo e do mundo, mas também está sempre presente e sempre demonstra Sua misericórdia para com aqueles que o invocam e creem nele. Assim também devemos receber a palavra da promessa divina de misericórdia e expulsar do nosso coração toda dúvida, para que possamos invocá-lo sem jamais hesitar. Deus nunca abandona Seu povo e frequentemente livra aqueles que o temem dos maiores perigos. Sim, Ele os livra das próprias garras da morte e prova que está sempre presente. Tais livramentos mostram claramente Sua mão sobre eles. É por um sinal como esse que Davi aqui ora.

*Minha alma espera pelo livramento de Deus.
Ele nunca falhará.*

Martinho Lutero

A EFICÁCIA DO MINISTÉRIO

*Se alguém fala, fale de acordo
com os oráculos de Deus...*

1 PEDRO 4:11

É necessário que pregadores e ouvintes prestem atenção a essa doutrina e tenham evidências claras e inequívocas de que o que eles abraçam é realmente a verdadeira Palavra de Deus revelada do Céu; a doutrina dada aos primeiros crentes e apóstolos; a doutrina que o próprio Cristo confirmou e ordenou que fosse ensinada. Não nos é permitido ministrar ensinamentos ditados pelos caprichos ou fantasia de qualquer homem. Não nos é permitido adaptar a Palavra ao mero conhecimento e razão humanos. Não devemos brincar com as Escrituras, fazer malabarismos com a Palavra de Deus, como se ela pudesse ser explicada para agradar ao povo; não devemos torcê-la, esticá-la e remendá-la para efetuar a paz e concordância entre os homens. Se assim fosse, não haveria fundamento seguro e permanente sobre o qual nossa consciência pudesse se assentar. Nós, ministros, devemos estar conscientes — e o povo deve ser ensinado — de que a eficácia do ofício ministerial não se dá pelo esforço humano, mas pelo poder e obra de Deus. O ofício ministerial não é eficaz em virtude de nossas palavras ou ações, mas em virtude do mandamento e comando de Deus. Ele é quem ordena e Ele mesmo operará efetivamente por meio da nossa obediência. O motivo de todo esforço dos santos está nas palavras que encontramos nesse mesmo versículo: "para que, em todas as coisas, seja Deus glorificado, por meio de Jesus Cristo".

*Entrego todos os meus dons e talentos para
que Cristo seja glorificado por eles.*

Martinho Lutero

DEVEMOS LUTAR PELAS OVELHAS DE CRISTO

*Ai dos pastores de Israel
que se apascentam a si mesmos!*
EZEQUIEL 34:2

Ser pastor não é exibir grande pompa e glória; é um serviço que alguém presta a outro como um servo em uma casa, que faz tudo ao seu alcance para agradar seu mestre livremente e sem restrições, sendo fiel de todas as formas. Assim, Cristo fez tudo em harmonia com Seu ofício e Seu nome. Quando Ele esteve aqui, cuidou atenciosamente de Suas ovelhas e deu-lhes tudo o que era necessário para o corpo e para a alma, com ensinamentos bons e honestos e com atos de misericórdia. Os bons pastores são como o bom Pastor Cristo, que apascenta as ovelhas, vai adiante delas, cuida dos enfermos e não foge quando os lobos aparecem, mas "dá a vida pelas ovelhas" (JOÃO 10:11). Os mercenários não cuidam das ovelhas, recebem salários, riquezas e honras e se alimentam. A maior corrida é para os lugares que oferecem os melhores rendimentos. Eles buscam as suas próprias coisas, não as de Cristo. Portanto, não basta pregar corretamente, pois o mercenário também pode fazer isso. Devemos vigiar as ovelhas, para que os lobos, os falsos mestres, não as roubem, e devemos lutar pelas ovelhas com a Palavra de Deus, até com o sacrifício de nossa vida. Aqueles que fazem isso são bons pastores, dos quais encontramos poucos. Eles são os apóstolos e pregadores, que são apenas os porta-vozes de Cristo, por meio de quem Cristo prega.

*Ajuda-me a ser um bom servo Teu, Senhor,
e lutar para proteger as Tuas ovelhas.*

Martinho Lutero

A ESPERANÇA NA REDENÇÃO ETERNA

E Deus os abençoou e lhes disse: Sede fecundos, multiplicai-vos, enchei a terra e sujeitai-a...
GÊNESIS 1:28

Este é o mandamento de Deus para a Sua criação. Mas, ó bom Deus, o que nós perdemos com o pecado! Quão feliz era aquele estado do homem em que a geração de filhos era acompanhada com a mais elevada reverência a Deus, com a mais elevada sabedoria e com o mais puro conhecimento de Deus! Mas a carne agora está tão absorvida pela lepra da luxúria que o homem, de forma alguma, pode gerar o conhecimento e a adoração a Deus! A tudo isso se acrescentam os perigos da gestação e do parto, a dificuldade de criar os filhos ao nascer e uma infinidade de outros males; tudo tende a nos impressionar pelo horror e a magnitude do pecado original. A bênção de Deus, que ainda permanece sobre a natureza humana, é uma bênção deformada pelo pecado, se você a comparar com aquela bênção original; no entanto, Ele ainda a preserva. Portanto, vamos reconhecer com gratidão e louvar essa bênção de Deus que ainda permanece sobre nós! Vamos confessar que essa inevitável lepra de nossa carne, que é resultado da desobediência à vontade de Deus, é o castigo pelo pecado, justamente infligido por Ele sobre nós! Esperemos, no entanto, com esperança pela morte desta carne, para que possamos ser libertos de toda essa imundície e restaurados a uma perfeição e glória que excede em muito a criação original de Adão!

Aguardo com perseverança a redenção da minha natureza pela glória eterna.

Martinho Lutero

A JUSTIÇA DOS CRISTÃOS

*Quando ele vier, convencerá o mundo
do pecado, da justiça e do juízo.*
JOÃO 16:8

O mundo é reprovado não apenas por causa do pecado, mas também porque não sabe o que é justiça e como se tornar praticante dela. A justiça sobre a qual fala este versículo não consiste em obedecer às leis civis ou em fazer o que a razão ensina, mas aquela que é válida diante de Deus, ou seja, aquilo que Ele considera justiça. O Senhor diz: "...porque vou para o Pai, e não me vereis mais..." (JOÃO 16:10). Para o mundo, essa é uma linguagem estranha e ridícula. Ir para o Pai abrange toda a obra da nossa redenção e salvação, para a qual o Filho de Deus foi enviado do Céu e realizou por nós e ainda realiza. Como Mediador e Sumo Sacerdote, Ele intercede junto ao Pai por aqueles que creem e lhes dá poder e força do Espírito Santo para vencer o pecado, o diabo e a morte. Esta é a justiça dos cristãos diante de Deus: que Cristo foi para o Pai, isto é, Ele sofreu, ressuscitou e nos reconciliou com o Pai, para que, por Ele, tenhamos perdão dos pecados e graça. Essa é a justiça pela qual nada fizemos e nada merecemos, graciosamente dada; por ela, podemos agradar a Deus e somos Seus filhos amados e herdeiros. Essa justiça só pode ser recebida pela fé; só pode ser apreendida com um coração que se apega à partida de Cristo e acredita firmemente que, por causa dele, tem perdão e redenção do pecado e da morte. Essa justiça não é algo externo, mas um tesouro escondido, que não pode ser visto nem compreendido pelos nossos sentidos.

*Quero viver por essa gloriosa justiça
cada dia da minha vida.*

Martinho Lutero

O DEUS DA CRIAÇÃO

*E, havendo Deus terminado no dia sétimo
a sua obra, que fizera, descansou nesse dia
de toda a sua obra que tinha feito.*

GÊNESIS 2:2

As palavras proferidas por Deus na criação permanecem até os dias de hoje e é por isso que vemos a multiplicação de todas essas criaturas sem cessar. Se o mundo durasse um número de anos infinito, o poder e a eficácia dessas palavras nunca cessariam, mas ainda haveria uma multiplicação contínua de todas essas criaturas pelo poder infinito desta palavra de Deus. Ele estava contente com a terra e o céu que Ele havia criado por meio de Sua Palavra. Ele não criou nem pretendia criar novos céus ou novas terras, nem novas estrelas nem novas árvores. No entanto, Deus ainda trabalha. Ele "trabalha até agora" (JOÃO 5:17), como Cristo disse. Ele não abandona a natureza, que Ele criou "no princípio"; Ele a preserva e governa até hoje pelo poder de Sua Palavra. Ele cessou Sua obra de criação, mas não cessou Sua obra de governo. A raça humana começou em Adão. Na terra, a Palavra gerou as raças de animais, se assim posso dizer; no mar, as raças dos peixes; e no ar, as raças dos pássaros. A raça humana não cessou em Adão, nem todas as outras raças cessaram nos primeiros animais criados de cada espécie. A Palavra originalmente falada sobre a raça humana ainda permanece em todo o seu poder e eficácia. A ordem "sede fecundos, multiplicai-vos" não cessa nem nunca cessará, nem a ordem "produza a terra seres viventes". O poder onipotente e a eficácia da Palavra original ainda preservam e governam toda a criação.

*Quero contemplar a beleza e o poder
da palavra criadora de Deus!*

Martinho Lutero

PERTENCEMOS A CRISTO

*Porque convosco farei uma aliança
perpétua, que consiste nas fiéis
misericórdias prometidas a Davi.*

ISAÍAS 55:3

O profeta faz referência à promessa feita a Davi em 2 Samuel 7. Nos versículos anteriores de Isaías 55, o profeta suplica, com muita ternura, que todos recebam a promessa de salvação. Imediatamente após o versículo citado, ele fala sobre o Messias, a semente prometida de Davi. Ele fala sobre um rei e governante diferente de Moisés e dos sacerdotes, diferente de todos os outros senhores e reis, de Davi e de todos os governantes deste mundo. Essa aliança é divina e segura; por meio de Cristo, serão dadas todas as bênçãos que a misericórdia de Deus conceder: a remissão de pecados, redenção da morte e a vida eterna. Como Cristo é verdadeiro, assim como a promessa dada a Davi, Ele não pode permanecer na morte, embora tenha sofrido a morte por causa de Sua natureza humana. Por Seu próprio poder, Ele ressuscitou dos mortos para nos gerar e nos dar a vida eterna. Por isso, Ele pode verdadeiramente ser chamado de Rei eterno de graça, justiça e vida, de acordo com a promessa feita por Deus. Sempre que as Escrituras falam do reino eterno de Cristo e da graça eterna, elas apontam para a ressurreição de Cristo, a quem Deus prometeu nos dar; Aquele que deve sentar-se à Sua direita; Aquele que tem a onipotência possível apenas a um Senhor e Rei eterno, que, ao mesmo tempo, é Rei e Senhor nesta Terra.

*Não há dádiva maior do que pertencer
ao Rei Eterno do Universo.*

Martinho Lutero

A BELEZA DA CIDADE CELESTIAL

*Gloriosas coisas se têm dito de ti,
ó cidade de Deus!*

SALMO 87:3

À maneira dos profetas, o salmista coloca diante de nós a futura cidade de Jerusalém e a futura Sião, como se estivesse representada em uma pintura diante de nossos olhos. Seus limites são os do próprio mundo, estendendo-se de leste a oeste e de norte a sul, e, em seus termos, nascem pessoas de toda nação, reino, tribo e língua, não por nascimento natural, mas pela palavra do evangelho. Pois o evangelho é uma grande e gloriosa doutrina, a mais elevada de todas as doutrinas; sim, ele é a palavra da salvação. Como disse Paulo em Filipenses 1:10, o evangelho contém, em comparação com a Lei, "as coisas excelentes", pois, pelo evangelho, nos é dado o conhecimento do conselho e da vontade de Deus, da maneira pela qual Deus é apaziguado, sobre nossa libertação do pecado, do poder do diabo e da morte eterna; coisas que nem a Lei nem qualquer filosofia humana poderiam dar a conhecer. No último versículo, este salmo revela, da maneira mais bela, a forma de adoração mais elevada que encontramos no Novo Testamento. "Todos os cantores, saltando de júbilo, entoarão: Todas as minhas fontes são em ti". Isto é, não é a Lei que será ensinada naquela cidade, mas a doce e alegre mensagem do evangelho será pregada pelo ministério da Palavra, sim, graça e remissão de pecados por intermédio de Jesus Cristo.

*Espero ansiosamente pelo dia quando
habitarei naquela cidade celestial.*

Martinho Lutero

O PODER DA RESSURREIÇÃO DE CRISTO

*Portanto, se fostes ressuscitados juntamente
com Cristo, buscai as coisas lá do alto,
onde Cristo vive, assentado à direita de Deus.*
COLOSSENSES 3:1

De que adianta pregar a justiça a um pecador se ele permanecer no pecado? Ou para um indivíduo extraviado e faccioso, se ele não abandonar seu erro? Não é apenas inútil, mas prejudicial ouvir a doutrina gloriosa, reconfortante e salvadora da ressurreição se o coração não entender a verdade; se ela for apenas um som em seus ouvidos, uma palavra vazia em sua língua, sem nenhum efeito sobre ele. Essa ressurreição nobre e preciosa de Cristo é morrer para o pecado, ser arrebatado do poder da morte e do inferno e ter vida e felicidade que há em Cristo. Conforme Paulo, se você recebeu pela fé a ressurreição de Cristo e seu poder e consolo, essa ressurreição certamente se manifestará em você; você sentirá seu poder e terá consciência de sua obra em você. A doutrina será mais do que palavras; será verdade e vida. Para aqueles que não compreendem a ressurreição, Cristo ainda não ressuscitou, embora a Sua ressurreição seja um fato; pois não há dentro deles o poder representado nas palavras "ressuscitado juntamente com Cristo", o poder que os torna homens verdadeiramente mortos e ressuscitados.

*Quero viver a verdade da ressurreição
de Cristo nesta vida que vivo hoje!*

Martinho Lutero

CONSOLO EM MEIO À TRIBULAÇÃO

Ó Senhor, Deus da minha salvação,
dia e noite clamo diante de ti. [...]
Pois a minha alma está farta de males,
e a minha vida já se abeira da morte.

SALMO 88:1,3

Este salmo expressa os tremendos sentimentos e conflitos do coração humano, que nenhum mortal, exceto aqueles que os experimentam, pode conceber. Refiro-me àquelas angústias e dores que vêm quando o coração está tomado pela convicção da majestade e da ira de Deus, por causa da natureza e as consequências do pecado; enquanto Deus momentaneamente retém Seu consolo. Nessas horas, a alma fica abalada e, como o próprio Cristo diz, somos peneirados pelo diabo como trigo (LUCAS 22:31). Davi chama esses terrores indescritíveis da alma de "profunda cova", "lugares tenebrosos" e "abismos" (SALMO 88:6). E, de fato, quando tais medos e terrores mentais abundam e perseveram, eles se estendem ao corpo, trazendo palidez e definhamento. Paulo os chama de "mensageiro de Satanás" e "espinho na carne", referindo-se a um costume de certos povos de punir criminosos transfixando seus corpos com um tipo de instrumento cônico pontiagudo, na forma de um espinho. E é exatamente assim que as nações do mundo chamam desdenhosamente a Cristo, como "aquele sujeito crucificado". Pois o mundo, em sua malícia, não apenas persegue a Cristo, mas também zomba e escarnece de Seus sofrimentos e dos sofrimentos de Seus servos. E, portanto, Davi assim se queixa: "Tiraste de mim meus companheiros e pessoas queridas; a escuridão é a minha amiga mais chegada" (v.18, NVT).

Deus me socorrerá em meio às minhas
tribulações e angústias.

Martinho Lutero

O PODER DO NOVO NASCIMENTO

*Todo aquele que crê que Jesus é o Cristo
é nascido de Deus...*
1 JOÃO 5:1

Embora a linguagem de João seja clara e simples, aos ouvidos das pessoas do mundo ela pode ser ininteligível, uma vez que, para o mundo, não há nascimento senão o físico. Portanto, a doutrina que esse texto apresenta sempre será estranha, ininteligível e incompreensível para todos, exceto para os cristãos; pois eles falam em novas línguas, como Cristo diz que fariam, e são ensinados e iluminados pelo Espírito Santo. Quando as Escrituras falam de nascer de Deus, não é em sentido humano; a referência não é a nossa vida corpórea, mas aquela gloriosa existência futura. Dizer que devemos nascer de Deus equivale a dizer que, se um homem deve ser redimido do pecado e da morte eterna para entrar no reino de Deus, seu nascimento físico não é suficiente. Tudo o que a natureza, a razão, o livre arbítrio e o esforço humano podem proporcionar é absolutamente insuficiente, pois será levado pela morte. Portanto, é necessário um nascimento novo e distinto daquele, um nascimento divino, em que a paternidade é totalmente de Deus; um nascimento operado pelo poder divino no homem, um poder que vai além da realização de suas capacidades naturais e infunde nele uma nova forma de pensar e um novo coração. Quando alguém ouve a mensagem do evangelho de Cristo e acredita sinceramente nela, ele é concebido e nascido de Deus. Por meio da fé e por causa de Seu Filho, Deus nos aceita como Seus filhos, agradáveis a Ele e herdeiros da vida eterna; e o Espírito Santo é enviado ao nosso coração.

*Quero viver a plenitude desse
novo nascimento.*

Martinho Lutero

NÃO DESCUIDEMOS DE TÃO GRANDE SALVAÇÃO

Vinde, cantemos ao Senhor,
com júbilo, celebremos o Rochedo
a nossa salvação. SALMO 95:1

Este salmo é uma profecia a respeito de Cristo, e seu conteúdo é explicado completa e sabiamente na epístola aos Hebreus. Ele profetiza sobre o tempo do Novo Testamento e apresenta a amável e doce palavra do evangelho. "Vinde", diz ele, "cantemos ao Senhor", isto é, venha e regozije-se de todo o seu coração naquele infinito benefício e misericórdia da graça concedida por Cristo! Visto que temos tais promessas, não descuidemos de tão grande salvação, pois crer na promessa da graça, contrariando todas as objeções da consciência, as tentações de Satanás e os temores do coração, é a verdadeira adoração a Deus! O salmista também nos adverte contra a incredulidade, dizendo: "Não endureçais o coração, como em Meribá, como no dia de Massá, no deserto" (v.8). Todo este salmo deve ser referido a Cristo, porque Ele é aquele Deus bendito em quem devemos nos regozijar, como o salmista bem sabia. "Ele é o nosso Deus, e nós, povo do seu pasto e ovelhas de sua mão." (v.7). Ele é aquele Deus a quem nossos pais tentaram no deserto, como disse Paulo em 1 Coríntios 10. Foi Ele que tirou de diante de nós a Lei e aboliu toda a adoração cerimonial do Antigo Testamento. Ele não requer mais o culto estabelecido por Moisés, mas fé no evangelho, na pregação da remissão de pecados e naquela verdadeira oferta de louvor, em vez do culto levítico.

Guardarei com firmeza a confissão
da minha fé em Cristo.

Martinho Lutero

28 DE FEVEREIRO

A VERDADEIRA IGREJA DE CRISTO

*Eu sou o bom pastor;
conheço as minhas ovelhas,
e elas me conhecem.*

JOÃO 10:14

Estas palavras de Jesus nos oferecem o critério pelo qual devemos distinguir a verdadeira Igreja daquela que tem nome e reputação, mas não é a Igreja. A Igreja não é nem deve ser uma associação dirigida por um governo externo, como o povo judeu sob a lei de Moisés. Não é governada e preservada pelo poder humano, muito menos está vinculada a uma sucessão ou governo de bispos. É uma assembleia espiritual, que ouve seu Pastor, acredita nele e é governada por Ele por meio do Espírito Santo. Ela é externamente reconhecida apenas por esse fato. Internamente, é conhecida apenas por Ele, e ela também o conhece pela fé e se apega a Ele quando ouve Sua Palavra, como acontecia no tempo de Jesus e dos apóstolos. Se você realmente deseja saber como é ser um cristão, não deve olhar para a lei de Moisés, para o governo humano, nem a vida e a santidade de qualquer homem, por mais santo que seja. Um cristão não é aquele que leva uma vida rígida e severa, como de um eremita; nada que está em nós ou pode ser feito por nós nos torna cristãos. Apenas conhecer este Homem, respeitá-lo e confiar nele como bom Pastor, aquele que dá a vida pelas ovelhas, faz isso. Esse conhecimento só pode vir pela fé que surge do ministério da Palavra, que não consiste em nossos próprios pensamentos, nem vem dos homens, mas do Céu e é revelada pelo próprio Cristo. Se alguém conhece a Cristo dessa maneira, já é conhecido por Ele e certamente é um dos Seus.

*Que eu conheça a Cristo apenas pela fé, por meio
da Palavra e pelo poder do Espírito Santo, amém!*

Martinho Lutero

NÃO SE AFASTE DA PRESENÇA DE DEUS

*...maldita é a terra por tua causa;
em fadigas obterás dela o sustento durante
os dias de tua vida.* GÊNESIS 3:17

No sétimo dia da criação, pela manhã, Adão parece ter ouvido o Senhor ordenando-lhe mandamentos a respeito de seu dever doméstico e público, junto com a proibição a respeito do fruto da árvore. Ao ver tudo isso, por volta da décima segunda hora, talvez depois do sermão de Deus a Adão e Eva, o próprio Satanás falou a ela. Assim como sempre faz até hoje. Onde quer que esteja a Palavra de Deus, ali ele tenta também semear mentiras e heresias. Além disso, o texto sagrado declara que, quando o calor do dia diminuiu, o Senhor entrou no jardim e condenou Adão com toda a sua posteridade à morte. Adão teria ensinado a seus filhos no dia de sábado, teria engrandecido a Deus com louvores dignos por meio da pregação pública e teria estimulado a si mesmo e a outros a ofertas de louvor pela contemplação das grandes e gloriosas obras de Deus. Ele teria trabalhado cultivando sua terra, cuidando de seus animais etc., de uma maneira e por motivos que são totalmente desconhecidos para nós, pois todo o nosso trabalho é um aborrecimento, mas todo o trabalho de Adão proporcionava-lhe grande prazer, um prazer que excede em muito toda a facilidade que agora se conhece. Portanto, assim como todas as outras calamidades da vida nos lembram do pecado e da ira de Deus, nosso trabalho e nossas dificuldades também devem nos lembrar do pecado e nos levar ao arrependimento.

*Quero me manter firme e constante
na presença de Deus todos os dias.*

Martinho Lutero

A VERDADEIRA PAZ

Paz seja convosco!
JOÃO 20:19

Jesus encontra Seus discípulos com medo e terror, tanto por fora, por causa dos judeus, quanto por dentro, por causa da consciência deles. Eles demoraram a acreditar no que ouviram das mulheres e de alguns dos discípulos sobre a Sua ressureição. Enquanto falavam sobre isso entristecidos, Cristo apareceu e os saudou de forma muito amável: "Paz seja convosco!". A paz de Cristo é imperceptível aos nossos sentidos e é diferente da paz que o mundo busca, pois não é uma paz visível ou tangível, ligada a sensações, mas uma paz interior e espiritual, ligada à fé, que não se apega a nada exceto às amáveis palavras de Cristo, faladas por Ele às almas assustadas e perturbadas. Um cristão, portanto, está contente e satisfeito em ter Cristo como seu amigo e Deus amável, que deseja seu constante bem-estar, embora, no que tange à esfera física, ele não tenha paz no mundo, mas constante conflitos e lutas. Em outra passagem, Jesus diz: "Estas coisas vos tenho dito para que tenhais paz em mim. No mundo, passais por aflições..." (JOÃO 16:33). Esta é a verdadeira paz que acalma o coração em meio à angústia. Ela é corretamente chamada de paz "que excede todo o entendimento" (FILIPENSES 4:7); é permanente e invencível enquanto o coração está apegado a Cristo e confiante em ter um Deus misericordioso, que perdoa todos os seus pecados.

Minha alma está apegada a Cristo
e desfruta da Sua paz.

Martinho Lutero

O PERIGO DA INCREDULIDADE

*Apareceu Jesus aos onze, quando estavam
à mesa, e censurou-lhes a incredulidade e dureza
de coração, porque não deram crédito aos
que o tinham visto já ressuscitado.*

MARCOS 16:14

Cristo censurou os discípulos por sua incredulidade e dureza de coração. Ele não os rejeitou, nem os tratou com muita severidade, apenas os reprovou. Não tome isso como algo insignificante, pois a incredulidade é o maior pecado que se pode conceber. Podemos agarrar e manter firme a confiança em Deus, o que nos ajudará a nos erguermos novamente, a fortalecermos a nossa fé e também elevará nosso coração a Deus, que não nos tratará severamente, mas pode, de fato, ter paciência conosco e nos perdoar. Se crermos que Ele é um Deus misericordioso, Ele se mostrará misericordioso a nós. É assim que também devemos lidar com o nosso próximo. Se o virmos perder a fé ou pecar, não devemos apoiar seu erro nem o inocentar, mas admoestá-lo e, com mansidão, reprovar suas faltas, sem nos tornarmos seus inimigos ou desviar dele o nosso amor. Não pense que os apóstolos eram totalmente incrédulos; eles criam no que estava escrito na Lei e nos profetas. Eles tinham fé, embora ainda não cressem plenamente. A fé é algo em permanente crescimento. Por isso, o Senhor mostrou-lhes que eles não criam na Sua ressurreição dentre os mortos. Da mesma forma, devemos expor e reprovar o erro, mas praticar a verdade e o amor para com todos.

Senhor, aumenta a minha fé!

Martinho Lutero

PERMANEÇA FIRME COM CRISTO

*Muitos são chamados,
mas poucos, escolhidos.*
MATEUS 22:14

Quando o evangelho foi pregado pela primeira vez em Jerusalém, conta-se que havia na cidade onze mil pessoas, por causa da festa da Páscoa. Quantas delas se converteram quando Pedro se levantou e pregou? Muitos zombaram e consideraram que os apóstolos estavam bêbados. Ninguém discerniu que o evangelho estava realizando uma obra extraordinária. Nenhuma mudança era percebida e quase ninguém sabia que havia cristãos por lá. Por isso, o evangelho não deve ser medido pela multidão que o escuta, mas pelos poucos que o acolhem. Eles são como nada, desprezados e perseguidos, e, ainda assim, Deus secretamente opera neles. Há outra coisa que impede a livre circulação do evangelho, a saber, as debilidades dos crentes. Pedro estava cheio de fé e do Espírito Santo, mas tropeçou e caiu (ele e todos os que estavam com ele) quando não andou de acordo com o evangelho, de modo que Paulo teve que repreendê-lo abertamente (GÁLATAS 2:11-21). Antes disso, lemos nos evangelhos quantas vezes os apóstolos erraram em assuntos importantes, embora fossem os melhores cristãos de sua época. No início, quando Cristo realizava grandes e excelentes obras, e foi grandemente honrado, Seus discípulos permaneceram firmes. Mas, quando Seus sofrimentos começaram, todos se afastaram e o abandonaram. Por que isso aconteceu? Porque não o consideravam um Cristo forte, mas fraco. Portanto, apoiar o Cristo aparentemente fraco é a mais elevada sabedoria que há nesta Terra, conhecida por poucos homens.

*Quero permanecer firme, dando testemunho
da minha fé até o fim!*

Martinho Lutero

PERTENCEMOS AO REINO DE CRISTO

Todo o que é nascido de Deus
vence o mundo...

1 JOÃO 5:4

Para entendermos a natureza dessa vitória espiritual e como ela é efetuada, precisamos saber o que João quer dizer com o termo "mundo". Ele não faz referência ao domínio territorial, à propriedade ou ao dinheiro, mas implica a existência de dois reinos. O reino celestial não é apenas a vida espiritual e as pessoas piedosas, mas o Senhor e regente desse reino: Cristo, com Seus anjos e santos, vivos e mortos. O reino do mundo representa não apenas a vida terrena com seus interesses mundanos, mas particularmente seu senhor e regente: o diabo, seus anjos e todas as pessoas não cristãs, ímpias e perversas na Terra. Assim, quando João diz "mundo", ele se refere ao diabo e a todo o seu domínio terreno. O funcionamento desses dois reinos é evidente, embora seus senhores não sejam visíveis aos olhos naturais. Cristo governa efetivamente por Seu próprio poder, por meio da Palavra e do Espírito Santo no coração dos crentes. A natureza do reino do diabo é facilmente reconhecida. Seu reino é simplesmente uma enorme tenda cheia de pessoas infiéis, sem pudor e perversas, impelidas por seu deus a realizar todo tipo de desobediência e desprezo a Deus e à Sua Palavra. Estes dois reinos se opõem um ao outro. Os cristãos devem saber como enfrentar e resistir vitoriosamente ao inimigo, como segurar o estandarte até a vitória e conservá-lo.

A minha vitória sobre o mundo
está em Deus!

Martinho Lutero

5 DE MARÇO

MORTOS PARA O MUNDO

Quando Cristo, que é a nossa vida,
se manifestar, então, vós também sereis
manifestados com ele, em glória.

COLOSSENSES 3:4

Neste verso encontramos conforto para o cristão nesta vida terrena. Paulo mostra onde buscar e receber vida. "Tenham bom ânimo", diria ele, "pois vocês estão mortos para este mundo". Morrer para o mundo é uma experiência abençoada, que revela em nós uma vida muito mais gloriosa. Somos redimidos do pecado e da morte eterna e feitos incorruptíveis. Sobre vocês é colocada a glória eterna. Mas ainda não podemos perceber em nós essa vida ressuscitada; nós a temos apenas em Cristo, pela fé. Paulo fala de Cristo como "nossa vida". Esta vida é certa, embora ainda não revelada a nós; ela nos é assegurada, e ninguém pode tirá-la de nós. Pela fé na vida de Cristo, somos preservados e alcançamos vitória sobre os terrores e tormentos trazidos pelo pecado, pela morte e pelo diabo, até que essa vida seja revelada em nós e manifestada aos homens. Em Cristo, certamente possuímos a vida eterna. Nada falta para a sua perfeita realização, exceto que ainda não foi removido o véu que a oculta enquanto estamos na carne mortal. Só então a vida eterna será revelada. Todas as coisas mundanas, terrenas, todo pecado e morte, serão retiradas. Em todo cristão, se manifestará somente essa glória. Os cristãos que creem no Cristo ressuscitado devem consolar-se com a expectativa de viver com Ele nessa glória eterna. Os santos devem, portanto, por meio de uma guerra vigorosa e incessante, subjugar suas concupiscências pecaminosas se não quiserem perder a graça de Deus e sua fé.

Aguardo ansiosamente a manifestação
da vida eterna em mim.

Martinho Lutero

CRISTO, JUSTIÇA NOSSA!

Exulta, ó filha de Jerusalém: eis aí te vem
o teu Rei, justo e salvador, humilde,
montado em jumento, num jumentinho,
cria de jumenta. ZACARIAS 9:9

A palavra "justo", neste versículo, não significa a justiça com a qual Deus julga, que é chamada de "severa justiça de Deus"; pois, se Cristo viesse a nós com essa justiça, quem poderia permanecer diante dele? Quem poderia recebê-lo, já que nem os santos podem suportá-la? A alegria e a graça de Sua vinda seriam transformadas em medo e terror. Quando dizemos que Cristo é um homem piedoso, as Escrituras expressam isso pelas palavras justo, justificado, enquanto a severa justiça de Deus é expressa nas Escrituras por severidade, julgamento, tribunal. Portanto, o significado atribuído pelo profeta é o seguinte: "Teu rei vem a ti piedoso, isto é, Ele vem para tornar-te piedoso por si mesmo e por Sua graça; e Ele sabe muito bem que não és piedoso". Nesse sentido, Paulo diz em Romanos 3:26: "...para ele mesmo ser justo e o justificador daquele que tem fé em Jesus". Ou seja, somente Cristo é piedoso diante de Deus e somente Ele nos torna piedosos. Além disso, o apóstolo também nos diz em Romanos 1:17: "...visto que a justiça de Deus se revela no evangelho de fé em fé", isto é, a piedade de Deus, ou seja, Sua graça e Sua misericórdia, pelas quais Ele nos torna piedosos diante dele, é pregada no evangelho. Vemos neste versículo que Cristo é pregado por nós para a justiça, que Ele vem piedoso e justo e nos torna piedosos e justos pela fé.

Eu preciso confiar na justificação
de Cristo em minha vida.

Martinho Lutero

A SUPREMA GLÓRIA

*Porque para mim tenho por certo que os
sofrimentos do tempo presente
não podem ser comparados com a
glória a ser revelada em nós.*

ROMANOS 8:18

Observe como Paulo dá as costas para o mundo e se volta para a revelação futura, como se não visse mais sofrimento algum, apenas alegria. "Mesmo que tudo vá mal para nós" — ele diria — "o que é esse sofrimento em comparação com a alegria e a glória indizíveis a serem reveladas em nós? É insignificante para ser comparado e indigno de ser chamado de sofrimento." Não percebemos a verdade que há nessas palavras porque não podemos ver com nossos olhos naturais a suprema glória que nos espera; porque não compreendemos plenamente o fato de que nunca morreremos, mas teremos um corpo que não pode sofrer nem adoecer. Se alguém pudesse conceber a natureza dessa recompensa, seria obrigado a dizer: "Se fosse possível sofrer dez mortes, por fogo ou água, isso não seria nada em comparação com a glória da vida futura". O que é o sofrimento deste mundo, por mais prolongado que seja, em comparação com a vida eterna? Não é digno de ser chamado de "sofrimento" ou de ser considerado meritório. Se você pretende ser coerdeiro com o Senhor Jesus Cristo, mas não sofre com Ele, Cristo certamente não o reconhecerá no último dia como irmão e coerdeiro. Em vez disso, Ele perguntará onde estão sua coroa de espinhos, sua cruz, os pregos e o açoite. Em suma, todos devemos sofrer com o Filho de Deus e ser feitos um como Ele, ou não seremos exaltados com Ele em glória.

*Quero ser um com Cristo
em Seus sofrimentos!*

Martinho Lutero

A VIRTUDE DA HARMONIA

*Tende o mesmo sentimento
uns para com os outros...*
ROMANOS 12:16

A harmonia é uma virtude imperativa para a Igreja Cristã. Antes que outras virtudes possam se manifestar, primeiro deve haver concordância e unidade de coração entre todos. Ela é o primeiro fruto que a fé deve produzir entre os cristãos, chamados a uma só fé e em um só batismo. Deve ser o princípio de seu amor cristão, pois a verdadeira fé cria necessariamente em todos os crentes o espírito que os faz pensar: "Todos somos chamados por uma só Palavra, um só batismo e um só Espírito Santo, para a mesma salvação; somos igualmente herdeiros da graça e das bênçãos de Deus. Embora um tenha mais e maiores dons do que outros, ele não é melhor diante de Deus. Somente pela graça, sem nenhum mérito nosso, agradamos a Deus. Diante dele ninguém pode se gabar". Por isso, quando alguém se imagina melhor do que seus semelhantes, desejando exaltar-se e glorificar-se acima dos outros, ele não é mais um cristão, porque não participa mais daquela unidade de pensamento e fé essenciais aos cristãos. Cristo e Sua graça são sempre os mesmos e não podem ser divididos. Enquanto a unidade da fé e a unidade da mente existirem, a verdadeira Igreja do Senhor permanece, não obstante possa haver alguma fraqueza em outras áreas. O diabo sabe bem disso; daí seus ataques à unidade cristã. Portanto, os cristãos devem ser ainda mais cuidadosos em valorizar a virtude da harmonia, tanto na Igreja quanto no governo secular.

*Quero ser um com meus irmãos e viver
em um mesmo espírito com eles.*

Martinho Lutero

DEUS JULGA O CORAÇÃO

*Havia certo homem rico que
se vestia de púrpura e de linho finíssimo e que,
todos os dias, e regalava esplendidamente.*

LUCAS 16:19

Não devemos avaliar a conduta pública desse homem rico, pois ele está vestido de pele de cordeiro, enquanto esconde cuidadosamente o lobo. O texto bíblico não o acusa de adultério, assassinato, roubo, ou de qualquer obra censurável pelo mundo. Ele tinha sido tão honorável e respeitoso em sua vida quanto aquele fariseu que jejuava duas vezes por semana. Se tivesse cometido pecados flagrantes, o evangelho os teria mencionado, pois o examina tão minuciosamente que descreve até mesmo o manto púrpura que usava e o alimento que comia. Devemos olhar para o seu coração e julgar seu espírito. O evangelho penetra profundamente os recônditos secretos da alma, reprova as obras que a razão não consegue reprovar e não olha para a pele de ovelha, mas para o fruto, se este é bom ou não. Se julgarmos este homem rico de acordo com os frutos da fé, encontraremos um coração incrédulo. Ele não é punido porque se entregou a refeições suntuosas e roupas finas, mas porque seu coração estava apegado a essas coisas, confiava nelas e encontrava nelas alegria e prazer. Ele as fez seus ídolos. Onde há fé, não há ansiedade por roupas finas e vida suntuosa; não há desejo de riquezas, honra, prazer e de nada que não seja o próprio Deus. Para o homem de fé, se sua comida é suntuosa ou simples, se sua roupa é fina ou feita em casa, não importa. Eles não estimam tais coisas.

*Não colocarei meu coração
nas coisas deste mundo.*

Martinho Lutero

A INFINITA BONDADE DE DEUS

*Aleluia! Cantai ao Senhor um novo cântico
e o seu louvor, na assembleia dos santos.
Regozije-se Israel no seu Criador, exultem
no seu Rei os filhos de Sião.*

SALMO 149:1-2

Este é um salmo de ação de graças pela infinita bondade de Deus, por Ele ser misericordioso com o Seu povo e protegê-los com Sua Palavra e pelas promessas de Sua boa vontade para com eles. Este salmo declara que Ele os ouvirá, manterá Seus olhos sobre eles e lhes mostrará misericórdia. O salmista diz: "Cantai ao Senhor um novo cântico" para mostrar que todo louvor deve ser cantado ao Rei de Israel e de Sião, a quem todos devem louvar com regozijo "no seu leito" (v.5), isto é, nas igrejas e templos onde se reúnem para o adorar. O profeta Isaías também menciona seus templos, seus altares, seus leitos e suas cobertas, onde Israel cometeu fornicação; onde eles adoravam seus ídolos (ISAÍAS 57:1-14). Quando o salmista diz que em suas mãos deve estar uma "espada de dois gumes, para exercer vingança entre as nações e castigo sobre os povos" (V.6-7), isso também diz respeito ao evangelho, pois isso está prometido nas Escrituras — que a semente de Abraão, isto é, os israelitas e os apóstolos, deveria destruir toda idolatria entre as nações pela espada do Espírito, e assim envergonhar a sabedoria do mundo, como o apóstolo Paulo declara em 2 Coríntios 10.

*Dou graças ao Senhor por Sua infinita
misericórdia sobre mim.*

Martinho Lutero

AMOR E FÉ ANDAM JUNTOS

*De fato, sem fé é impossível
agradar a Deus...*
HEBREUS 11:6

É da natureza da fé esperar todo o bem de Deus e confiar apenas nele. É pela fé que o homem conhece a Deus e o quão bom e misericordioso Ele é; e, por causa desse conhecimento, seu coração se torna tão terno e misericordioso que ele deseja alegremente fazer ao seu semelhante o que experimentou de Deus. Ele não cuida dos sãos, dos nobres, dos fortes, dos ricos, dos poderosos, dos santos que não precisam de seus cuidados, mas dos enfermos, fracos, pobres, desprezados e pecadores, para quem pode ser bom e fazer por eles o que Deus fez em sua própria vida. Já a natureza da incredulidade é que ela não espera nenhum bem de Deus. O coração fica cego e não sente nem sabe quão bom e misericordioso Deus é. À essa cegueira segue-se ainda que o coração se torna tão duro, obstinado e impiedoso que o homem não tem desejo de realizar qualquer bondade para com seu próximo. Onde reina a incredulidade, o homem é absorvido por vaidades, procura-as e não descansa até que as tenha alcançado; e, depois de as possuir, alimenta-se delas e engorda como um porco, e nelas encontra a sua única felicidade. Seu ventre é seu deus; se não consegue o que quer, ele pensa que as coisas estão dando errado. A isso, segue-se outro pecado: o abandono do amor para com o próximo. Vemos, portanto, que é impossível existir amor onde não existe fé, e impossível crer onde não existe amor.

*Não quero ser como aqueles que
não possuem amor e fé.*

Martinho Lutero

NÃO SE DESANIME

Fui moço e já, agora, sou velho,
porém jamais vi o justo desamparado, nem
a sua descendência a mendigar o pão.

SALMO 37:25

Este é um salmo de consolação, que nos exorta a termos paciência neste mundo e nos mostra que não devemos ficar irritados nem murmurar contra Deus quando vemos o que é bom ocorrendo aos maus e o que é ruim, aos bons. Vemos tanta malícia e ingratidão no mundo e um extremo desprezo pela fé; um desprezo imenso por todo bom conhecimento e por toda virtude e honestidade! Disto temos exemplos bastante claros em nosso tempo, entre os poderosos e nobres deste mundo bem como entre cidadãos e camponeses, que desejam ter a liberdade de fazer o que lhes convém; enquanto isso, aqueles que temem a Deus são afligidos com fome e nudez e são desprezados, ridicularizados e desprezados. Além disso, eles suportam o ódio mais amargo do diabo e do mundo por causa da Palavra; mal podem respirar sob suas aflições, e, muitas vezes, são amarrados com grilhões e aprisionados. Portanto, a conclusão deste salmo é que devemos sofrer e aprender a ter paciência. Todo mal deve ser vencido ao suportá-lo com paciência. Lance seus cuidados sobre o Senhor; não murmure, não se ire e não deseje mal aos ímpios. Deixe que Deus administre e governe todos: Ele é um juiz justo. Neste salmo, o Espírito Santo conforta os piedosos de maneira variada e, ao mesmo tempo, paterna e afetuosa; e isso com as maiores e graciosas promessas, como: "...jamais vi o justo desamparado, nem a sua descendência a mendigar o pão".

O Senhor sempre o confortará e protegerá.

Martinho Lutero

O OFÍCIO DO ESPÍRITO SANTO

Ainda Pedro falava estas coisas
quando caiu o Espírito Santo sobre todos
os que ouviam a palavra. ATOS 10:44

Devemos entender qual é o ofício do Espírito Santo na Igreja e como Ele é recebido no coração e nele opera. Deus enviou Seu próprio Filho amado para derramar Seu sangue e morrer por nossos pecados, dos quais não poderíamos ser libertos por nosso próprio esforço. Cristo consumou Sua obra, tornando-nos, por meio dele, vencedores em todas as coisas. Mas, antes que possamos desfrutar deste tesouro, o Espírito Santo precisa comunicá-lo ao nosso coração, capacitando-nos a crer e dizer: "Sou eu que receberá esta bênção!". Se crermos que Deus veio em nosso socorro e nos deu Sua bênção inestimável, nosso coração inevitavelmente se encherá de alegria e gratidão a Deus. Mas saiba que nem tudo é consumado quando o Espírito Santo é recebido. Aquele que tem o Espírito não é imediatamente perfeito e puro em todos os aspectos. O cristão ainda sente, em certa medida, o pecado em seu coração e experimenta os terrores da morte. Ele é afetado por tudo o que afeta os demais pecadores, mas é sustentado pelo Espírito Santo, que o consola e fortalece até que Sua obra seja totalmente realizada. Enquanto vivermos na carne, não poderemos atingir a perfeição, a ponto de estarmos totalmente livres de fraquezas e faltas. O cristão piedoso ainda é de carne e osso, mas se esforça para resistir aos maus desejos e a todos os outros pecados.

Permanecerei firme no Espírito até ser
completamente santificado.

Martinho Lutero

NÃO SE ESCANDALIZE EM CRISTO

Disse eu: compadece-te de mim, Senhor;
sara a minha alma, porque pequei contra ti.
SALMO 41:4

Este salmo é uma profecia; nele, à maneira dos Salmos, o próprio Cristo fala e, com um sentimento maravilhoso, se queixa de Seu traidor, Judas, e daqueles que o crucificaram. É um grande e indescritível consolo para todos aqueles que são piedosos, quando Ele se confessa pecador diante de Deus, seu Pai, embora jamais tenha pecado e nenhum dolo tenha se achado em sua boca (1 PEDRO 2:22). Aqui, portanto, Ele aparece como nosso sacerdote, como vítima e sacrifício por nossos pecados, como se fossem dele, levando sobre si a nossa culpa. No início do salmo 41, essa questão é trazida com uma expressão muito poderosa: "Bem-aventurado", diz Ele, "o que acode ao necessitado" (v.1); isto é, abençoados, sim, eternamente abençoados são aqueles que não se ofendem com o Cristo outrora necessitado, condenado e crucificado, mas que creem no evangelho. Porque a pregação da cruz é escândalo para os judeus, loucura para os gentios. Para o mundo, é o maior de todos os escândalos pregar, ensinar e confessar aquele que outrora foi necessitado, condenado e crucificado, Cristo, mas que, agora, está assentado à direita da divina Majestade e está nas alturas, o Senhor de todos, tanto neste mundo quanto no vindouro.

Quero me apegar a esse Cristo maravilhoso,
que está assentado à destra de Deus!

Martinho Lutero

CUIDADO COM OS FALSOS MESTRES

Pois certos indivíduos se introduziram com dissimulação, os quais, desde muito, foram antecipadamente pronunciados para esta condenação... JUDAS 1:4

Sobre esses falsos mestres, a sentença de julgamento, diz Judas, já foi pronunciada há muito tempo; a saber, que eles estão condenados. Hoje entendemos isso muito bem, pois aprendemos que ninguém pode se tornar justo ou ser justificado diante de Deus por suas próprias obras, mas somente pela fé em Cristo. Tal pessoa deve confiar na obra de Cristo como seu bem fundamental e único auxílio. Depois que a fé está presente, tudo o que o homem faz deve ser feito para o benefício de seu próximo. Cristo nos oferece a graça de Deus, por meio do evangelho com todas as dádivas decorrentes dele, mas esses indivíduos a usam apenas para levar uma vida impura. Eles se autointitulam cristãos, louvam o evangelho, porém vivem em devassidão. Gabam-se de não estar em um estado natural, mas em um estado espiritual, e por isso reivindicam todo bem, honra e luxo para si mesmos. Sua negação do Senhor Deus não se dá com a boca, pois confessam que Deus é o Senhor; eles negam a Cristo em seus atos e obras, pois consideram-se senhores de si mesmos. Eles não falam nada sobre Cristo, como se Ele não fosse necessário e Sua obra de redenção não tivesse valor. Assim, negam a Cristo, que os comprou com Seu próprio sangue. Eles não sabem que nossa salvação está fundamentada na fé e no amor. Ofendem-se quando rejeitamos suas obras e pregamos que somente Cristo deve nos salvar por meio de Sua obra na cruz.

Não posso apenas dizer que sou cristão;
devo andar como Cristo andou.

Martinho Lutero

O SENHOR OUVE OS PIEDOSOS

*Dá ouvidos, ó Deus, à minha oração;
não te escondas da minha súplica.*

SALMO 55:1

Este salmo é uma oração e, embora possamos entender como sendo o próprio Cristo orando contra Seu traidor, Judas, quando diz: "...não é inimigo que me afronta..." (v.12), está claro para mim que esta é uma oração de todos os piedosos contra toda a astúcia de homens traiçoeiros e enganosos e contra a astuta bajulação de certas pessoas que são amigas com sua boca, mas não em seu coração. Tais pessoas são astutas e dissimuladas em todos os assuntos, como se pudessem enganar até mesmo a Deus! Davi as descreve acertadamente ao afirmar que suas palavras são "mais brandas que o azeite"(v.21), mas, quando você vira as costas, elas mancham seu caráter; sua boca é mais destrutiva do que flechas e brasas de fogo, e sua língua é uma espada afiada e uma adaga desembainhada. No versículo 12, Davi se queixa que elas enganam com seu semblante e seus olhos e ocultam, como raposas, amargura e virulência satânicas. Elas comem e bebem com você, fingem ser seus amigos íntimos (como Judas fez com Cristo) e vão à casa de Deus com você. Esta é a razão, portanto, que Davi as amaldiçoou, dizendo: "A morte os assalte, e vivos desçam à cova!" (v.15). Vemos esse mesmo julgamento em nossos dias, pois é uma execração profética, apontando para o fim de todos os hipócritas que não ouvem aqueles que os admoestam de maneira piedosa, nem consideram seus conselhos.

*Não temo aqueles que, mentindo,
falam mal de mim.*

Martinho Lutero

TEMOS UM DEUS VIGILANTE

*Porque os olhos do Senhor repousam sobre
os justos, e os seus ouvidos estão abertos
às suas súplicas, mas o rosto do Senhor
está contra aqueles que praticam males.*

1 PEDRO 3:12

Grave este versículo em seu coração com fé confiante e veja se ele não lhe trará paz e bênção! Creia que Deus está vigilante, sem dormir e com Seu olhar sempre atento sobre você. Ele contempla os justos enquanto eles sofrem; mais do que isso, Seus ouvidos estão abertos às orações dos justos. Enquanto Ele olha para você com olhos graciosos e cativantes, Seus ouvidos também estão atentos até mesmo ao mais fraco som. Ele ouve sua queixa, seu suspiro e sua oração de bom grado e com prazer. Mas "o rosto do Senhor" está contra os que praticam o mal. Ele não os contempla com um olhar amigável e semblante gentil. Quando um homem está com raiva, sua testa franze, as narinas dilatam e os olhos se acendem. É a tal manifestação de ira que devemos entender quando as Escrituras se referem a "rosto do Senhor". Qual é o resultado de o "rosto do Senhor" estar contra os malfeitores? Segundo as palavras do salmo, é "lhes extirpar da terra a memória" (SALMO 34:16). Essa é uma sentença terrível diante da qual um coração pode muito bem se prostrar como quem viu um raio caindo do Céu. O coração do ímpio ficaria chocado se não estivesse tão determinado a desprezar a Palavra de Deus. Em contraste, os justos, por temerem a Deus e permanecerem em Sua piedade, viverão, mesmo aqui na Terra, para ver bênçãos e prosperidade sobre os filhos de Seus filhos.

*Sei que os olhos do Senhor estão sobre mim
para me guardar de todo o mal.*

Martinho Lutero

ONDE DEVO COLOCAR MEUS CUIDADOS

Confia os teus cuidados ao Senhor, e ele te susterá; jamais permitirá que o justo seja abalado. SALMO 55:22

Não deixe que seu fardo fique sobre você mesmo, pois você não poderá suportá-lo e perecerá sob seu peso. Confiante e cheio de alegria, lance-o sobre Deus e diga: "Pai Celestial, Tu és meu Senhor e meu Deus, que me criaste e redimiste por meio de Teu Filho. Tu me confiaste este ofício ou trabalho; as coisas não vão tão bem quanto eu gostaria. Tantas coisas me oprimem e preocupam que não consigo encontrar conselho e ajuda. Por isso, entrego tudo a ti. Dá-me conselho e ajuda, e sê Tu, Tu mesmo, tudo nestas coisas". Essa oração é agradável a Deus, pois Ele nos diz para lançar sobre Ele toda a ansiedade (1 PEDRO 5:7) quanto ao assunto que realizaremos. Diferentemente de todas as demais pessoas deste mundo, o cristão tem a rara faculdade de saber onde colocar seus cuidados. Ele entrega seus problemas a Deus e age com vigor contra toda oposição. Na hora do perigo e na hora da morte, quando, mesmo com todas as suas preocupações, não consegue saber onde está ou para onde está indo, ele deve, com sentidos e mente fechados ao mundo, entregar-se com fé e confiança a Deus e lançar-se sobre Sua mão e proteção, dizendo: "Deus me permitiu viver até esta hora sem andar ansioso por coisa alguma (FILIPENSES 4:6). Ele me deu Seu Filho amado como um tesouro e penhor seguro da vida eterna. Portanto, minha querida alma, vá com alegria. Você tem um Pai e Salvador fiel, que a tomou em Suas próprias mãos e a preservará".

Não permitirei que meu coração duvide do cuidado do Senhor.

Martinho Lutero

SOMOS SALVOS SOMENTE PELA GRAÇA

Ninguém pode vir a mim se o Pai,
que me enviou, não o trouxer...
JOÃO 6:44

Está decretado que quem não vem ao Filho será condenado para sempre. O Filho nos é dado para nos salvar; além dele, nada nos salva, nem no Céu, nem na Terra. Se Ele não nos ajudar, ninguém mais poderá. Se o Pai não atrair os homens, eles perecerão para sempre. O Pai deve colocar a primeira pedra do nosso alicerce, caso contrário, nada poderemos realizar. Isso acontece da seguinte maneira: Deus envia Seus pregadores, a quem Ele preparou, para nos anunciar Sua vontade. Primeiro, Ele nos ensina que toda a nossa vida e caráter, por mais santos e belos que possam parecer, não são nada diante dele. Então, Ele nos oferece Sua graça e nos diz que não nos condenará nem nos rejeitará, mas nos fará herdeiros de Seu reino, senhores de tudo o que há no Céu e na Terra. Isso se chama pregação da graça, ou evangelho. Onde a pura e clara Palavra de Deus é anunciada, ela quebra tudo o que é levantado pelo homem, transforma em vales todas as suas montanhas e aplaina todas as suas colinas. Todo coração que ouve esta Palavra deve perder a fé em si mesmo, senão, não será capaz de vir a Cristo. Antes, ele não podia obter nenhuma ajuda ou conselho de Deus, nem o desejava; mas, agora, ele encontra o primeiro conforto e promessa de Deus e continuará a ganhar coragem e confiança em Deus enquanto viver.

Sei que não serei condenado,
pois a graça de Deus está sobre mim.

Martinho Lutero

SEJA SEMPRE AGRADECIDO

Dou graças ao meu Deus por tudo que recordo de vós, fazendo sempre, com alegria, súplicas por todos vós, em todas as minhas orações, pela vossa cooperação no evangelho, desde o primeiro dia até agora. FILIPENSES 1:3-5

Paulo agradece a Deus pela cooperação dos filipenses no evangelho e oferece uma oração em favor deles. A alegria de um cristão deve ser ver multidões aceitarem a oferta de misericórdia divina e louvarem a Deus com ele. Esse desejo de que outros participem do evangelho promove o espírito da oração. O cristão não pode ser indiferente quanto à conversão do seu próximo. Ele deve ter interesse por todos os homens e, incessantemente, desejar e orar por sua salvação. Essa súplica deve ser a manifestação sincera do coração do verdadeiro cristão. As palavras de Paulo indicam que seu louvor e oração foram inspirados por um espírito fervoroso. Ele fala de maneira digna de um apóstolo, pois elogia e ora pelos filipenses com real prazer. Ele se alegra por haver, em algum lugar, um pequeno grupo de cristãos que amam o evangelho, com quem ele pode se alegrar e por quem ele agradece a Deus. Não havia maior razão para que todos os que ouviram o evangelho por intermédio de Paulo se regozijassem e agradecessem ao apóstolo de coração? Mas Paulo não esperava dos filipenses essa iniciativa, como deveriam ter tido, de declararem sua alegria e gratidão a ele. Em suas primeiras palavras, o próprio Paulo expressa a alegria de seu coração e agradece fervorosamente a Deus por eles.

Senhor, ajuda-me a demonstrar sempre gratidão e alegria pelas bênçãos recebidas.

A SANTIDADE DO MATRIMÔNIO

E disse o homem: Esta, afinal,
é osso dos meus ossos
e carne da minha carne...

GÊNESIS 2:23

Como Adão era puro e santo, suas palavras podem ser consideradas divinas ou a própria voz de Deus, pois Deus falou por meio dele. Todas as palavras e obras de Adão, em seu estado de inocência, eram divinas e, portanto, podem ser verdadeiramente consideradas palavras e obras de Deus. É digno de nossa surpresa e admiração que Adão, no momento em que pôs os olhos em Eva, soubesse que ela era uma criatura formada a partir de si mesmo. Ele imediatamente disse essas palavras, que não são palavras de um ignorante, nem de um pecador, nem de alguém que ignorava as obras e a criação de Deus. São palavras de um homem justo, sábio e cheio do Espírito Santo. Este conhecimento não vem apenas pelos cinco sentidos e pela razão. É uma revelação do Espírito Santo. A palavra "afinal", nesta frase, expressa lindamente a exultante surpresa e alegria de um nobre espírito que estava procurando por essa preciosa companheira; uma companhia cheia não só de amor, mas também de santidade, como se Adão dissesse: "Esta mulher é tudo o que eu quero. Com ela desejo viver e obedecer à vontade de Deus na propagação da nossa posteridade". Agora, porém, essa verdadeira pureza, inocência e santidade estão perdidas. Ainda permanece, de fato, um sentimento de alegria e afeição do marido para com sua esposa; mas é impuro e corrompido pelo pecado. A afeição de Adão, contudo, era puríssima, santíssima e agradecida a Deus.

Que Deus nos santifique para viver a vida
matrimonial com pureza e santidade!

Martinho Lutero

VIVENDO COMO PEREGRINOS

*Amados, exorto-vos, como peregrinos
e forasteiros que sois, a vos absterdes
das paixões carnais, que fazem guerra
contra a alma.* 1 PEDRO 2:11

Pedro adverte os cristãos a viverem e trabalharem como Cristo, tendo em vista o fato de que eles são chamados para a glória excelente, tendo se tornado, por meio de Cristo, um sacerdócio real, um povo de propriedade exclusiva de Deus e cidadãos do Céu. O desejo do apóstolo é que eles habitem este mundo como convidados, lutando pelo reino eterno; isto é, que se abstenham de todos os desejos carnais e mantenham uma caminhada irrepreensível, uma vida de boas obras. Pedro oferece duas razões para tal abnegação: primeiro, para que não possamos, por meio de hábitos carnais e lascivos, perder o espiritual e o eterno; segundo, para que o nome de Deus e a glória que temos em Cristo não sejam caluniados entre nossos adversários, mas que, por causa de nossas boas obras, sejam honrados. Quando Pedro admoesta a nos abstermos das paixões carnais, que guerreiam contra a alma, ele sugere que, se não lhes resistirmos, perderemos nossa inestimável herança eterna. Ser um estrangeiro no mundo é incompatível com viver em desejos carnais, como se a única intenção fosse permanecer no mundo para sempre. Se quisermos resistir às paixões carnais, precisamos lutar. Se a luxúria triunfar, nossa comunhão com o Espírito Santo e nossa fé serão perdidas. Nosso próprio bem-estar exige essa conquista.

*Quero viver como um estrangeiro neste mundo,
esperando pela pátria que está no Céu.*

Martinho Lutero

DEUS NOS PROMETE A SUA PRESENÇA

Deste um estandarte aos que te temem, para o arvorarem no alto, por causa da verdade.
SALMO 60:4 ACF

Davi agradece pela felicidade que havia em seu reino, no qual a religião e o governo político floresciam e prosperavam, pois os assuntos divinos e humanos dependem dessas duas coisas para estar bem ordenados. Nos dias de Saul, tudo estava em desordem, e o reino, em declínio; os filisteus haviam afligido grandemente os israelitas a ponto de a Arca do Senhor ser desprezada e profanada. Davi diz: "Deste um estandarte aos que te temem, para o arvorarem no alto", visto que Deus tinha dado aos Seus um sinal, pelo qual todos aqueles que creram na graça de Deus podiam ser consolados; a saber, a Arca da Aliança e o propiciatório, que Deus havia resgatado, por milagres notórios, das mãos dos filisteus. Isso porque Deus havia prometido que ouviria todos os que o invocassem diante daquela arca e propiciatório e garantiu que a Sua presença estaria ali. Davi menciona todos de seu povo e, de maneira muito marcante, exalta a verdadeira adoração a Deus, a verdadeira religião. "Deus", diz ele, "falou na sua santidade; eu me regozijarei..." (v.6), isto é, Deus está presente em meu reino por Sua Palavra pregada; nisso eu me regozijarei. Podemos cantar este salmo em honra a Deus porque, na Igreja de Cristo, Deus está continuamente construindo novos jardins e aumentando diariamente o número de igrejas onde a Palavra de Deus é pregada, nas quais há vários dons do Espírito Santo.

Deus sempre me ouvirá quando eu o invocar.

Martinho Lutero

AME A CRISTO

Se me amais, guardareis
os meus mandamentos.
JOÃO 14:15

Guardar a Sua Palavra ou o Seu mandamento — isso é o que deve fazer a pessoa que ama a Cristo, que compreende e valoriza o que recebe dele. Ninguém pode ser chamado de cristão a menos que guarde a Palavra de Cristo, e ninguém pode guardá-la a menos que primeiro ame a Deus. Onde não há esse amor, tudo dá em nada, independentemente do que possamos fazer. Mesmo que alguém tivesse todo o poder do mundo em suas mãos, não poderia trazer um único incrédulo à fé. As pessoas podem parecer aceitar a Palavra, mas não há fé no coração delas. Como alguém adquire amor? O coração humano é tão falso que não pode amar, a menos que primeiro saiba que benefício terá ao amar. Nenhum homem pode colocar esse amor no coração de alguém. Por isso, Deus nos deu Seu Filho, derramou graciosamente Seus maiores tesouros e lançou todos os nossos pecados e imundícies no grande oceano de Seu amor, para que esse grande amor e bênção atraiam o homem a amar, a fim de que ele esteja apto a cumprir os mandamentos divinos. Cristo vem, leva cativo o coração e diz: "Aprenda a me conhecer. Eu sou Cristo, que me dei por sua miséria, para afogar seus pecados em Minha justiça". A experiência ensina como é difícil guardar esta Palavra, pois a santa cruz foi colocada sobre ela, mas o verdadeiro cristão amará a Cristo, Sua Palavra e Seu reino mais do que todas as coisas deste mundo.

Cristo terá sempre o meu amor e a minha entrega.
Quero conhecê-lo a cada dia.

Martinho Lutero

A ESPERANÇA DA GLÓRIA

Amados, agora, somos filhos de Deus, e ainda não se manifestou o que haveremos de ser...
1 JOÃO 3:2

Quando nosso Senhor Jesus Cristo vier com Seus amados anjos e formos levados às nuvens para encontrá-lo nos ares, Ele trará aos filhos de Deus uma glória consistente com o nome deles. Eles estarão muito mais esplendidamente trajados do que os filhos deste mundo; brilharão como o Sol no reino de seu Pai. A esperança dessa glória maravilhosa é nossa e de toda a criação, que será purificada e renovada por nossa causa. Então ficaremos impressionados com a grandeza do Sol, a majestade das árvores e a beleza das flores. Tendo isso em perspectiva, devemos, na alegria de nossa esperança, dar pouca importância ao leve sofrimento que podemos experimentar neste mundo. Como compará-lo com a glória a ser revelada em nós? Sem dúvida, na vida futura, diremos a nós mesmos: "Como fui tolo! Não sou digno de ser chamado de filho de Deus, pois me estimava demais na Terra e dava pouco valor a essa glória e felicidade insuperáveis. Se eu ainda estivesse no mundo, com o conhecimento que agora tenho da glória celestial, sofreria mil anos de aprisionamento, ou suportaria doenças, perseguições ou outros infortúnios. Agora estou verdadeiramente convencido de que todos os sofrimentos do mundo não são nada quando comparados à glória a ser manifestada nos filhos de Deus".

Renovo a minha esperança na glória
que há de ser revelada!

Martinho Lutero

O MARAVILHOSO REINO DE CRISTO

*Concede ao rei, ó Deus, os teus juízos
e a tua justiça, ao filho do rei. Julgue ele
com justiça o teu povo e os teus aflitos,
com equidade.* SALMO 72:1-2

Essa é uma profecia notável a respeito de Cristo e de Seu reino, que se espalhará por todo o mundo, sobre todos os reinos e as ilhas do mar. Não será um reino de morte, pecado e julgamento, mas um reino de graça, justiça, paz e alegria. A vida, a vitória, a paz e a glória da Igreja ficarão escondidas em Deus, e os santos neste mundo suportarão o ódio mais profundo do mundo e suas perseguições; eles derramarão seu sangue por Cristo; não obstante, esse sangue será precioso aos olhos do Senhor, e Ele o requererá. Este salmo declara que o antigo culto da lei de Moisés seria revogado e um novo culto estabelecido, constituído por oração e agradecimento: "...continuamente se fará por ele oração, e o bendirão todos os dias" (v.15), pois o sacrifício de louvor e a pregação do evangelho são o sacrifício diário e a mais elevada adoração do Novo Testamento. Aqui você não ouve nada sobre circuncisão, ou sobre a lei de Moisés, como aquilo que as nações deveriam receber. Diz que os reis das nações e as próprias nações louvarão a esse Rei. Portanto, esse Rei, que é Cristo, é verdadeiramente Deus, pois a oração é a adoração do primeiro e maior mandamento, que é devida somente a Deus — o único que pode livrar da morte e de toda aflição.

O meu Rei me livra da morte e de toda aflição.

Martinho Lutero

A ESPERANÇA DA CRIAÇÃO

*Pois a criação está sujeita à vaidade,
não voluntariamente, mas
por causa daquele que a sujeitou.*

ROMANOS 8:20

Paulo nos diz que toda a criação geme e suporta angústias juntamente conosco, os pecadores e "está sujeita à vaidade". O abençoado Sol — a mais gloriosa das obras criadas — serve a uma minoria de homens piedosos. Enquanto brilha sobre um homem piedoso, também ilumina milhares de patifes, inimigos de Deus, blasfemos, perseguidores, assassinos, assaltantes, ladrões, criminosos, dos quais o mundo está cheio. Fosse ele uma criatura racional, obedecendo à sua própria vontade em vez de servir ao decreto do Senhor, que o sujeitou à vaidade, o Sol poderia negar a cada um desses miseráveis ímpios até mesmo o menor raio de luz. Paulo nos diz que toda a criação geme e sofre conosco, como se desejasse se livrar dessa angústia. Os planetas ficariam alegremente livres desse serviço; a Terra facilmente se tornaria infrutífera; todas as águas se afastariam e negariam sua presença neste mundo perverso; as ovelhas prefeririam produzir espinhos para os ímpios em vez de lã; a vaca preferiria dar-lhes veneno no lugar de leite. Mas toda a criação deve realizar seu trabalho designado, diz Paulo, por causa daquele que a sujeitou "na esperança…" (v.21). Deus finalmente atenderá ao clamor da criação, e o mundo terá seu fim. Todas as coisas criadas devem estar sob o poder de um mundo condenado e compelidas a servi-lo com todas as suas energias até que Deus o destrone e, pelo bem dos eleitos, purifique-o novamente e renove a Sua criação.

*Aguardamos ansiosamente a renovação
de todas as coisas.*

Martinho Lutero

LOUVE SEMPRE A DEUS

Cantai de júbilo a Deus, força nossa;
celebrai o Deus de Jacó.
SALMO 81:1

Esta é uma oração e um cântico solene para o povo judeu, cantado anualmente na Festa dos Tabernáculos para admoestá-los a manter a verdadeira adoração a Deus (ou seja, a do primeiro mandamento). Este salmo, portanto, como os profetas, em todas as suas grandes instruções, apresenta e reforça as próprias palavras do primeiro mandamento: "Eu sou o SENHOR teu Deus [...] Não terás outros deuses diante de mim" (ÊXODO 20:2-3), isto é, "tu me considerarás o teu Deus, te apegarás a mim, confiarás somente em mim; não adorarás nem invocarás nenhum outro deus". Mas o mundo inteiro jaz na maldade, é completamente impuro e é o reino do diabo. Não apenas o povo judeu transgrediu o primeiro mandamento, mas todas as nações, todas as religiões e todos os adoradores, desde o começo do mundo; e eles continuarão assim até o fim do mundo. Os israelitas eram, de fato, o povo de Deus; tinham os profetas, bem como os piedosos sacerdotes e levitas, continuamente reforçando esse grande e mais elevado mandamento de adoração em todas as suas pregações; ainda assim, eles se afastaram do Senhor. Sua boca deveria estar cheia do louvor a Deus, mas estava cheia de idolatria, de doutrinas e abominações idólatras. Para a Igreja do Senhor, sob o Novo Testamento, este salmo ensina a justiça da fé e de Cristo; ensina que devemos colocar Cristo e Sua justiça antes e acima de todas as nossas obras, pois nossa boca deve estar cheia de Cristo.

Que em minha boca sempre estejam presentes
os louvores ao verdadeiro Deus.

Martinho Lutero

SOMOS TESTEMUNHAS DE CRISTO

...muitos profetas e reis quiseram ver o que vedes e ouvir o que ouvis e não o ouviram.
LUCAS 10:24

Devemos entender este "ouvir" e "ver" no sentido de que aqueles discípulos viram a Cristo, ouviram Sua pregação e testemunharam os milagres que Ele realizou. Certamente os judeus também viram essas coisas com seus olhos naturais, e alguns deles realmente as experimentaram em parte, pelo menos em seu coração; mas, de fato, eles não o reconheceram como o Cristo, assim como os apóstolos e Pedro, que, representando os demais, disse: "Tu és o Cristo, o Filho do Deus vivo". Em espírito, porém, muitos profetas e reis viram Cristo, como Ele mesmo disse aos judeus a respeito de Abraão: "Abraão, vosso pai, alegrou-se por ver o meu dia, viu-o e regozijou-se" (JOÃO 8:56). Os judeus pensaram que Ele falava da visão natural, mas Jesus se referia à visão espiritual, pois todos os corações piedosos o viram antes que Ele encarnasse e ainda o veem. Se Abraão o viu, sem dúvida muitos profetas em quem o Espírito Santo habitava também o viram; e, embora essa visão muito abençoasse os santos patriarcas e profetas, eles ainda tinham um desejo sincero de contemplar Cristo, o Senhor, em carne, como é dito repetidamente nos livros proféticos. Nas eras passadas, o evangelho nunca foi pregado pública e claramente a todos os homens como no presente. O Espírito Santo ainda não havia sido derramado, mas Cristo havia começado a obra do Espírito Santo, e, depois, os apóstolos a continuaram com grande dedicação. Portanto, Cristo chama de bem-aventurados todos aqueles que ouvem e veem esta graça que está nele.

*Dou graças a Deus pelo que tenho visto
e ouvido sobre Cristo, meu Salvador.*

Martinho Lutero

O PODER DA PALAVRA DO EVANGELHO

Reina o Senhor.
SALMO 93:1

Essa é uma profecia a respeito da expansão do reino de Cristo, que será tão abrangente quanto a extensão da Terra e será estabelecido para sempre. Mas, contra esse reino, como diz o salmista, as "grandes águas" e os "poderosos vagalhões do mar" (v.4) crescerão e se erguerão; isto é, os reinos e povos do mundo rugirão contra o Senhor e contra o Seu Ungido e se enfurecerão contra os piedosos com espada e com fogo. Mas eles não prevalecerão, pois, como diz Daniel, esse reino "esmiuçará e consumirá todos estes reinos, mas ele mesmo subsistirá para sempre" (DANIEL 2:44). O Seu reino não será estabelecido de nenhuma outra maneira a não ser pela Palavra do evangelho. Não resistirá pela força das armas, nem pela pompa externa, ou pela glória perante o mundo, mas será preservado, aumentado e adornado pelo ministério da Palavra do evangelho. Esta é a "santidade" (ou seja, o ministério da Palavra) que convém à casa do Senhor. Pois essa verdadeira e elevada adoração a Deus, que está no reino de Cristo, substitui todos os sacrifícios e todas as oblações, castiçais e coisas semelhantes. A pregação da Palavra e a ação de graças são, em vez de todas as representações externas de misericórdia, a adoração do Novo Testamento.

Eu espero confiante a manifestação
do reino de Cristo na Terra.

Martinho Lutero

31 DE MARÇO

CUIDADO COM A FALTA DE MODERAÇÃO

E não vos embriagueis com vinho, no qual há dissolução, mas enchei-vos do Espírito. EFÉSIOS 5:18

Tendo Deus, em Sua infinita bondade, tão ricamente derramado sobre nós nestes últimos tempos o evangelho da luz, devemos, em honra e gratidão a Ele, tentar nos corrigir na questão da falta de domínio próprio. Devemos temer que, por causa desse mal, além de cometer outros pecados, atraiamos sobre nós a ira e o castigo de Deus; pois nada mais pode resultar da vida sem domínio próprio a não ser a falsa sensação de segurança e o desprezo a Deus. Indivíduos continuamente entregues à embriaguez, sepultados em seus excessos, não podem temer a Deus, não podem se dedicar às coisas divinas. Infelizmente, o mal da embriaguez ganhou tamanha proporção que ficará fora de controle, a menos que a Palavra de Deus exerça alguma influência entre os poucos que ainda são sensíveis a ela e desejam ser cristãos. É minha opinião que se Deus, em algum momento, não controlar o vício por um julgamento especial, até mulheres e crianças se entregarão a essa compulsão. E quando chegar o último dia, nenhum cristão será encontrado, e todas as almas descerão embriagadas ao abismo do inferno. Que todos os que desejam ser cristãos entendam que lhes compete manifestar a virtude do domínio próprio. Ó Deus, como somos desavergonhados e ingratos! Somos tão altamente abençoados por Deus por termos a Sua Palavra, mas quão ingratos por não corrigirmos nossa vida em honra ao evangelho e em louvor e gratidão a Deus. Se você deseja ser cristão e ser salvo, deve levar uma vida sóbria e moderada.

Não quero ser um cristão que não domina a si mesmo.

Martinho Lutero

A SABEDORIA NO MINISTÉRIO

*Vendo Jesus as multidões, subiu ao monte, e,
como se assentasse, aproximaram-se os seus discípulos;
e ele passou a ensiná-los, dizendo...* MATEUS 5:1-2

Deus não quer que andemos vagueando por todos os lados com a Sua Palavra, como se o Espírito Santo nos obrigasse a pregar por todo canto, em casas ou igrejas onde não fomos convidados a estar. Até o próprio Paulo, chamado por Deus para ser apóstolo, não quis pregar onde outros apóstolos já haviam pregado. Portanto, entendemos nesta passagem que Cristo subiu ao monte com ousadia e publicamente, quando começou oficialmente Seu ministério, e logo depois disse a Seus discípulos: "Vós sois a luz do mundo..." (v.14) e "[não] se acende uma candeia para colocá-la debaixo do alqueire, mas no velador, e alumia a todos os que se encontram na casa " (v.15), pois o ofício do ministério e da pregação da Palavra de Deus deve brilhar como o Sol e não sair por aí sorrateiramente, maquinando suas ações, como se estivesse brincando de cabra-cega. Tudo deve ser feito em plena luz do dia, para que possa ser visto claramente, tanto pelo pregador quanto pelo ouvinte, a fim de que ambos tenham certeza de que o ensino e o ofício foram exercidos corretamente, de modo que não há necessidade de que nada seja oculto. Faça o mesmo. Se você está no ministério e foi comissionado a pregar, tome seu lugar abertamente e não tema ninguém, para que possa dizer como Cristo: "Eu tenho falado francamente ao mundo; [...] e nada disse em oculto" (JOÃO 18:20).

*Cumprirei meu chamado divino
com dedicação e verdade.*

Martinho Lutero

JESUS É VERDADEIRAMENTE DEUS

Pois a qual dos anjos disse jamais:
Tu és meu Filho, eu hoje te gerei?
HEBREUS 1:5

Estas palavras são uma menção ao Salmo 2. Vemos que a referência aqui é claramente a Cristo, contra quem os judeus se enfureceram, juntamente com Pilatos, Herodes e os principais sacerdotes. A nenhum homem é dito em qualquer passagem das Escrituras: "Tu és meu Filho". Mesmo quando os judeus admitem que a alusão deste salmo é ao Messias, eles recorrem a evasivas. Afirmam que o Messias ainda está por vir e que, portanto, Jesus Cristo não é o Messias; e que embora seja chamado de "filho de Deus", Ele não é Deus. Como devemos responder a esses questionamentos? Em primeiro lugar, temos o testemunho de que Jesus é aquele de quem fala o salmo; a profecia se cumpriu em Cristo e se tornou história. Ele foi perseguido por reis e governantes, mas eles foram destruídos, como diz o salmo. Em todo o mundo, Cristo é reconhecido como Senhor. A afirmação do escritor bíblico, baseada no fato de que em nenhum lugar é dito a qualquer anjo, muito menos a qualquer homem: "Tu és meu Filho", é prova suficiente que Cristo é Deus. Ele não pode ser superior aos anjos sem ser verdadeiro Deus, pois os anjos são a mais alta ordem de seres criados. O escritor enfatiza tanto a autoridade das Escrituras que não temos nenhuma obrigação de aceitar qualquer outra afirmação que a Bíblia não confirme. Em todas as coisas não encontradas nas Escrituras, pergunte como o escritor de Hebreus: "Quando Deus afirmou isso?".

Creio que Jesus Cristo é
o Deus verdadeiro.

Martinho Lutero

PROTEGIDO PELA JUSTIÇA DIVINA

Quantas vezes quis eu reunir os teus filhos, como a galinha ajunta os seus pintinhos debaixo das asas, e vós não o quisestes! MATEUS 23:37

O Senhor nos oferece uma imagem encantadora do que Ele faz pela causa da fé e dos que creem, e eu não conheço uma passagem mais bela em todas as Escrituras. O Senhor enfatiza Sua boa vontade e favor para com os judeus e diz que ficaria feliz em ser para eles como uma galinha acolhedora se eles desejassem ser Seus pintinhos. Ó, homem! Você pode entender como se comportar em relação a Cristo e como Ele o abençoará? Nossas almas são os pintinhos, e Satanás e os espíritos do mau são os urubus, embora não sejamos tão sábios quanto aqueles pintinhos que fogem para debaixo das asas de sua mãe e os espíritos da parte de Satanás sejam muito mais rápidos para roubar nossas almas do que os urubus para roubar suas presas. A fé, se for verdadeira, é de tal natureza que não depende de si mesma, mas se apega a Cristo e se refugia sob a Sua justiça; ela deixa que esta justiça seja seu escudo e proteção, assim como o pintinho nunca confia em seus próprios esforços, mas se refugia sob as asas da galinha. Ele se inclina e rasteja para debaixo dessa justiça, confia nela sem duvidar e será sustentado por sua fé; não por causa de si mesmo, nem por causa da fé, mas por causa de Cristo e de Sua justiça, sob a qual ele se refugia. Uma fé que não faz isso não é fé verdadeira.

Quero confiar na justiça divina em todo momento, pois, assim, Satanás não me alcançará.

Martinho Lutero

NÃO CAIA DA GRAÇA

*Havemos de pecar porque não estamos
debaixo da lei, e sim da graça?
De modo nenhum!* ROMANOS 6:15

Quando pregamos o perdão dos pecados somente pela graça, sem qualquer mérito humano, este mundo perverso afirma que proibimos as boas obras, ou que o homem pode continuar a viver no pecado e seguir seu próprio prazer. Mas o fato é que o nosso ensinamento, corretamente apreendido, não conduz ao orgulho e ao vício, mas à humildade e à obediência. Em matéria de governo, doméstico ou civil, entendemos que aquele que pede perdão confessa-se culpado, reconhece seu erro e promete corrigir-se e não mais transgredir. Quando o juiz estende misericórdia e perdão ao criminoso condenado, a lei é anulada pela graça. Mas, embora a lei seja anulada para ele e a graça o livre da condenação, a liberdade não lhe é concedida para que ele continue a roubar e matar; ele deve se tornar honesto e virtuoso, caso contrário, a lei o alcançará novamente e o punirá como ele merece. Podemos facilmente compreender esse princípio, e ninguém é tão simplório a ponto de pensar que essa graça possa ser concedida para dar oportunidade à pessoa de continuar praticando o mal. Deus, em Sua graça insondável, cancelou a sentença de morte eterna que merecíamos e nos deu liberdade e vida eterna; assim, nossa vida é fruto da graça. Certamente não somos perdoados para viver como antes; devemos nos comportar como quem foi vivificado e salvo, para que não caiamos da graça e passemos novamente sob o julgamento e a sentença de morte eterna.

*Fui chamado para andar na luz,
como Ele na luz está.*

Martinho Lutero

TENHA FÉ NO PÃO DO CÉU

*Eu sou o pão vivo que
desceu do céu...*
JOÃO 6:51

Nessas palavras nossa alma encontra uma mesa bem-preparada, onde ela pode saciar sua fome, pois sabe, com certeza, que aquele que fala não pode mentir. A alma se lança sobre a Palavra, apega-se a ela, confia e constrói sua morada na força que há nessa mesa que lhe foi tão bem-preparada. O Pão vivo do qual o Senhor fala é Ele mesmo. Se tivermos em nosso coração apenas um pedaço desse Pão, teremos o suficiente para sempre e nunca seremos separados de Deus. Participar deste Pão nada mais é do que ter fé em Cristo nosso Senhor. Quem come desse alimento vive para sempre. Observem: o Senhor se aproxima de nós com tanto amor e graça e se oferece a nós com palavras tão gentis que, com toda a razão, movem o coração a crer naquele que teve que sofrer a culpa dos pecados que nunca cometeu como se fossem Seus. Isso Ele fez de bom grado e nos acolheu como irmãos e irmãs. Se cremos no Filho, fazemos a vontade do Pai celestial. Portanto, a vida cristã é uma vida de bem-aventurança e alegria. O jugo de Cristo é leve e suave. Se nos apropriássemos corretamente das palavras de Cristo, elas seriam de muito mais conforto para nós. Quem tem fé no Pão do Céu, do qual Cristo aqui nos fala, já fez a vontade de Deus e comeu do maná celestial.

*Vou me alimentar desse Pão do Céu
todos os dias da minha vida.*

Martinho Lutero

MANTENDO A UNIDADE DA FÉ

Sabeis que, outrora, quando éreis gentios, deixáveis conduzir-vos aos ídolos mudos, segundo éreis guiados. 1 CORÍNTIOS 12:2

Paulo chama a atenção dos coríntios para o modo de vida deles, antes de se tornarem cristãos, pois queria que eles entendessem que seus dons passados e presentes não foram adquiridos por eles mesmos, nem eram decorrentes de algum mérito próprio. É como se Paulo dissesse: "Lembrem-se de seu modo de vida antes de vir a Cristo. Quem eram vocês? Pagãos, que viviam em trevas, sem conhecimento de Deus, guiados cegamente por qualquer um que lhes dissesse algo sobre Deus. Sua devoção não passava de uma adoração a ídolos. Vocês os seguiram, orando e sacrificando a eles, entregando seu coração a esses ídolos mudos, que não podiam ensinar ou aconselhar, nem confortar, aliviar ou ajudar. Mas agora mudaram dessa idolatria para a única adoração verdadeira e foram iluminados pela Palavra de Deus. Mais do que isso, grandes e gloriosos dons lhes foram concedidos em Cristo, como o discernimento das Escrituras, a diversidade de línguas, o poder de fazer milagres — feitos impossíveis para quem está no mundo. Porém não deve haver divisões entre vocês como ocorre com os pagãos, em que um corre para este ídolo e outro para aquele, cada um reivindicando superioridade para si mesmo. Vocês estão sob o único Deus verdadeiro e sob a Sua Palavra, por isso devem manter-se unidos em uma só fé e em um só pensamento".

Quero viver em unidade de fé e pensamento com meus irmãos em Cristo.

Martinho Lutero

A SEGURANÇA DA ALMA

Em verdade, em verdade te digo:
quem não nascer da água e do Espírito
não pode entrar no reino de Deus.

JOÃO 3:5

O novo nascimento pode ser facilmente explicado, porém, quando é uma questão de experiência, como foi com Nicodemos, é difícil de entender e requer esforço para se alcançar a experiência. No começo desse nascimento, está o batismo. A água é o batismo, e o Espírito é graça que nos é dada no batismo. O resultado desse nascimento é visto claramente na hora da morte ou em tempos de provação pela pobreza e tentação. Aquele que nasceu da carne luta para se defender, olha para cá e para lá, maquinando sobre como conseguirá sobreviver. Mas aquele que nasce de novo pensa assim: "Estou nas mãos de Deus, que tem me preservado e sustentado de maneira maravilhosa; Ele me alimentará e me preservará de todo sofrimento e infortúnio". Se acredito em Deus e nasci de novo, fecho meus olhos e não ando sem rumo. Desejo que a condição de minha alma seja totalmente transformada. Eu penso: "Ó Deus, minha alma está em Tuas mãos; sei que ela está em Tuas mãos e que cuidarás dela". Assim, devemos abandonar a vida da carne e entrar em uma nova vida, considerando-nos mortos para aquele velho modo de viver. Deve haver uma mudança real e uma transformação completa da nossa natureza; o estado de natureza e nossos sentimentos devem ser completamente domados.

Minha alma está sempre segura
nas mãos de Deus.

Martinho Lutero

O PODER DO BATISMO EM NÓS

*Porque, se fomos unidos com ele na semelhança
da sua morte, certamente, o seremos também na
semelhança da sua ressurreição.* ROMANOS 6:5

A morte e a ressurreição de Cristo estão intimamente ligadas em nosso batismo, pois nele está incorporado o poder dessa morte e ressurreição. Pelo batismo, Ele nos dedica a si mesmo e nos dá o poder de Sua morte e ressurreição, a fim de que, tanto a morte quanto a vida, possam seguir em nós. Portanto, nossos pecados são crucificados e removidos por meio de Sua morte, para que finalmente morram em nós. Ser submetido às águas no batismo significa que morremos em Cristo. Sair da água nos ensina e nos dá uma nova vida nele, pois Cristo não permaneceu na morte, mas foi ressuscitado para a vida. Tal vida não deve e não pode ser uma vida de pecado, porque o pecado foi crucificado em nós e estamos mortos para ele. Deve ser uma nova vida de justiça e santidade, pois, por meio da ressurreição, Cristo finalmente destruiu o pecado, pelo qual Ele teve que morrer para nos dar a verdadeira vida de justiça. Portanto, dizemos que fomos semeados junto com Cristo ou unidos a Ele (1 CORÍNTIOS 15:35-44), para que tenhamos em nós o poder de Sua morte e ressurreição. A morte e o sofrimento do cristão não são realmente morte e dano, mas um plantio para a vida; redimidos da morte e do pecado pela ressurreição, viveremos eternamente. Pois aquilo que é semeado é para brotar e crescer. Assim, Cristo foi semeado, por meio da morte, para a vida.

*Somos semeados para
a vida em Cristo.*

Martinho Lutero

A FÉ TORNA O CORAÇÃO SÁBIO

*Havia também certo mendigo,
chamado Lázaro, coberto de chagas...*
LUCAS 16:20

Não devemos julgar o pobre Lázaro por sua aparência. A pobreza e o sofrimento não tornam ninguém aceitável a Deus, mas se a pessoa já foi aceita por Deus, sua pobreza e sofrimento são preciosos aos olhos do Senhor. Devemos olhar para o coração de Lázaro para buscar seu verdadeiro tesouro, que torna suas feridas preciosas. Seu coração deve ter confessado que, mesmo em meio à pobreza e à miséria, esperava todo o bem de Deus e tranquilamente confiava nele; de Suas bênçãos e graça, ele estava tão abundantemente satisfeito e tinha nelas tanto prazer, que teria de coração e voluntariamente sofrido ainda mais miséria, se a vontade de seu gracioso Deus assim o determinasse. Uma fé verdadeira e viva acalmava seu coração pelo reconhecimento da bondade divina, de modo que nada era muito pesado de ser sofrido ou feito. Assim, a fé torna o coração sábio e hábil quando se experimenta a graça de Deus. Dessa fé, decorre outra virtude, a saber: o amor ao próximo, que nos torna dispostos a servir a todos; mas, como Lázaro era pobre e miserável, ele não tinha nada com o que pudesse servir aos outros. Todavia, essa ausência de serviço nas coisas temporais ele abundantemente compensava com seu serviço nas coisas espirituais, pois sua fome corporal alimenta nossa fome espiritual; sua nudez corporal veste nossa nudez espiritual; suas feridas corporais curam nossas feridas espirituais; pelo seu exemplo, ele nos conforta e nos ensina como agradar a Deus, quando não somos prósperos neste mundo, se porventura crermos.

*Que o meu coração seja precioso
aos olhos do Senhor.*

Martinho Lutero

A MAIOR OBRA DE AMOR

*Assim como o Pai me enviou,
eu também vos envio.*

JOÃO 20:21

A primeira e mais elevada obra de amor que um cristão deve fazer, quando se torna crente, é levar outros a crer da mesma maneira que ele. Aqui percebemos que Cristo institui o ofício do ministério da Palavra para todo cristão, pois Ele mesmo veio com este ofício e Palavra. Vamos admitir que isso nos foi ordenado, como se o Senhor dissesse: "Agora você recebeu de mim paz, alegria e tudo o que precisa; trabalhe e siga o meu exemplo. Meu Pai me enviou ao mundo por causa de vocês, para que Eu pudesse servir-lhes, e não em meu próprio benefício. Eu terminei o trabalho, morri por você e lhe dei tudo o que sou e tenho; lembre-se de que você deve fazer o mesmo e, doravante, servir e ajudar a todos. Pela fé, você tem o suficiente. Portanto, Eu o envio ao mundo como meu Pai me enviou; para instruir e ensinar seu próximo, para que ele também possa vir a Cristo". Pela fé, você conseguirá fazê-lo. Você deve mostrar essa fé por meio do amor; não que deva buscar merecer alguma coisa por suas obras, pois tudo no Céu e na Terra é seu de antemão. Portanto, obedeço ao governo civil, pois sei que Cristo foi obediente a ele e, no entanto, não precisava ser; Ele fez isso apenas por nossa causa. Portanto, também o farei por amor a Cristo e a meu próximo, e apenas pela razão de poder provar minha fé pelo meu amor. Se você não mostra tais provas de fé, é certo que sua fé não é perfeita.

*Quero dar prova da minha fé e
pregar o evangelho de Cristo.*

Martinho Lutero

TENHA CUIDADO COM A DISCÓRDIA

*Porque até mesmo importa que haja partidos
entre vós, para que também os aprovados
se tornem conhecidos em vosso meio.*

1 CORÍNTIOS 11:19

Não podemos impedir totalmente a discórdia na Igreja, pois onde quer que a Palavra de Deus se estabeleça, aí estará o diabo. Por meio das facções, ele sempre construirá suas tabernas ao lado da casa de Deus. Isso é o que ele faz desde o princípio. No Paraíso, ele se entremeteu na família de Adão e estabeleceu ali sua ação. Assim tem sido sua prática desde então e continuará sendo. Aquele que se ofende com as diferenças que há na Igreja, que, quando vê qualquer discórdia, conclui imediatamente não haver verdadeira Igreja ali, no final perderá a Igreja e a Cristo. Nunca se encontrará uma congregação com tal pureza a ponto de seus membros serem unânimes em todos os pontos de crença e ensino, e viverem em perfeita harmonia. Paulo experimentou isso no caso da bela e famosa Igreja de Corinto, que ele mesmo plantara e onde ensinou por dois anos. Logo após sua partida, eles começaram a discordar sobre seus pregadores e a se apegar a alguns deles, embora fossem unânimes na doutrina. Devido a essa divisão e desarmonia, cresceram o ódio, a contenda e o ciúme, resultando em grande dano e desordem para a Igreja. Devemos, tanto quanto possível, proteger-nos contra esse mal fatal, embora não possamos mantê-lo totalmente fora da Igreja.

*Não dê lugar ao diabo promovendo
facções na igreja.*

Martinho Lutero

CREIA NA RESSURREIÇÃO DE CRISTO

Respondeu-lhe Tomé:
Senhor meu e Deus meu!
JOÃO 20:28

Vemos nesta passagem que Cristo se preocupava que Tomé cresse e deixasse sua obstinada incredulidade. Isso pode ser visto de maneira poderosa nas palavras de Tomé: "Senhor meu e Deus meu!". Agora, vemos um homem diferente, não o velho Tomé de antes, morto em sua incredulidade. Esse novo Tomé fez uma confissão gloriosa sobre Cristo, que nenhum dos apóstolos havia feito, a saber: que o Cristo ressuscitado é verdadeiro Deus e homem. São palavras admiráveis. Ele não está bêbado, não está brincando, nem zombando. Além disso, ele não é repreendido por Cristo por dizer essas palavras; pelo contrário, sua fé é confirmada e, portanto, é verdadeira e sincera. É pelo poder da ressurreição de Cristo que Tomé, tão obstinado em sua incredulidade, mudou tão repentinamente e tornou-se um homem totalmente diferente. Ele, pública e livremente, confessou que não apenas acreditava que Cristo havia ressuscitado, mas também foi iluminado pelo poder da ressurreição de Cristo para que cresse firmemente e confessasse que seu Senhor é verdadeiro Deus e homem. Assim, também ele ressuscitará dos mortos no dia do julgamento e viverá para sempre com Cristo em glória e bem-aventurança indescritíveis. O ensino principal que devemos entender e reter desta passagem é que a ressurreição de Cristo é certa e que Ele opera em nós para que sejamos ressuscitados do pecado e da morte. "Bem-aventurados os que não viram e creram" (v.29).

Senhor, liberta-me de toda incredulidade.

Martinho Lutero

SERVOS DA JUSTIÇA

Naquele tempo, que resultados colhestes?
Somente as coisas de que, agora, vos envergonhais;
porque o fim delas é morte. Agora, porém,
libertados do pecado, transformados em servos de Deus,
tendes o vosso fruto para a santificação e, por fim,
a vida eterna. ROMANOS 6:21-22

Paulo contrasta a experiência dos romanos nas duas formas de viver. O apóstolo deixa para eles determinarem qual traria benefícios e qual, prejuízos, e escolherem de acordo quanto ao futuro. Diz Paulo: "Lembre-se de seu modo de vida quando você estava distante da justiça e obedecia apenas aos desejos e tentações do pecado. Que prazer ou ganho você teve nisso? Nenhum, exceto aquele pelo qual você agora se envergonha. Se tivesse permanecido no pecado, finalmente teria encontrado a morte". Vergonha e morte são a recompensa para aquele que, escolhendo viver longe da justiça, vive para seu próprio prazer. Não é melhor, então, estar livre do pecado e servir à justiça? Fazendo isso, você nunca sofrerá vergonha ou dano, mas receberá uma dupla bênção: primeiro, uma consciência limpa diante de Deus e de seus semelhantes, prova de que você vive de modo santo e pertence a Deus; segundo (e mais importante), a recompensa rica e incorruptível da vida eterna.

Quero ser servo da justiça
e viver para Cristo.

Martinho Lutero

A FÉ QUE NOÉ TINHA NA PALAVRA DE DEUS

Disse o SENHOR a Noé:
Entra na arca, tu e toda a tua casa...
GÊNESIS 7:1

Assim que aquela estrutura extraordinária, a arca, foi construída, o Senhor ordenou a Noé que entrasse nela porque o tempo do dilúvio, anunciado pelo Senhor 120 anos antes, estava próximo. Noé se convenceu de que Deus estava cuidando dele, pois deu-lhe palavras suficientes para apoiar e confirmar sua fé em meio a tão grande dificuldade. Noé, sendo santo e justo, homem bondoso e misericordioso, muitas vezes lutou com seu próprio coração, ouvindo com grande perturbação a voz do Senhor que ameaçava destruir todos os seres humanos. Era necessário, então, que repetidas declarações confirmassem sua fé, para que ele não duvidasse. Haveria mensagem mais terrível para Noé do que saber que somente ele era justo diante do Senhor? É algo terrível viver em um mundo tão mau e sem Deus. Pela bondade de Deus, vivemos em tempos melhores, pois ainda temos a luz da Sua Palavra. A fé que Noé tinha era realmente grande, pois ele confiou no que Deus dissera. Noé é um exemplo admirável de fé, que se opôs aos julgamentos do mundo com uma firmeza de espírito heroica, na certeza de que ele era justo enquanto todo o resto do mundo era mau. É importante refletir sempre sobre tais exemplos, uma vez que o príncipe deste mundo luta contra nós, tentando despertar em nós o desespero. Cabe a nós estarmos bem armados.

Que a minha fé seja firme e
constante como a de Noé.

Martinho Lutero

TENHA FÉ NO FILHO DE DEUS

*E do modo por que Moisés levantou a serpente
no deserto, assim importa que o Filho
do Homem seja levantado, para que todo
o que nele crê tenha a vida eterna.*

JOÃO 3:14-15

Nesta passagem, Cristo usa as Escrituras para apontar para si mesmo. Ele quis dizer que, assim como os judeus foram mordidos por serpentes ardentes no deserto e salvos ao olhar para a serpente de bronze que Moisés levantou sobre uma haste, da mesma forma ocorre conosco. Quem quiser entrar no Céu e ser salvo deve ser salvo por essa serpente de bronze, que é Cristo. O significado espiritual da narrativa de Números 21 é este: A serpente que mordeu e envenenou os judeus representa o pecado, a morte e a má consciência. Moisés teve que levantar uma serpente de bronze, que se parecia com as serpentes abrasadoras, mas não picava, nem fazia mal a ninguém; pelo contrário, ela salvou o povo. Assim, o Cristo que foi crucificado também tem a forma e a aparência de um pecador, mas é a nossa salvação. Ele morreu para que eu viva; Ele expia os meus pecados e afasta de mim a ira do Pai. Se o homem crê que a morte de Cristo tirou seu pecado, ele se torna um novo homem. O homem carnal e natural não consegue crer que Deus gratuitamente perdoará todos os nossos pecados, pois sua razão argumenta: "Você pecou e por isso deve expiar seu próprio pecado". Todavia, o evangelho de Cristo diz: "Você pecou, mas outro expiará seus pecados". Nossas obras não são nada; a fé em Cristo faz tudo.

*Eu olho para Cristo e recebo perdão
pelos meus pecados.*

Martinho Lutero

NÃO COLOQUE SUA CONFIANÇA NO MUNDO

Deus é o nosso refúgio e fortaleza,
socorro bem-presente nas tribulações.

SALMO 46:1

Não devemos buscar no mundo o poder, a força ou a proteção em que confiar, pois essa ajuda está totalmente e apenas em Deus. Por Seu poder divino, Deus deve sustentar a Igreja. Desde o início, Ele sempre a preservou maravilhosamente no mundo, em meio a grandes fraquezas, desuniões causadas por cismas e heresias, e em perseguições de tiranos. O governo é todo dele, embora Ele confie esse ofício e serviço a homens, a quem Ele chama e usa para ministrar Sua Palavra. Todo cristão deve estar atento àquilo para que Deus o chamou e designou, servindo fielmente e fazendo o que lhe é ordenado. A preocupação com a continuidade da existência da Igreja e sua preservação contra o diabo e o mundo deve ser confiada ao Senhor. Ele assumiu essa responsabilidade e removeu esse fardo de nossos ombros para que pudéssemos ter certeza da permanência da Igreja. Os cristãos respeitam a Palavra de Deus e creem que Deus cuida deles. Entregam todas as coisas a Ele e seguem Sua Palavra com coragem. Sabem que não devem confiar em sua própria sabedoria e razão, nem na ajuda ou conforto que vem do homem. Portanto, que todo cristão lance seu coração e suas ansiedades sobre Deus, porque Ele é forte e pode facilmente carregar tal fardo.

Colocarei em Deus toda a minha confiança,
pois Ele é o meu refúgio e fortaleza.

Martinho Lutero

RECEBA A SALVAÇÃO DE SUA ALMA

*Sai pelos caminhos e atalhos e
obriga a todos a entrar, para que fique
cheia a minha casa.* LUCAS 14:23

Estas palavras se referem aos ímpios, que são idólatras e não sabem quem é Deus. Mas como iremos obrigá-los, se Deus não aceita a adoração forçada? Ele deseja que preguemos assim: "Querido amigo, não se desespere por você ser pecador e ter uma terrível sentença de condenação; faça isso: vá, e seja batizado e ouça o evangelho. Você aprenderá que Jesus Cristo morreu por sua causa e pagou por seus pecados. Se você crer nisso, estará protegido da ira de Deus e da morte eterna, e participará da gloriosa ceia e viverá bem, tornando-se saudável e forte". Quando um homem está diante de sua miséria e desgraça, é hora de dizer a ele: "Sente-se à mesa deste rico Senhor e coma!"; isto é: "Seja batizado e creia em Jesus Cristo, que sofreu pelos seus pecados. Não há outro meio para ajudá-lo. Fazendo isso, a ira cessará e o Céu brilhará com pura graça e misericórdia, perdão dos pecados e vida eterna". Essas palavras são, portanto, amáveis e confortadoras para a pobre e miserável multidão que é constrangida a entrar, aqueles que antes estavam perdidos e condenados como ímpios. Assim, Deus mostra que está imensamente mais ansioso para nos ajudar do que estamos ou jamais poderemos estar para adentrar e orar; Ele não exige nada mais do que abrirmos nossos corações e aceitarmos Sua graça. É assim que devemos chegar a essa grande ceia, para que entre judeus e gentios haja uma só Igreja.

*Senhor, eu o recebo em meu coração
como meu Senhor e Salvador.*

Martinho Lutero

CRISTO AMA O PECADOR

*Aproximavam-se de Jesus todos os publicanos
e pecadores para o ouvir.* LUCAS 15:1

Lucas nos diz, livre e claramente, que tipo de pessoas Cristo tinha perto dele, ou seja, aqueles que viviam como não se deveria viver. Parece que os fariseus tinham motivo para culpá-lo, porque Ele "dissimulava" ser um homem piedoso e santo, mas andava com gente de má reputação. Naquela época, havia homens chamados publicanos, aos quais os romanos encarregavam uma cidade e exigiam deles a arrecadação de impostos. Como a quantia levantada em cada cidade era grande, esses oficiais extorquiam sem dificuldade. Seus superiores eram tão rígidos, que eles não poderiam lucrar muito se agissem com justiça e não tirassem vantagem de ninguém. Esses homens se aproximaram de Cristo para ouvi-lo, pois ouviram que Ele era um homem excelente. Havia, portanto, uma ou duas centelhas de virtude e honestidade neles, pois eram atraídos a Cristo e alegremente ouviam Sua doutrina e desejavam ver o que Ele fazia. Os escribas e fariseus, considerados os mais piedosos e santos de seu povo, eram como víboras tão venenosas que não apenas eram inimigos de Cristo, mas também não toleravam que pobres pecadores ouvissem a Cristo e pudessem ser transformados. Eles o chamavam de "glutão e bebedor de vinho, amigo de publicanos e pecadores" (LUCAS 7:34). Jesus recebeu essa pecha dessas pessoas sagradas não porque se entregou à glutonaria e à embriaguez, mas porque permitiu que "publicanos e pecadores" se aproximassem dele.

*Quero sempre estar perto de Cristo,
mesmo sendo um pobre pecador.*

Martinho Lutero

A CORAGEM DE NOÉ

*Noé era homem justo e íntegro entre os seus
contemporâneos; Noé andava com Deus.*
GÊNESIS 6:9

Noé é chamado de "justo" por causa de sua fé em Deus, porque primeiro acreditou na promessa geral, a respeito da semente da mulher, e depois também na particular, a respeito da destruição do mundo pelo dilúvio e da salvação de sua própria descendência. Por outro lado, ele é chamado de "íntegro" porque andou no temor de Deus e conscientemente evitou o assassinato e outros pecados com os quais os ímpios se contaminaram à revelia da própria consciência. Tampouco se deixou comover pelas frequentes ofensas dos homens mais ilustres, sábios e aparentemente santos. Grande foi sua coragem. Ser justo e reto revela virtude íntima, mas andar com Deus é algo público; significa defender a causa de Deus diante o mundo, manejar sua Palavra, ensinar a adorá-lo. Noé não era apenas justo e santo para si mesmo, ele também proclamava o Senhor. Pedro expõe lindamente o que significa andar com Deus quando chama Noé de pregador, não da justiça do homem, mas de Deus — a justiça que vem pela fé na semente prometida. Qual a recompensa que Noé recebeu dos ímpios por sua mensagem, Moisés não nos conta. A afirmação de que ele pregou a justiça, que ensinou a verdadeira adoração a Deus enquanto todo o mundo se opunha a ele é suficiente. Que nobre exemplo de paciência e de outras virtudes é Noé, que foi justo e irrepreensível naquela geração ímpia e andou com Deus!

*Quero ser justo e íntegro como
Noé diante do mundo.*

Martinho Lutero

O VERDADEIRO MINISTÉRIO DADO POR CRISTO

Importa que os homens nos considerem como ministros de Cristo e despenseiros dos mistérios de Deus. 1 CORÍNTIOS 4:1

Servir a Cristo é definido por Paulo como cumprir um ofício ordenado por Deus, o ofício de pregar. Para se fazer entender claramente nesta questão, Paulo acrescenta cuidadosamente à palavra "ministros" o termo explicativo "despenseiros", que não pode ser entendido de outra forma, senão como referindo-se ao ofício do ministério. Ele chama seu ofício de "serviço" ou "ministério" de Cristo e a si mesmo de "ministro de Cristo", porque foi ordenado por Deus ao ofício de pregar. Portanto, o significado desse versículo é que nenhum indivíduo deve instituir outro líder, outro Senhor, outro Cristo, mas deve ser absolutamente leal ao único Cristo. "Nós, apóstolos, não somos seus senhores, nem seus mestres; não pregamos nossos próprios interesses, nem ensinamos nossas próprias doutrinas. Não queremos que vocês nos obedeçam, sejam leais a nós e aceitem nossa doutrina. Somos mensageiros e ministros daquele que também é seu Mestre, Senhor e Líder. Pregamos a Sua Palavra e recrutamos homens para seguir Seus mandamentos e os conduzimos apenas à Sua obediência. Aquele que assim nos recebe, recebe a Cristo, a quem nós pregamos. Mas aquele que não nos respeita nos faz injustiça, rejeita a Cristo, o único verdadeiro Líder, e faz de nós seus ídolos". A Igreja não tem outra doutrina senão a de Cristo, nenhuma deve outra obediência senão a Ele.

Quero ser leal a Cristo e respeitar o ministério dado por Ele.

Martinho Lutero

A BONDADE DE DEUS SOBRE NÓS

...a terra está cheia da
bondade do SENHOR.
SALMO 33:5

Quando um bebê nasce cego, vemos como é difícil a falta de visão, e como seria bom que ele enxergasse com pelo menos um dos olhos. Nossos olhos nos servem durante toda a vida; no entanto, ninguém agradece a Deus por eles. O salmista tinha olhos puros e podia ver longe, pois ele afirmou que o mundo inteiro estava cheio da bondade e da benignidade de Deus. De quem vem essa bondade? Nós a temos merecido? Não! Todavia, agradou a Deus derramar Suas dádivas indiscriminadamente no mundo, e os ingratos as recebem quase tão amplamente quanto aqueles que são gratos. Lamentamos quando perdemos dinheiro, mas, quanto de Seus bens Deus derrama diariamente sobre o mundo e ninguém o agradece? Podemos observar todas as criaturas de Deus e nos convencer sobre Sua bondade, "...porque ele [o Senhor] faz nascer o seu sol sobre maus e bons e vir chuvas sobre justos e injustos" (MATEUS 5:45). Ele ilumina nossos olhos, mas quem reconhece que isso é uma bênção de Deus? Se, em alguma manhã, o Sol não nascesse, que angústia e ansiedade isso causaria, mas, como ele nasce e brilha diariamente na hora marcada, ninguém reconhece a bênção de Deus. Assim é com a chuva, com o grão no campo e com tudo o que Deus criou. Eles existem em tamanha abundância e são diariamente concedidos a nós tão abundantemente, que deixamos de reconhecer o que Deus faz.

Quero reconhecer a cada instante as bênçãos
que Deus derrama sobre mim.

Martinho Lutero

MORTOS PARA O PECADO

...uma vez libertados do pecado,
fostes feitos servos da justiça.
ROMANOS 6:18

Necessariamente, todos obedeceremos a algum mestre. Ou você obedece ao pecado, para continuar a serviço daquilo que traz a ira de Deus e a morte, ou você obedece a Deus para entrar em um novo modo de vida sob a graça. A razão nos ensina, por meio da lei, a realizarmos boas obras, não as más, mas nem sempre isso se concretiza, embora não possamos entender o motivo. O juiz pode coibir o crime, mas não pode punir nada além do que é conhecido e testemunhado perante o tribunal. O que quer que seja feito secretamente, ele não pode punir ou restringir. A Palavra de Deus, porém, ensina como esmagar a cabeça da serpente e matar o mal, para que não sejam mais necessários juiz e carrasco sobre nossa vida. Ela nos diz que um cristão tem certeza de que, pela graça de Cristo, seus pecados são perdoados, apagados e ele está livre do poder da condenação. Porque ele recebeu e crê em tal graça, também recebe um coração que abomina o pecado. Embora sentindo dentro de si a presença de maus pensamentos e concupiscências, sua fé e o Espírito Santo estão com ele para lembrá-lo de seu batismo. Ele diz: "Ainda que o tempo e a oportunidade me permitam fazer o mal e não corra o risco de ser descoberto e punido, não o farei, mas obedecerei a Deus e honrarei a Cristo, meu Senhor, pois fui batizado em Cristo e, como cristão, estou morto para o pecado, e não voltarei a estar sob seu poder".

Nunca mais estarei sob o domínio do pecado.

Martinho Lutero

PRECISAMOS DISCERNIR O MUNDO

*Irmãos, não vos maravilheis
se o mundo vos odeia.*

1 JOÃO 3:13

Qual o motivo para esse ódio? Porque os apóstolos procuravam livrar o mundo da idolatria e de outras práticas condenáveis. O mundo não poderia tolerar essas boas obras; ele deseja apenas elogios por suas práticas condenáveis, esperando de Deus um endosso impossível. O mundo se comporta hoje da mesma forma em relação ao evangelho; somos odiados e perseguidos porque, pela graça de Deus, proclamamos a Palavra que nos resgatou da cegueira e da idolatria em que estávamos tão profundamente mergulhados quanto o mundo, e porque desejamos resgatar os que ainda lá estão. Todavia, não devemos esperar nenhuma unidade ou harmonia com o mundo, pois ele não deixará sua idolatria, nem receberá a fé. Entender o mundo e saber o que se pode esperar dele é essencial para o cristão. Assim, você não ficará desanimado e impaciente com o sofrimento, nem permitirá que a malícia e a ingratidão o levem ao ódio e ao desejo de vingança. Você deve manter sua fé e amor, permitindo que o mundo siga seu caminho se ele se recusar a ouvir a sua mensagem. O cristão não deve esperar nada melhor do mundo do que a perseguição por suas boas obras e seu amor. Essa compreensão é reconfortante para o piedoso rebanho de Deus.

*Senhor, mantém-me firme em amor,
mesmo que o mundo me odeie.*

Martinho Lutero

NÃO SEJA ENREDADO PELO PECADO

*...é mau o desígnio íntimo do homem
desde a sua mocidade...*
GÊNESIS 8:21

Esta é uma passagem poderosa, relacionada ao pecado original. Veja de quantas maneiras o pecado se manifesta em nossos primeiros anos de vida. Quanta mudança será necessária até que aprendemos a ter disciplina e atenção ao nosso dever? E o que dizer dos nossos vícios internos, quando a incredulidade, a presunção, a negligência da Palavra e os pontos de vista perversos crescem? O pecado original não é uma leve desordem ou enfermidade, é completa iniquidade, como não se encontra em outras criaturas. Nem mesmo os santos são excluídos. Pois aprendemos por experiência que mesmo homens santos dificilmente conseguem permanecer firmes e são frequentemente enredados por pecados repugnantes, sendo subjugados por essas corrupções naturais. Embora esses impulsos possam ser corrigidos ou refreados até certo ponto com disciplina, eles não podem ser extirpados do coração, como mostram seus vestígios quando crescemos. Deus, de fato, faz com que algumas pessoas experimentem emoções que são naturalmente boas, mas elas são geradas por poder sobrenatural. Assim foi Ciro impelido a restaurar a adoração a Deus e a preservar o povo de Israel. Todavia, essa não é a tendência da natureza humana. Onde Deus está presente com Seu Espírito Santo, ali somente a imaginação do coração humano dá lugar aos pensamentos divinos. Deus habita ali por meio da Palavra e do Espírito.

*Permaneça firme na presença de Deus
para não ser vencido pelo pecado.*

Martinho Lutero

JESUS CRISTO É O ÚNICO SENHOR

*Ninguém que fala pelo Espírito de Deus
afirma: Anátema, Jesus!...*
1 CORÍNTIOS 12:3

Ninguém pode possuir o Espírito Santo, se não considerar Cristo como o Senhor, muito menos se chamá-lo de maldito. Se você destruir o fundamento, destruirá tudo; não haverá Deus, nem Espírito, e todas as suas reivindicações, ensinamentos e obras serão nada. Você deve reconhecer e ser governado pelo fato de que Cristo deve ser recebido, crido como seu único Senhor verdadeiro, louvado e glorificado como tal; ou então Ele será realmente maldito. Entre essas alternativas não há meio termo. Devemos fazer da doutrina contida nesse versículo o padrão e a autoridade sobre os quais pregamos e cremos a respeito de Cristo. Paulo rejeita a vanglória e a ostentação daqueles que aparentavam ser cheios do Espírito e ensinar o povo corretamente, e afirmavam que Paulo e outros mestres não tinham nenhum valor. Todos esses mestres eram, na verdade, culpados de condenar e amaldiçoar a Cristo, embora eles próprios ostentassem e se vangloriassem do nome de Cristo. Desprezar a Palavra e o ministério de Cristo e exaltar em Seu lugar outras coisas como meios para obter o Espírito Santo e a vida eterna... ora, isto é desprezar a Cristo e torná-lo sem importância. A boca de um ministro, isto é, a linguagem que ele emprega, deve ser direcionada apenas a pregar a Cristo. Para testificar do Salvador e glorificá-lo, ele não pode apresentar outras coisas que levarão Cristo a ser ignorado e Sua glória, roubada.

*Que minhas palavras e obras exaltem
a Cristo em todo tempo.*

Martinho Lutero

COMO AGIR COM OS PECADORES

*E murmuravam os fariseus e os escribas, dizendo:
Este recebe pecadores e come com eles.*
LUCAS 15:2

Vemos aqui os fariseus e hipócritas, considerados pessoas extremamente piedosas e santas, e os pecadores e publicanos, tidos como completamente pecaminosos. Estes últimos eram desprezados pelos primeiros, considerados indignos de sua companhia. Porém Cristo ensinou-lhes a se inclinar e levar os pecadores sobre seus ombros; com justiça e piedade, eles precisavam ajudar os outros a abandonar seus pecados. É verdadeiramente uma missão cristã ir até o lamaçal onde está o pecador e trazê-lo de lá sobre nossos ombros, não agindo de outra forma senão como se os pecados deles fossem nossos. Moisés agiu assim quando os israelitas adoraram o bezerro de ouro. Ele se misturou amavelmente com os pecadores. Ele os corrigiu severamente, mas, depois, subiu e se prostrou diante de Deus e orou para que Ele perdoasse o pecado do povo ou o riscasse do Livro da Vida (ÊXODO 32:32). Moisés foi um homem que sabia que Deus o amava e havia escrito seu nome no livro dos bem-aventurados. Devemos agir e servir ao nosso próximo dessa mesma forma, embora isso seja muito elevado para a razão humana compreender. Em nosso trato com os pecadores, devemos, interiormente, ter nosso coração disponível a eles; e exteriormente, falar-lhes com seriedade. Isto é o que Cristo, nosso Capitão, fez. Ele poderia ter nos condenado como pecadores, mas não o fez. Ele se entregou para ser nosso Servo. Sua justiça nos serviu pelos nossos pecados; Sua plenitude, por nossa fraqueza; Sua vida, por nossa morte.

*Preciso agir com misericórdia e graça com aqueles
que estão atormentados pelo pecado.*

Martinho Lutero

CONHEÇAMOS O DEUS ÚNICO

Quem, pois, conheceu a mente do Senhor?
Ou quem foi o seu conselheiro?
ROMANOS 11:34

A razão e a sabedoria do homem o levam à conclusão (embora débil) de que deve haver um ser eterno que criou, preserva e governa todas as coisas. O homem vê uma criação tão bela e maravilhosa no céu e na terra, tão maravilhosamente ordenada e preservada, que o leva a dizer: "É impossível que isso tenha surgido por mero acaso; deve ter havido um Criador e Senhor de quem tudo procede e por quem são governadas". Contudo, mesmo sabendo disso, ainda não sondamos a exaltada, eterna e divina essência de Deus. Embora eu tenha aprendido que existe uma única majestade divina, que governa todas as coisas, não conheço o funcionamento interno dessa essência divina. Sobre isso ninguém pode me dizer nada, exceto sobre aquilo que o próprio Deus revela em Sua Palavra. E nós, cristãos, temos as Escrituras que sabemos que são a Palavra de Deus. Delas, e de nenhuma outra fonte, obtivemos tudo o que sabemos sobre Deus e sobre Suas obras desde o início do mundo. E nosso conhecimento é confirmado e comprovado por grandes feitos, até os dias de hoje. Essas Escrituras declaram que não há Deus nem ser divino exceto o Deus único. Elas não apenas o revelam para nós como também nos conduzem à Sua essência interior e nos mostram que nele existem três Pessoas; não três deuses ou três tipos de divindade, mas a mesma essência divina indivisa.

Quero conhecer cada dia mais a Deus
por meio das Escrituras.

Martinho Lutero

A MARCA DIVINA NO CRENTE

*Porque não é judeu quem o é apenas exteriormente,
nem é circuncisão a que é somente na carne.*

ROMANOS 2:28

A circuncisão era uma marca externa do povo de Israel, pela qual eles se distinguiam das outras nações. Deus nunca deixou Seu povo sem uma marca ou sinal, pelo qual o mundo pode saber onde ele pode ser encontrado. Os judeus eram conhecidos pela circuncisão, essa era sua marca divina. Nossa marca é o batismo e o corpo de Cristo. Onde há batismo, há cristãos, não importa onde estejam no mundo. Isso é imensamente superior e contrário à razão. Se Abraão tivesse seguido a razão, ele não teria acreditado que era Deus quem exigia a circuncisão. Aos nossos olhos naturais, é uma coisa tão tola que dificilmente poderíamos pensar em algo mais absurdo. Temos o batismo no Novo Testamento para que possamos nos apegar a ele com fé e crer que somos purificados do pecado e salvos. Era costume dar o nome à criança no ato da circuncisão, como vemos na circuncisão de Jesus e de João Batista. Seu nome é corretamente chamado de Jesus, isto é, Salvador; "porque ele salvará o seu povo dos pecados deles" (MATEUS 1:21). Isso é feito pela fé, de modo que nomear filhos significa que, pela fé, eles têm um nome e são conhecidos por Deus. Somos chamados cristãos por causa de Cristo, somos filhos de Deus e temos as superabundantes riquezas de Sua bondade para que sejamos livres, alegres, pacíficos e libertos do medo.

*Somos marcados por Deus para que
o mundo saiba quem somos.*

Martinho Lutero

SALVOS PELA GRAÇA

*Porque pela graça sois salvos,
mediante a fé...*
EFÉSIOS 2:8

Deus não condena ou salva qualquer pessoa por causa de suas obras; não por causa de alguma falha em nossas obras, mas da nossa natureza. A natureza e toda a existência humana estão corrompidas em nós por causa da Queda de Adão. Portanto, nenhuma de nossas obras pode ser boa, até que nossa natureza e vida pessoal sejam renovadas. Se a árvore não é boa, seus frutos também não são. Ninguém pode se tornar justo pelas obras ou pela Lei; quaisquer obras e esforços para se tornar justo e ser salvo são vãs enquanto a natureza da pessoa não for renovada. Deus quer que entendamos claramente que a falha está inteiramente no estado de nossa natureza, que nosso nascimento e origem são corruptos e pecaminosos. Esse é o pecado original, ou o pecado da natureza, ou o pecado da pessoa — o pecado real e fundamental. Se esse pecado não existisse, não haveria pecado de fato. Esse pecado não é cometido como os demais, mas existe e dá origem a todos os outros pecados. Deus olha para esse pecado da natureza especificamente; ele não pode ser erradicado por nenhuma Lei, nem por alguma punição; somente a graça de Deus, que torna a natureza pura e nova, pode expurgá-lo. A Lei apenas manifesta o pecado e ensina a reconhecê-lo, mas não nos salva dele; ela apenas restringe a ação, mas não pode impedir que nossa natureza seja pecaminosa.

*Deus me salvou de todo o meu pecado
por Sua imensa graça.*

Martinho Lutero

NUNCA SE AFASTE DA PALAVRA DE DEUS

O Senhor conhece o caminho dos justos,
mas o caminho dos ímpios perecerá.

SALMO 1:6

Aprendemos com o Salmo 1 que nenhum conhecimento de Deus ou qualquer consolo verdadeiro podem vir de doutrinas humanas, por mais corretos que possam ser seus ensinos. Os ímpios e os hipócritas são como a palha que o vento dispersa, isto é, eles são totalmente destruídos pelas aflições, até a morte; eles não resistem à tentação e, aos poucos, separam-se da assembleia dos justos. Por fim, são destruídos. Deus olha somente para aqueles que o adoram, ouvem, aprendem e declaram Sua Palavra. Esses são aqueles a quem este Salmo chama de "bem-aventurados". Deus ignora os hipócritas e adoradores farisaicos; Ele despreza suas boas obras e sua adoração, e os deixa perecer em sua cegueira. Este Salmo se relaciona com o Terceiro Mandamento, no qual os israelitas foram ordenados a lembrarem-se do Shabat, para o santificar. Que ouçamos, leiamos, meditemos e ponderemos na Palavra de Deus. Também podemos compreender a ideia central deste Salmo na oração do Senhor, na segunda e na terceira petição, nas quais oramos para que o reino de Deus possa crescer, ser edificado por Sua Palavra e, por fim, ser revelado em sua plenitude, e que Sua vontade seja feita. Essas duas petições são respondidas quando a Palavra de Deus, que permanece para sempre, é ensinada e aprendida genuinamente, e usada e ponderada com seriedade e diligência.

Estarei sempre atento à Palavra
do Deus verdadeiro.

Martinho Lutero

O CUSTO DO SACERDÓCIO CRISTÃO

*Também vós mesmos, como pedras que vivem,
sois edificados casa espiritual para serdes
sacerdócio santo...* 1 PEDRO 2:5

Universalmente, considera-se o sacerdócio cristão glorioso, honroso e apropriado para todos, mas os deveres e o sacrifício deste ofício raramente são aceitos, e as pessoas parecem ser avessas a eles. O sacerdócio cristão custa a vida, os bens, a honra, os amigos e tudo o que temos neste mundo. Custou tudo para Cristo na cruz. Ninguém escolhe voluntariamente morrer em vez de viver nem aceita a dor em vez de prazer, perda em vez de ganho, vergonha em vez de honra, inimigos em vez de amigos. Ademais, é preciso suportar essas perdas não em benefício próprio, mas do próximo e para a glória de Deus. Assim Cristo ofereceu Seu corpo. Esse sacerdócio é glorioso. Como eu tenho dito frequentemente, o sofrimento e a obra de Cristo devem ser vistos sob duas perspectivas: primeiro, como graça concedida a nós, como uma bênção conferida, que exige o exercício da fé de nossa parte para recebimento da salvação que nos é ofertada. Em segundo lugar, devemos considerá-los como exemplo a ser seguido; devemos nos oferecer para o benefício do próximo e para a honra de Deus. Aquele que faz isso é verdadeiramente cristão. É isso que Pedro chama de oferecer sacrifícios aceitáveis a Deus por Cristo. Ele descreve o sacerdócio e as ofertas nestas palavras de 1 Pedro 2:5.

*Que a minha entrega a Cristo seja um
sacrifício suave e agradável a Ele.*

Martinho Lutero

O VERDADEIRO SIGNIFICADO DO BATISMO

Ele nos salvou mediante o lavar regenerador e renovador do Espírito Santo, que ele derramou sobre nós ricamente, por meio de Jesus Cristo, nosso Salvador. TITO 3:5-6

O batismo é um sinal ou símbolo externo, que nos separa de todos os homens não batizados, de modo que somos conhecidos como o povo de Cristo, nosso Capitão, sob cuja bandeira (ou seja, a cruz) lutamos continuamente contra o pecado. O significado do batismo é uma morte abençoada para o pecado e uma ressurreição na graça de Deus, de modo que o velho homem (que é concebido e nascido em pecado) é afogado, e um novo homem (nascido na graça) emerge e se levanta. Paulo chama o batismo de "lavar regenerador", visto que, nesse lavar, o homem nasce outra vez e se torna novo. Ele nasce espiritualmente, tornando-se um filho da graça e um homem justificado. Mas o significado do batismo não se cumpre completamente nesta vida, até que o homem passe pela morte corporal. Só então o homem é completamente imerso no batismo, e acontece aquilo que o batismo verdadeiramente significa. Portanto, esta vida nada mais é do que um batismo espiritual que não cessa até a morte. Por isso, Paulo diz em Romanos 6:4 que fomos sepultados com Cristo no batismo. Dessa forma, a vida de um cristão, desde o batismo até a sepultura, nada mais é do que o começo de uma morte abençoada, pois, no último dia, Deus o fará completamente novo.

Eu morro a cada dia com Cristo para ressuscitar com Ele para a vida eterna.

Martinho Lutero

A BELEZA DO CASAMENTO

Bem-aventurado aquele que teme ao Senhor
e anda nos seus caminhos!

SALMO 128:1

Este é um salmo de consolação, no qual o salmista exalta, com os mais altos louvores, o casamento, como um tipo de vida santa e piedosa, instituída pelo próprio Deus. O Espírito Santo aqui conforta e encoraja todos os maridos e esposas com uma consolação divina e os confirma e fortalece contra todas as cogitações e pensamentos errados da razão humana. Tal modo de pensar nos leva a não olhar para o que há de bom no casamento, e apenas exagera o que de mal pode haver nele, e assim blasfemamos contra a gloriosa obra de Deus para o homem e a mulher. Este salmo lembra aos maridos e esposas que eles não devem olhar para os trabalhos, os problemas, os cuidados e para as várias tentações e provações que devem ser suportadas no casamento, mas manter seus olhos fixos na Palavra e na vontade de Deus. Devem ter certeza de que o casamento não foi uma invenção humana, mas que toda a raça humana foi, desde o princípio, criada e formada por Deus, homem e mulher, e que nenhum dos sexos, nem seu propósito, pode ou deve ser alterado ou mudado pelo homem, pelo diabo ou por qualquer outra criatura, assim como o Sol e a Lua e seus propósitos não podem ou devem ser alterados ou mudados.

Senhor, ajuda-me a ser fiel ao
Seu propósito para a minha vida.

Martinho Lutero

SOMOS FILHOS DE DEUS PELA FÉ EM CRISTO

Pois todos vós sois filhos de Deus mediante a fé em Cristo Jesus. GÁLATAS 3:26

Aquele que está sob a Lei, e trabalha de má vontade é servo, mas quem tem fé e trabalha com alegria é filho, pois ele recebeu o Espírito de Deus por meio de Cristo. A seguir, o apóstolo aponta para Cristo ao se referir à fé. Nenhuma outra fé é eficaz, nenhuma outra fé é a fé certa. Alguns dizem que o perdão dos pecados e a justificação dependem totalmente da imputação divina da graça, isto é, que a imputação divina é suficiente. Então, aquele a quem Deus não imputa pecado é justificado; aquele a quem Deus atribui pecado não é justificado. Se a teoria dessas pessoas fosse verdadeira, todo o Novo Testamento seria desnecessário, e Cristo teria trabalhado tolamente e em vão ao sofrer pelo pecado. Assim, também, uma fé diferente da fé em Cristo poderia justificar e salvar, uma fé que dependesse da misericórdia de Deus para não imputar o pecado. Em contraste com essa teoria deplorável e erro abominável, o apóstolo nos fala sempre da fé em Jesus Cristo e menciona Jesus Cristo com uma frequência surpreendente para quem não conhece a importante doutrina da fé em Cristo. Portanto, guardemo-nos do veneno infernal dessa falsa doutrina, para que não percamos Cristo, o Salvador e consolador. A graça nos é dada gratuitamente — sem custo para nós — e, no entanto, ela foi obtida por um tesouro inestimável e infinito: o próprio Filho de Deus.

Estou seguro de minha salvação pelos méritos de Cristo Jesus.

Martinho Lutero

VENÇA O ÓDIO COM O AMOR

*O ódio excita contendas, mas o amor
cobre todas as transgressões.*

PROVÉRBIOS 10:12

Quando o ódio e a inimizade habitam o coração, eles inevitavelmente provocam conflitos e trazem infortúnios. A animosidade não pode ser contida; ela irrompe em linguagem perniciosa contra o alvo da inimizade, ou avilta abertamente de uma maneira que revela seu rancor. O ódio tem apenas um desejo, a saber, que cada pessoa seja inimiga de seu próximo, fale o pior dele e, se ouvir algo a favor de seu próximo, reaja e instile amargura no outro, até que este também passe a odiar, amaldiçoar e injuriar. Assim, seu fogo queima até que apenas a discórdia e o mal prevaleçam. Já o amor é virtude pura e preciosa. Ele não profere nem pensa mal de seu próximo. Em vez disso, cobre o pecado; não um pecado, nem dois, mas uma "multidão de pecados" (1 PEDRO 4:8). O amor não deseja se lançar sobre os pecados do próximo e se alegrar maliciosamente com eles. Ele se comporta como se não os tivesse visto nem ouvido. Se eles não podem ser negligenciados, o amor perdoa prontamente e, na medida do possível, corrige as coisas. Onde nada mais pode ser feito, suporta os pecados de seu próximo sem provocar conflitos e piorar a situação. Então, se você deseja viver como um cristão e desfrutar da paz no mundo, deve se esforçar ao máximo para conter sua ira e não ceder à vingança. Deve suprimir essas paixões, subjugando seu ódio por meio do amor, mesmo que sofra grande dor e injustiça.

*Não me entregarei ao ódio e à vingança;
eu os vencerei por meio do amor.*

Martinho Lutero

NÃO SEJA INGRATO E FAÇA O BEM

Encontrou-se nela um homem pobre, porém sábio, que a livrou pela sua sabedoria; contudo, ninguém se lembrou mais daquele pobre.

ECLESIASTES 9:15

Para onde quer que voltemos nossos olhos, vemos, em todas as condições da vida, uma torrente de terríveis exemplos de ingratidão ao precioso evangelho. Vemos como reis, príncipes e senhores brigam, invejam e odeiam uns aos outros, oprimindo seu próprio povo e destruindo seus próprios países; eles não se cobram, nem mesmo com um único pensamento cristão, sobre diminuir a aflição da Alemanha. A Terra clama ao Céu, incapaz de tolerar mais tamanha opressão. Devemos pregar contra o mal da ingratidão sempre que possível, censurando-a severamente e admoestando fielmente todos os homens a se protegerem dela. Embora obrigados a viver entre os ingratos, não devemos, por isso, cair no erro deles nem deixar de fazer o bem. Porém, se suas boas obras são realizadas com o objetivo de obter louvor e aplausos do mundo, sua recompensa será justamente a daquele que esmaga com os dentes a noz oca apenas para sujar sua boca. Que os cristãos tementes a Deus demonstrem sua disposição de ouvir a Palavra de Deus e tenham consciência da grande bênção que lhes foi conferida por aqueles de quem receberam o evangelho. Que seus corações e lábios estejam sempre prontos com a feliz declaração: "Deus seja louvado". Compreender o que Deus nos deu certamente deve resultar em tal manifestação de gratidão.

Que eu seja verdadeiramente grato por todas as bênçãos dadas por Deus.

Martinho Lutero

NOSSO TESOURO CELESTIAL

Toda boa dádiva e todo dom perfeito são lá do alto, descendo do Pai das luzes, em quem não pode existir variação ou sombra de mudança. TIAGO 1:17

Designaremos como "boa dádiva" as bênçãos de que desfrutamos aqui nesta vida e "dom perfeito", aquelas que nos esperam na vida futura. Nestas expressões, o apóstolo inclui todas as bênçãos, tanto as que já recebemos na vida presente como as que serão nossas na vida futura. Não falarei agora particularmente das bênçãos terrenas, transitórias e mutáveis (como bens, saúde e outros), mas sobre as bênçãos que temos por causa da ressurreição de Cristo. As grandes e gloriosas dádivas da ressurreição são estas: o evangelho, o batismo, o poder do Espírito Santo e o consolo em todas as adversidades. O que é um ferimento leve ou a perda de alguma bênção temporal em comparação a tudo isso? Se você for desafiado a renunciar ao dinheiro, posses, honra e favor dos homens, lembre-se de que você tem um tesouro mais precioso do que todas as honras e posses deste mundo. Quando você vir alguém vivendo em grande esplendor, prazer e ostentação, seguindo suas próprias inclinações, lembre-se: você tem a graça divina que lhe permite conhecer a vontade de Deus e a obra que Ele quer que você faça, e tudo no Céu e na Terra é seu. Se continuarmos na fé, Deus nos levará às bênçãos reais e eternas, o "dom perfeito", cuja posse exclui o erro, o tropeço, a ira e qualquer pecado. Olhe para esta vida futura quando for assediado pelo mundo e seduzido pela ira ou concupiscência maligna.

Olhando para Cristo, vencerei toda tentação
e pecado e herdarei o "dom perfeito".

Martinho Lutero

A VERDADEIRA ORAÇÃO

...se pedirdes alguma coisa ao Pai,
ele vo-la concederá em meu nome.

JOÃO 16:23

O Senhor aponta cinco requisitos para uma oração verdadeira. O primeiro e principal é a promessa de Deus — o fundamento e o poder de toda oração. Ele afirma que podemos ter certeza de que seremos ouvidos em oração e até repreende os discípulos por terem sido preguiçosos e não terem orado. É de fato uma grande vergonha para nós, cristãos, que Deus nos censure por sermos indolentes na oração. Segundo: a fé. Devemos crer que a promessa é verdadeira e não devemos duvidar de que Deus cumprirá o que promete. Precisamos ter plena confiança de que a promessa de Deus é verdadeira, uma convicção transmitida pelo Espírito Santo, sem a qual nenhuma oração real será feita. Terceiro: devemos identificar aquilo pelo que oramos, como o fortalecimento da fé, amor, paz. Devemos apresentar nossos pedidos, assim como vemos na oração do Pai Nosso. Quarto: o desejo sincero de que a petição seja atendida. É uma intercessão do Espírito que não pode ser traduzida em palavras. Quando Zaqueu buscou ver o Senhor, não sabia com que intensidade seu coração desejava que Cristo falasse com ele e entrasse em sua casa. O quinto requisito da oração é que peçamos em nome de Cristo. Isso nada mais é do que nos achegarmos a Deus pela fé em Cristo e termos a certeza de que Ele é nosso Mediador, por meio de quem todas as coisas nos são dadas, e que sem Ele nada merecemos senão a ira e a condenação eterna. Esses requisitos podem estar no coração, sem qualquer manifestação verbal, mas dizê-lo com os lábios, em oração, é necessário para estimular e encorajar a intenção do coração.

Senhor, ensina-me a expressar sempre
uma oração profunda e verdadeira.

Martinho Lutero

EM QUEM DEUS HABITA?

*Não sabeis que sois santuário de Deus
e que o Espírito de Deus habita em vós?*
1 CORÍNTIOS 3:16

Que hóspede glorioso, nobre, amoroso, precioso e cuidador o homem recebe: Deus Pai, o Filho e o Espírito Santo. Esta é certamente uma promessa sublime e bela e uma das preciosas e grandíssimas promessas concedidas a nós, pobres e miseráveis pecadores. Por meio dela, tornamo-nos participantes da natureza divina e somos honrados a ponto de não sermos apenas amados de Deus, por meio de Cristo Jesus, e desfrutarmos Seu favor e graça, mas termos o próprio Deus habitando plenamente em nós. Em quem mais Deus habitaria? Naqueles que se autointitulam santos e se consideram excelentes, elevados e grandes? Embora se ostentem com toda a pompa, glória e ornamento de sua santidade autoatribuída, Deus não lhes dá a honra de olhar para eles. Pelo contrário, Ele está nas humildes casas dos pobres e desprezados, que temem e creem na Palavra de Cristo e se tornam cristãos, embora saibam que são pecadores profanos e indignos. "Somos santuário do Deus vivente..." (2 CORÍNTIOS 6:16). Isso acontece da seguinte maneira: além da graça pela qual um homem começa a crer e apegar-se à Palavra, Deus também governa o homem por meio do Seu poder e intervenção, tornando-o cada vez mais iluminado, mais rico e mais forte em compreensão e sabedoria espirituais e mais apto para entender todas as questões de doutrina e prática cristãs.

*Quero ser o lugar onde Deus
sempre deseja habitar.*

Martinho Lutero

O VERDADEIRO SACRIFÍCIO ESPIRITUAL

Rogo-vos, pois, irmãos, pelas misericórdias de Deus, que apresenteis o vosso corpo por sacrifício vivo, santo e agradável a Deus... ROMANOS 12:1

Em 1 Pedro 2:5 o apóstolo fala sobre "sacrifícios espirituais", e aqui Paulo diz que nossos corpos devem ser oferecidos como sacrifício vivo. Embora saibamos que o corpo é diferente do espírito, a oferta do corpo é chamada de sacrifício espiritual porque ele é sacrificado livremente por meio do Espírito Santo, sem a influência das restrições da Lei ou pelo medo do inferno. Tais motivos, no entanto, influenciaram certos religiosos a amontoarem sobre si torturas e jejuns, o uso de roupas desconfortáveis, vigílias, camas duras e outras situações adversas e difíceis; e ainda assim, falharam em alcançar esse sacrifício espiritual. Em vez disso, eles se afastaram dele por sua negligência em mortificar sua velha natureza adâmica. Apenas cresceram em presunção e impiedade, achando que, por suas obras e méritos, se elevariam na estima de Deus. Seus esforços podem ser considerados um sacrifício carnal de seus corpos, inaceitável para Deus e muito aceitáveis para o diabo. Mas os sacrifícios espirituais, diz-nos Pedro, são aceitáveis a Deus; e Paulo ensina o mesmo quando diz: "...se, pelo Espírito, mortificardes os feitos do corpo, certamente, vivereis" (ROMANOS 8:13). Paulo fala em mortificar pelo Espírito; Pedro, sobre sacrifício espiritual. A oferta deve, primeiro, ser morta — e é o Espírito Santo quem mortifica as obras da carne; é uma ação espiritual.

Quero me entregar como um sacrifício vivo para o meu Deus.

Martinho Lutero

O PODER DO ESPÍRITO SANTO EM NÓS

Ao cumprir-se o dia de Pentecostes, estavam todos reunidos no mesmo lugar.

ATOS 2:1

Quando Deus estava prestes a conduzir os filhos de Israel para fora do Egito, Ele permitiu que eles celebrassem a Páscoa na noite de sua partida e ordenou-lhes que a observassem anualmente em comemoração à libertação da escravidão e da saída do Egito. Cinquenta dias depois, em sua jornada pelo deserto, eles chegaram ao Monte Sinai; ali, Deus lhes deu a Lei, por meio de Moisés, e foi onde receberam a ordem de observar anualmente a Festa de Pentecostes, em comemoração à entrega da Lei, no quinquagésimo dia após a festa da Páscoa. Assim, "ao cumprir-se" o dia de Pentecostes, o Espírito Santo veio, de acordo com a promessa de Cristo, e deu-lhes uma nova Lei. Nós celebramos esta festa, não por causa do antigo evento histórico, mas por causa do novo: a descida do Espírito Santo. A lei espiritual não é escrita com pena e tinta, nem proferida por lábios, como quando Moisés leu as tábuas de pedra. Aprendemos que o Espírito Santo desceu do Céu, encheu toda a multidão reunida e apareceu em cada um deles como línguas de fogo, e eles pregaram de forma totalmente diferente da que costumavam, a ponto de todos os que os ouviam ficarem maravilhados. O Espírito Santo desceu sobre o coração deles e os tornou em criaturas que amavam e obedeciam a Deus de bom grado. Essa mudança foi simplesmente a manifestação do próprio Espírito, a Sua obra no coração de cada um deles.

Quero ser transformado a cada dia pela presença do Espírito Santo em mim.

Martinho Lutero

A VERDADEIRA ALEGRIA

*Alegrai-vos sempre no Senhor;
outra vez digo: alegrai-vos.*
FILIPENSES 4:4

A alegria é o fruto natural da fé, então, até que o coração creia em Deus, será impossível regozijar-se no Senhor. Quando falta a fé, o homem fica cheio de medo e melancolia e foge pelo simples pensamento ou menção a Deus. Consciente de sua própria culpa, não confia na graciosa misericórdia divina e vê a Deus como um inimigo punidor de seu pecado. Mas como seremos libertos de uma consciência culpada e confiaremos na misericórdia de Deus? Aquele que deseja ter uma consciência tranquila e sensível à misericórdia divina não deve colocar nenhuma esperança em suas próprias obras, mas compreender a Deus, por meio de Cristo, aceitar o evangelho e crer em suas promessas. O que o evangelho promete, senão que Cristo foi entregue por nós, levou nossos pecados e é nosso pastor, mediador e advogado diante de Deus, e que somente por meio dele somos reconciliados com Deus, nossos pecados são perdoados e nossa consciência é liberta? Quando esse tipo de fé no evangelho realmente existe, o coração sente, com confiança, Seu favor e Sua graça; está seguro e calmo porque Deus lhe conferiu, por meio de Cristo, bondade e graça superabundantes. Tal pessoa desfrutará de sincera satisfação em Deus, seu amado e misericordioso Pai. Esta é a alegria da qual Paulo fala nesta passagem, a alegria daquele que não tem medo do pecado, da morte e do inferno, mas sim uma confiança alegre e poderosa em Deus e em Sua bondade.

*Desfrutarei de plena alegria pela salvação
que tenho em Cristo Jesus.*

Martinho Lutero

DESPERTE PARA DEUS

...já é hora de vos despertardes do sono...
ROMANOS 13:11

Por uma questão de efeito e ênfase, o apóstolo Paulo emprega uma figura agradável em sua admoestação e faz um apelo eloquente. A palavra "sono" é usada como um símile para nos ajudar a compreender o ensino espiritual. Uma vez que, pela necessidade de ganho material, o homem acorda de seu sono, deixa de lado as atividades noturnas e vai trabalhar pela manhã, assim precisamos despertar de nosso sono espiritual para nos livrarmos das coisas das trevas e entrarmos nas obras da luz. O "sono" representa, nesta passagem, as obras de maldade e incredulidade, pois o sono é próprio da noite. Da mesma forma, na ideia de despertar e levantar, são sugeridas as obras de fé e piedade. É claro que Paulo não está recriminando o sono físico; ele apenas usa o contraste entre sono e vigília para representar a letargia e a atividade espiritual. No sono natural, o adormecido não vê nada, não é sensível a nenhuma realidade externa. Apesar de estar vivo, está praticamente morto para quem o vê. Sua mente está ocupada com sonhos, não com a realidade; e, quando ele desperta, essas ilusões ou sonhos desaparecem. Só então ele começa a se ocupar com a realidade. Assim ocorre na vida espiritual. O ímpio dorme; ele está, de certo modo, morto aos olhos de Deus. Não reconhece as verdadeiras bênçãos espirituais concedidas a ele por meio do evangelho; considera-as sem valor, pois são reconhecidas apenas pelo coração daquele que crê. Portanto, estão escondidas do homem natural.

Não serei como os que dormem.

Martinho Lutero

O TRABALHO DE DEUS EM NÓS

Eis que estou à porta e bato...
APOCALIPSE 3:20

Aprenda com essas palavras o que acontece quando Deus começa a nos tornar piedosos. Não há transformação até que seu Rei venha e comece a trabalhar em você. Primeiro, você deve escutar o evangelho que lhe é pregado. Você ouve e aprende como todas as suas obras não são nada diante de Deus e que tudo o que você faz é pecaminoso. Seu Rei deve primeiro governá-lo. Nisso está o começo de sua salvação; você abandona as suas obras e se desespera acerca de si mesmo porque vê e ouve que tudo o que faz é pecado e não vale nada, como diz o evangelho. Você recebe seu Rei pela fé, se agarra a Ele, implora Sua graça e encontra consolo somente em Sua misericórdia. Quando você ouve e aceita, não é o seu poder, mas a graça de Deus que torna o evangelho frutífero em seu interior, a fim de que venha a crer que nem você, nem as suas obras são alguma coisa. Também não é por mérito que o evangelho é pregado e seu Rei vem até você. Deus o envia por pura graça. A maior manifestação da ira de Deus é quando Ele não envia Seu evangelho; só há pecado, erro e escuridão, e o homem pode fazer o que quiser. Portanto, não há graça maior do que quando Ele envia Seu evangelho, mesmo que apenas alguns o recebam. Os pregadores e os sermões vêm dele, não de você; sua fé e tudo o que sua fé opera em você vem dele, não de você; quando Ele não vem, você fica do lado de fora; onde não há evangelho, não há Deus, apenas pecado e condenação. Portanto, você não deve perguntar por onde começar a ser piedoso; não há começo, exceto onde o Rei é proclamado e entra.

Senhor, torna-me piedoso e santo,
conforme a Tua imagem.

Martinho Lutero

PERSEVERE ATÉ QUE ELE VENHA

Pois a nossa pátria está nos céus, de onde também aguardamos o Salvador, o Senhor Jesus Cristo, o qual transformará o nosso corpo de humilhação, para ser igual ao corpo da sua glória.

FILIPENSES 3:20-21

Nós, cristãos, devemos aguardar com expectativa a vinda do Salvador. Sua vinda não será para nosso prejuízo ou vergonha, como pode ser para os demais. Ele vem para a salvação de nossos corpos impotentes e inúteis, ainda mais quando não têm mais vida. Ainda assim, em Sua vinda, Cristo tornará nossos corpos belos, puros, brilhantes e dignos de honra, até que correspondam ao Seu próprio corpo glorioso e imortal. Não como estava na cruz ou deitado na sepultura, mas como é agora: glorificado à direita do Pai. Pense na honra e glória que a justiça de Cristo trará até mesmo para nossos corpos! Como pode este corpo pobre, pecaminoso, miserável e sujo tornar-se semelhante ao do Filho de Deus, o Senhor da glória? O que somos, para que Ele faça esta obra gloriosa em nós? Paulo diz que a justiça, o mérito, a glória e o poder humanos não têm nada a ver com isso. Outra força intervém: o poder de Cristo, o Senhor, que é capaz de sujeitar a si todas as coisas. Em Suas mãos, somos como o barro nas mãos do oleiro, e, da massa suja deste barro, Ele pode fazer um vaso que será belo, novo, puro e glorioso, superando o Sol em seu brilho e beleza. A justiça de Cristo inspira-nos poderosamente, tornando evidente que adoramos o Deus vivo e verdadeiro, que livra do pecado, da morte e da condenação, e exalta este corpo perecível para honra e glória eternas.

Perseverarei firme na minha fé, aguardando a manifestação de Cristo em Sua vinda.

Martinho Lutero

GUARDE-SE DE TODA SOBERBA

...não pense de si mesmo além do que convém; antes, pense com moderação, segundo a medida da fé que Deus repartiu a cada um.

ROMANOS 12:3

Em todas as suas epístolas, Paulo tem o cuidado de dar este tipo de instrução aos cristãos. Seu propósito é preservar a simplicidade da fé entre eles em todos os lugares e evitar o surgimento de seitas e cismas na igreja. Paulo ensina que, por mais variados que sejam os dons e as obras, ninguém deve considerar-se bom nem melhor do que alguém. Em vez disso, deve avaliar sua própria bondade por sua fé. A fé é algo que todos os cristãos têm, embora não em igual medida, sendo que alguns possuem mais e outros, menos. No entanto, na fé, todos têm a mesma herança, que é Cristo. O ladrão que estava na cruz ao lado de Cristo tinha, pela fé, o Senhor em si tão verdadeiramente quanto Pedro, Paulo, Abraão, a mãe do Senhor e todos os santos; mesmo que sua fé possa não ter sido tão forte. Portanto, embora os dons sejam dados de forma desigual, a preciosa fé é a mesma. Agora, se devemos nos gloriar apenas nos tesouros da fé e não nos dons que temos, precisamos estimar os dons do nosso irmão tanto quanto os nossos e, com os nossos dons, servir ao nosso irmão que, na fé, tem um tesouro igual ao nosso. Assim manteremos a unidade e a simplicidade da fé, e ninguém se gloriará em suas próprias obras ou méritos.

Guardarei meu coração de toda soberba.

Martinho Lutero

CONHEÇA A VONTADE DE DEUS

*Por esta razão, [...] não cessamos de orar
por vós e de pedir que transbordeis de pleno
conhecimento da sua vontade...*
COLOSSENSES 1:9

A oração do apóstolo é para que "transbordemos", isto é, não apenas ouçamos e compreendamos a vontade de Deus, mas que nos tornemos ricos no conhecimento dela, cada vez mais, até atingirmos a plenitude. Mas, para isso, é necessário algo mais do que um bom começo. "Conhecer a vontade de Deus" significa mais do que simplesmente saber sobre Deus, pois esse conhecimento qualquer um pode alcançar. Precisamos saber o significado das palavras ditas por Cristo: "De fato, a vontade de meu Pai é que todo homem que vir o Filho e nele crer tenha a vida eterna..." (JOÃO 6:40). Esse conhecimento espiritual, ou confiança, não é tão facilmente adquirido como outro aprendizado qualquer. Nossa carne e sangue são uma desvantagem, pois nos levam a valorizar nossa própria sabedoria e santidade como forma de obtermos honra e glória ou buscarmos segurança e riqueza, prazer e ganância. Portanto, vemos que um cristão sempre encontrará sérios conflitos, vindos de todos os lados, se quiser ter sucesso em conservar o conhecimento da vontade de Deus. Para isso, ele precisará sincera e diligentemente da Palavra de Deus e da oração, para não apenas aprender a conhecer a vontade de Deus, mas também ser cheio dela. Só assim ele poderá caminhar sempre na vontade de Deus e ter força para enfrentar os medos e terrores do diabo, do mundo e da carne e do sangue.

*Buscarei a cada dia a plenitude
da vontade de Deus.*

Martinho Lutero

OS JUSTOS SERÃO CONSOLADOS

...é justo para com Deus que ele dê em paga tribulação aos que vos atribulam e a vós outros, que sois atribulados, alívio juntamente conosco, quando do céu se manifestar o Senhor Jesus com os anjos do seu poder.

2 TESSALONICENSES 1:6-7

Tudo que o cristão sofre aqui na Terra nas mãos do diabo e do mundo é por causa do nome de Deus e de Sua Palavra. Em contrapartida, o cristão tem a reconfortante certeza na Palavra de Deus de que, por seu sofrimento por causa do reino de Cristo e de Deus, ele certamente será eternamente parte desse reino. Ninguém será digno de tal reino a menos que sofra por ele. Os cristãos devem esperar por isso e ter consolo na confiança de que Deus não permitirá que os sofrimentos de Seu povo fiquem impunes e sem vingança. Poderíamos achar que Ele se esquece, quando pensamos que o piedoso Abel foi vergonhosamente assassinado por seu irmão, que os profetas e mártires como João Batista, Jeremias, Paulo e outros foram mortos pelas mãos de assassinos como Herodes, Nero e outros tiranos sanguinários como eles. Haverá juízo para os tiranos, e os piedosos terão descanso e alegria eternos. Que todos saibam que Deus não se esquece, mesmo depois da morte! Este é o consolo que o julgamento na ressurreição dos mortos trará: que os santos serão recompensados rica e gloriosamente por seus sofrimentos como exige a justiça de Deus.

*Minha esperança está em Deus,
o justo Juiz.*

Martinho Lutero

PROTEJA SEMPRE A SUA FÉ

Sede sóbrios e vigilantes. O diabo, vosso adversário,
anda em derredor, como leão que ruge
procurando alguém para devorar; resisti-lhe
firmes na fé... 1 PEDRO 5:8-9

O diabo não dorme. Ele está sempre buscando um modo de eliminar a pura doutrina na Igreja. Tememos que ele, finalmente, consiga que não se encontre nenhum púlpito, por toda a Alemanha, em que a pura Palavra de Deus seja pregada como outrora. Ele tenta, com todas as suas forças, impedir que a pura doutrina seja ensinada, pois não pode suportá-la. Escapar do inimigo é difícil, pois ele espreita e vigia em todos os lugares e realiza seus intentos com tamanha intensidade que até os instruídos caem e os eleitos tropeçam, como aconteceu com Moisés, Pedro e os outros apóstolos. Pensamos que estamos seguros e nos acomodamos, mas devemos orar e clamar a Deus para que Ele proteja o evangelho e faça com que Seu santo nome seja proclamado cada vez mais. Entretanto ninguém se importa, ninguém ora pelo avanço do evangelho. A nossa imprudência e indiferença nos levarão a uma grande miséria. Nosso coração deve estar sempre tão disposto como se nunca tivéssemos ouvido o evangelho antes. Devemos ter um novo começo a cada manhã. Nossa fé deve crescer constantemente e se tornar cada vez mais forte, pois somos pobres e fracos. Paulo diz: "Temos, porém, este tesouro em vasos de barro..." (2 CORÍNTIOS 4:7). O tesouro é o evangelho. Um vaso de barro facilmente se quebra, derramando seu conteúdo. Quando o diabo percebe que o tesouro da fé está em um vaso frágil, ele se enfurece e busca quebrar o vaso e derramar o tesouro. Se Deus permitisse, Satanás logo o destruiria.

Deus sempre guardará minha fé para
que eu não seja derrotado.

Martinho Lutero

A GRAÇA DE DEUS EM NÓS

*Se, todavia, alguém pecar, temos Advogado
junto ao Pai, Jesus Cristo, o Justo;
e ele é a propiciação pelos nossos pecados...*
1 JOÃO 2:1-2

Visto que somos incapazes de guardar a Lei, Cristo veio e se interpôs entre o Pai e nós, e intercede por nós: "Amado Pai, tem misericórdia deles e perdoa-lhes os seus pecados. Tomarei sobre mim as transgressões deles e as carregarei; eu te amo de todo o coração e amo a humanidade, e provarei isso derramando meu sangue por eles. Cumpri a Lei e fiz isso para o bem-estar deles, para que participem do meu cumprimento da Lei e assim cheguem à graça". Cristo ora ao Pai para que Ele nos perdoe dos nossos pecados contra a Lei e para que não nos seja imputado o que lhe devemos. Cristo também promete dar-nos o Espírito Santo, por cuja ajuda o coração começa a amar a Deus e a guardar Seus mandamentos. Deus não é gracioso e misericordioso com os pecadores a fim de que eles não guardem Sua Lei nem para que permaneçam como eram antes de receberem graça e misericórdia; mas tolera e perdoa tanto o pecado quanto a morte, por amor a Cristo, que cumpriu toda a Lei para alegrar nosso coração e, por meio do Espírito Santo, mover nosso coração para amar cada dia mais e mais. Assim é despertado em nós não só o amor, mas também a verdade e um caráter fiel, como exige a Lei. Cristo é cheio de graça e verdade e, por meio dele, a graça e a verdade crescem em nós.

*Quero crescer na graça de Cristo
e ser santo a cada dia.*

Martinho Lutero

A FONTE DE TODA SABEDORIA

Guardo no coração as tuas palavras, para não pecar contra ti. SALMO 119:11

Um homem pode estar familiarizado com a Palavra de Deus, mas, se ele se julga autossuficiente, preocupado com outros assuntos, ou talvez, quando tentado, perde de vista a Palavra de Deus, pode facilmente ser seduzido e enganado pela astúcia do diabo; ou ficar confuso, perder sua sabedoria e ser incapaz de encontrar conselho ou ajuda mesmo nas tentações mais simples. Por isso, precisamos de compreensão, de discernimento cuidadoso e aguçado, para que a sabedoria não seja pervertida e falsificada e o crente não seja enganado. O homem tende a tropeçar e falhar no entendimento quando não está atento a seus propósitos e motivações, discernindo como eles se harmonizam com a sabedoria da Palavra de Deus. Seu próprio entendimento não é confiável quando o diabo o leva à ira, impaciência, desânimo, melancolia ou quando ele é tentado de alguma outra forma. Frequentemente aqueles que são exercitados com várias provações ficam confusos em pequenas tentações e incertos quanto ao que devem fazer. Precisamos estar vigilantes e não seguir nossa razão ou sentimentos, mas lembrarmo-nos da Palavra de Deus. O ser humano não pode julgar corretamente pelos ditames da razão quando é tentado, e não deve seguir sua própria inteligência, nem agir a partir de conclusões precipitadas. Ele deve invocar o entendimento nascido da sabedoria do evangelho, o que a fé, o amor, a esperança e a paciência aconselham, o que a vontade de Deus ensina eloquentemente a todos e em todas as circunstâncias, e se esforçar e orar para ser cheio desse conhecimento.

Vou me apegar ao evangelho para não pecar contra Deus.

Martinho Lutero

VIVER PARA CRISTO

*Porque morrestes, e a vossa vida está oculta
juntamente com Cristo, em Deus.*
COLOSSENSES 3:3

A palavra "viver" deve ser entendida espiritualmente, tendo como referência a vida que está diante de Deus, e não a vida neste mundo. Aquele que subjuga seu corpo e mortifica suas concupiscências não vive para o mundo, não leva uma vida mundana. É verdade que o cristão está corporalmente no mundo, mas ele não vive segundo a carne. Como Paulo diz, "embora andando na carne, não militamos segundo a carne" (2 CORÍNTIOS 10:3); e "que não andam segundo a carne" (ROMANOS 8:1 ARC). Essa vida é eterna e um verdadeiro sacrifício vivo para Deus. Tal mortificação do corpo e de suas concupiscências, quer seja efetuada por disciplina voluntária ou por perseguição, é uma preparação para a vida eterna. Como diz Paulo, "...o vosso corpo é santuário do Espírito Santo [...] não sois de vós mesmos [...] Agora, pois, glorificai a Deus no vosso corpo" (1 CORÍNTIOS 6:19-20); e "...eu trago no corpo as marcas de Jesus" (GÁLATAS 6:17). Então, aquele que realiza uma obra apenas para seu próprio prazer e honra profana seu sacrifício. Igualmente ocorre com aqueles que, por suas obras, procuram recompensa de Deus, seja neste mundo ou na eternidade. Aqueles que se oferecem como sacrifício vivo e santo a Deus estão felizes e seguros de serem aceitos por Ele; sabem que Deus requer a morte das concupiscências e intenções da carne e que somente Ele deseja viver e operar em nós.

*Quero, a cada dia, estar morto para
o pecado e vivo para Cristo.*

Martinho Lutero

ACOLHIMENTO EM AMOR

Portanto, acolhei-vos uns aos outros,
como também Cristo nos acolheu para
a glória de Deus. ROMANOS 15:7

Há duas razões pelas quais devemos nos acolher mutuamente. A primeira é por causa do exemplo de Cristo. As Escrituras nos apresentam Cristo como aquele sobre quem caiu a infâmia de nossos pecados. Ele foi aviltado aos olhos de Deus para que não fôssemos desprezados, rejeitados ou injuriados, mas recebidos para sermos redimidos de nossos pecados. A outra razão que o apóstolo apresenta para acolhermos uns aos outros é que isso contribui para o louvor e a honra a Deus. Isso também aprendemos com Cristo. Ele diz nos evangelhos que tudo o que faz é em obediência à vontade de seu Pai e que não veio com outro propósito senão fazer a vontade de Deus. É certo, então, que Ele carregou a vergonha de nossos pecados simplesmente porque era a vontade de Seu Pai. Cristo manteve em si a honra de Deus ao acolher-nos e levar sobre si os nossos pecados. Da mesma forma devemos tomar sobre nós os fardos, os pecados e as imperfeições de nosso próximo, suportá-los e ajudá-lo em sua regeneração. Este é o louvor que Deus quer de nós: que recebamos e consideremos a condição de nosso próximo como nossa. Tal conduta de nossa parte encorajará outros a crer em Deus e fortalecerá a fé dos irmãos.

Senhor, ensina-me a acolher aqueles
que precisam de mim neste dia.

Martinho Lutero

O SENHOR MATA E VIVIFICA

Com vara de ferro as regerás e as despedaçarás como um vaso de oleiro.
SALMO 2:9

Ninguém deve pensar que o reino de Cristo é edificado por meio de armas, porque está escrito que Ele "Não faz caso da força do cavalo, nem se compraz nos músculos do guerreiro" (SALMO 147:10). O apóstolo Paulo também afirma que "as armas da nossa milícia não são carnais" (2 CORÍNTIOS 10:4). Devemos conquistar os turcos aumentando o número de cristãos entre eles, os quais, até hoje, nunca procuramos conquistar por nenhum outro meio, senão pela espada. Veja que esse versículo é uma alegoria daquilo que ocorre na vida. Como a palavra "Cristo" é a palavra de salvação e paz (não na carne, mas no espírito), segue-se necessariamente que ela subjuga e expulsa a segurança, a paz e a vida fácil da carne. Onde ela é aplicada, ela se torna mais dura do que o próprio ferro para a carne. Onde quer que o homem carnal seja tocado salvificamente pela Palavra de Deus, duas coisas acontecem, a saber: "O Senhor mata e vivifica". Embora Deus seja o Deus da vida e da salvação, e essas sejam as obras que Ele faz, ainda assim, para realizá-las, Ele, primeiro, mata e destrói, para que possa salvar e vivificar. Ele mata nossa vontade, para estabelecer a Sua em nós. Ele mortifica nossa carne e nossos desejos, para implantar o Espírito Santo e Seus desejos, "a fim de que o homem de Deus seja perfeito e perfeitamente habilitado para toda boa obra" (2 TIMÓTEO 3:17).

*Eu me abro para ser edificado
pela potente mão de Deus.*

Martinho Lutero

NÃO PERCA SUA FÉ

*Porque muitos são chamados,
mas poucos, escolhidos.*

MATEUS 22:14

Deus trabalha em nós para acabar com a nossa arrogância, para que permaneçamos sempre no temor a Ele, pois, quando a tentação vem, estamos sempre sujeitos a cair no erro. Pedro, quando andou sobre a água, tinha uma fé pura enquanto se manteve sem hesitar, confiante na palavra de Cristo. Se tivesse permanecido assim, teria andado quilômetros sobre a água, mas, logo que vacilou, começou a afundar. Assim também Moisés tinha uma fé forte, mas às vezes decaía dela. Também podemos ter uma fé forte, porém, se duvidarmos, cairemos. Pela fé, Moisés conduziu o povo de Israel através do mar e da morte, e Pedro aventurou-se corajosamente sobre o mar, mas ambos caíram, embora Deus os tenha levantado de novo. O ladrão crucificado ao lado de Cristo apropriou-se da fé e não a deixou mais. Inicialmente, todos querem ser cristãos, e o evangelho promete fazer bem a todos, mas, assim que a chuva e o vento da tentação chegam, muitos se afastam. Depois vêm as seitas e divisões, que entram e contaminam o fruto do evangelho, e tanta doutrina falsa é ensinada que apenas alguns permanecem fiéis. A fé requer que, primeiramente, não sejamos autoconfiantes e presunçosos, mas permaneçamos tementes a Deus. Precisamos nos apegar a Ele e pedir-lhe: "Deus misericordioso, Tu permitiste que eu me tornasse cristão. Ajuda-me agora a continuar firme e a crescer diariamente na fé".

*Permanecerei firme na fé, humilde e
dependente de Deus todos os dias.*

Martinho Lutero

UM PLANO MAIS ELEVADO DE FÉ

Vai, disse-lhe Jesus; teu filho vive.
O homem creu na palavra de Jesus e partiu.
JOÃO 4:50

Aquele oficial do rei tinha fé; caso contrário, não pediria ao Senhor Jesus que fosse até onde estava seu filho; sua fé não era suficientemente forte para perceber que Cristo podia curar o menino sem ir até sua casa. Porém, quando Cristo disse: "Se, porventura, não virdes sinais e prodígios, de modo nenhum crereis", sua fé diminuiu e ele temeu que Cristo recusaria ajudá-lo, mas Ele se aproximou, levantou-o e colocou-o num plano superior de fé. "Vai, [...] teu filho vive." Assim, o homem avançou de sua primeira fé, quando acreditava que Cristo poderia curar seu filho apenas se fosse vê-lo, para um estágio superior de fé, fiada apenas na Palavra de Cristo. Se ele não tivesse crido na Palavra, não pararia de insistir até que o Senhor o acompanhasse até sua casa; mas ele aceitou a Palavra, creu em Cristo e se apegou à Sua Palavra. Esta é uma fé pura e forte, que exige que o indivíduo não permita que toda razão e experiência tomem o maior lugar, e se lance sobre uma pequena palavra, fique satisfeito com ela e se sinta seguro nela. O pai aceitou a palavra dita por Cristo e concluiu em seu coração: "O meu filho está doente, mas vou encontrá-lo bem". Essa foi a fé operando contra a razão e a experiência. Assim, a fé não permanece ociosa ou quieta, mas progride e cresce cada vez mais. Cristo trata conosco dessa mesma forma e permite que sejamos provados para que nossa fé seja fortalecida. Se, ao final da nossa vida, tivermos uma centelha dessa fé, será o suficiente. Não importa quão insignificante a fé possa parecer, o poder está em que ela não seja derrubada.

Quero ter a mesma fé daquele homem
e crer na Palavra de Cristo.

Martinho Lutero

UMA ALIANÇA COM CRISTO

Eu sou do meu amado, e o meu amado é meu...
CÂNTICO DOS CÂNTICOS 6:3

O grande amor que Cristo tem por nós é representado nesta festa de casamento. Há muitos tipos de amor, mas nenhum é tão fervoroso quanto o amor de uma noiva e um noivo. O verdadeiro amor não se preocupa com deleites ou presentes, nem com riquezas ou anéis de ouro, apenas com aquele a quem se ama. Mesmo que o noivo lhe desse tudo o que tivesse, a noiva não daria importância a nenhum dos seus presentes, mas diria: "Só quero você". E, por outro lado, se ele não tivesse nada, não faria diferença para ela, que continuaria o desejando. Essa é a verdadeira natureza do amor de uma noiva. Todavia, se ela se preocupa com o prazer e com o dinheiro, mas não com ele, esse amor não durará muito tempo. É esse verdadeiro amor de esposa que Deus nos apresenta em Cristo, pois, como a noiva ama o seu noivo, assim Cristo nos ama; e nós, por nossa vez, devemos amá-lo, se crermos e formos a verdadeira noiva. Embora Ele nos tenha dado a sabedoria de todos os profetas, a glória de todos os santos e anjos, e até mesmo o Céu, não os estimaríamos a menos que Ele nos desse a si mesmo. A noiva não se satisfaz com nada mais, pois a única coisa que ela quer é o seu noivo. "O meu amado é meu, e eu sou dele..." (CÂNTICO DOS CÂNTICOS 2:16). Se realmente o tenho, o que mais posso desejar? Se eu sou dele e Ele é meu, tenho a vida eterna, a justiça e tudo o que é dele, de modo que nem a morte, nem o pecado, nem o inferno, nem Satanás me podem prejudicar.

Nada pode me afastar do meu Senhor,
porque eu o amo.

Martinho Lutero

GRATIDÃO A DEUS

*Sempre dou graças a [meu]
Deus a vosso respeito...*
1 CORÍNTIOS 1:4

Temos diante de nós as palavras iniciais da primeira epístola aos coríntios, que Paulo foi levado a escrever por causa da condição desagradável em que estava a igreja de Corinto após sua partida. Surgiram divisões, e uma triste confusão prevaleceu entre eles, o que obrigou o apóstolo a repreendê-los. Por causa dessas admoestações salutares, a leitura desta epístola não é apenas proveitosa, mas essencial, pois o diabo não descansa, e, sempre que o evangelho é pregado em sua pureza, ele se mistura com os filhos de Deus para semear seu joio. Paulo lhes dá um exemplo de sua própria gratidão, louvando a Deus por eles, com o objetivo de despertá-los a considerar o que eram anteriormente e o que haviam recebido por meio do evangelho. Ele queria que eles tomassem cuidado para que não se esquecessem de sua miséria anterior e da graça atual, e assim recaíssem em sua antiga cegueira. Estamos cientes dos grandes benefícios que nos são concedidos, porém, ao mesmo tempo, percebemos que o diabo instiga divisões e escândalos entre nós. A causa desses males pode ser atribuída à nossa ingratidão. Quando as misericórdias de Deus são levianamente descartadas da mente e desconsideradas, o resultado não pode ser gratidão e consideração pela Palavra de Deus. Cristãos saciados e apáticos seguem seu caminho imaginando que suas condições espirituais sempre foram e sempre serão como agora. Portanto, devem ser despertados para a miséria em que se encontravam, a fim de que possam dar graças a Deus e se recordar dos dons superiores e maravilhosos que os enriqueceram em todas as coisas.

*Nunca vou me esquecer de onde
fui tirado por Deus.*

Martinho Lutero

MANTENHA A UNIDADE
DA IGREJA DE CRISTO

Rogo-vos, pois, eu, o prisioneiro no Senhor, que andeis de modo digno da vocação a que fostes chamados, [...] esforçando-vos diligentemente por preservar a unidade do Espírito no vínculo da paz. EFÉSIOS 4:1,3

Os cristãos devem manter a unidade do Espírito, visto serem membros de um só corpo e participantes das mesmas bênçãos espirituais. Todos têm os mesmos tesouros inestimáveis: um só Deus e Pai no Céu, um só Senhor e Salvador, uma só Palavra, um só batismo e uma só fé; em suma, uma mesma salvação, da qual ninguém pode obter mais do que o outro. A unidade da Igreja não consiste em todos terem a mesma forma de governo, de estrutura, tradição e costumes eclesiásticos. A Igreja é chamada de "Igreja Cristã santa e una" porque representa uma doutrina simples e pura do evangelho e uma confissão externa dela, sempre e em toda parte, independentemente da diferença de seus prédios, organização, costumes e cerimônias. Não são membros da verdadeira Igreja de Cristo aqueles que, em vez de preservarem a unidade de doutrina e a unicidade da fé cristã, causam divisões e ofensas por meio de doutrinas humanas e obras autodenominadas pelas quais lutam, impondo-as a todos os irmãos como necessárias. Portanto, devemos ter o cuidado de não dar ocasião à divisão ou discórdia.

Que eu possa preservar a unidade da Igreja de Cristo com minhas palavras e obras.

Martinho Lutero

HÁ PROPÓSITO NAS AFLIÇÕES

*Muitas são as aflições do justo,
mas o Senhor de todas o livra.*

SALMO 34:19

Deus bondosamente envia sobre Seus servos tentação, tristeza e aflição, pois elas os preservam de dar lugar à carne e lhes ensinam a buscar conforto e ajuda. Deus também fez isso no tempo dos mártires, quando diariamente permitia que eles fossem violentamente presos e mortos por espada, fogo e feras. Dessa forma, Ele conduziu Seu povo a conhecer a Sua vontade. A fé lhes ensinou que tal sofrimento era propósito de Deus e Sua vontade imutável em relação a eles, que não poderia ser alterada, assim como no caso do próprio Cristo. Essa disciplina e experiência de fé fortaleceu os mártires e os habituou ao sofrimento, capacitando-os a morrer com alegria e de boa vontade. Nós, ao contrário, por não desejarmos experimentar tal sofrimento, somos fracos e débeis. Se um pouco de fumaça entrar em nossos olhos, nossa alegria e coragem se vão, assim como nossa percepção da vontade de Deus, e começamos a lamentar e gritar de aflição. É a vontade de Deus que aprendamos a nos acostumar com esses sofrimentos, embora sejam difíceis de suportar e nosso coração esteja propenso a ficar agitado e começarmos a clamar de angústia. Podemos acalmar nosso coração perturbado dizendo: "Eu sei qual é o pensamento de Deus, Seu conselho e Sua vontade em Cristo; sei que Ele não mudará. Ele me prometeu isso por meio de Seu Filho e confirmou pelo batismo que aquele que ouve e vê o Filho será liberto do pecado e da morte e viverá eternamente". O coração que possui tal conhecimento é iluminado pelo Espírito Santo e armado contra a carne, contra o mundo e contra o diabo.

*Senhor, ensina-me a suportar
as aflições e perseguições.*

Martinho Lutero

NÃO ESTAMOS LIVRES DO PECADO

*Porque a carne milita contra o Espírito,
e o Espírito, contra a carne, porque são
opostos entre si; para que não façais o que,
porventura, seja do vosso querer.*

GÁLATAS 5:17

Podemos perceber que Paulo não considera o cristão absolutamente livre do pecado, por isso ele roga que sejamos transformados pela renovação da nossa mente (ROMANOS 12:2). Onde a transformação e a renovação são necessárias, algo da velha e pecaminosa natureza ainda permanece. Esse pecado não é imputado aos cristãos, uma vez que eles se esforçam diariamente para serem transformados e renovados. O pecado existe neles contra a sua vontade. Carne e espírito são contrários um ao outro, portanto, não fazemos o que preferimos (ROMANOS 7:15). A menção especial que Paulo faz à "mente" em Romanos 12:2 torna mais claro o que ele ensina sobre o "corpo", que deve ser oferecido como sacrifício vivo, no versículo 1. O sentido bíblico da palavra "mente" já foi suficientemente definido como "crença", que é a fonte dos vícios ou das virtudes. Aquilo que valorizo, creio estar certo. Obedeço àquilo que valorizo, assim como todos os outros. Mas, quando a crença é errada, a consciência e a fé não têm controle. Onde falta a unidade de mente entre os homens, o amor e a paz não podem estar presentes; e onde não há amor e fé, ali reinam o mundo e o diabo. Portanto, a transformação pela renovação da mente é de vital importância.

*Quero ser transformado a cada dia pela
renovação da minha mente.*

Martinho Lutero

A LUZ DO EVANGELHO EM NÓS

*Eu sou o SENHOR, este é o meu nome;
a minha glória, pois, não a darei a outrem,
nem a minha honra, às imagens
de escultura.* ISAÍAS 42:8

Frequentemente, falamos sobre a pequena palavra "glória". Ela significa honra, brilho, esplendor. O evangelho é um grande relato, uma mensagem que tem sua origem em uma realidade gloriosa; não é uma mera proclamação vazia. Um ser glorioso deve ser comparado ao Sol, ou à luz. O Sol é uma fonte de luz e seu brilho é a sua glória. O evangelho é a glória de Deus e a nossa luz. Ele é a nossa luz à medida que é o meio pelo qual a Sua obra é proclamada, exaltada, reconhecida e honrada em todo o mundo. O evangelho não é o brilho real da luz, nem é a própria luz. É o alvorecer do brilho, a aproximação da luz. É uma manifestação da luz e o brilho que existia desde a eternidade. "A vida estava nele e a vida era a luz dos homens" (JOÃO 1:4). Ele é a boa nova, porque revela e proclama as bênçãos divinas, a glória divina e a honra, ou o brilho divino. O que é o brilho senão as grandes e gloriosas riquezas de Sua bondade e graça derramadas sobre nós? Como a graça apareceu? Por meio da pregação do evangelho. A luz e a glória são o próprio Deus. Cristo diz: "Eu sou a luz…" (8:12). Isaías fala sobre a chegada do evangelho após a ascensão de Cristo. Por meio do evangelho, Cristo é espiritualmente ressuscitado e glorificado no coração dos crentes, trazendo-lhes a salvação.

O evangelho é a glória de Deus e nossa luz.

Martinho Lutero

NÃO NEGLIGENCIE O AMOR AO PRÓXIMO

*A ninguém fiqueis devendo coisa alguma,
exceto o amor com que vos ameis uns aos outros...*
ROMANOS 13:8

As obrigações legais nos tornam devedores, como, por exemplo, quando alguém reclama uma dívida. Aquilo que devemos ao governo político (tributos e obediência) também tem esse caráter legal. Embora essas questões não tornem o cristão justo diante de Deus, ele tem a obrigação de cumpri-las, pois elas ajudam a manter a ordem e a paz na sociedade. Outra obrigação que temos é o amor, que faz do cristão um servo voluntário de todos os homens. Paulo diz: "Porque, sendo livre de todos, fiz-me escravo de todos, a fim de ganhar o maior número possível" (1 CORÍNTIOS 9:19). Isso não é uma exigência das leis humanas; ninguém que falha neste dever é censurado ou punido por negligenciar a obrigação de se submeter e servir ao próximo. Isso está claro. Deixe que alguém tenha riquezas e, enquanto ele se abstiver de apropriar-se dos bens do próximo, manchar sua honra ou feri-lo, ele é, aos olhos da lei, justo. As leis feitas para restringir a conduta humana são dirigidas apenas contra as más obras. As boas obras são deixadas para o desempenho voluntário. A lei civil não as exige com ameaças e punições, apenas as elogia e recompensa, como faz a lei de Moisés. Paulo ensina os cristãos a se comportarem em relação aos homens e à autoridade civil de modo a não dar ocasião para escândalo. Ele não deseja que eles deixem de satisfazer as reivindicações das leis humanas, mas os incita a irem além delas, tornando-se devedores daqueles que não têm direito algum sobre eles.

*Que eu tenha um coração voluntário
em servir a todos com amor.*

Martinho Lutero

NÃO QUEIRA SER GRANDE DIANTE DOS HOMENS

Guardai-vos de exercer a vossa justiça diante dos homens, com o fim de serdes vistos por eles; doutra sorte, não tereis galardão junto de vosso Pai celeste. MATEUS 6:1

As pessoas consideram o ofício do sacerdote, ou seja, esse ministério e sua dignidade, como o auge, a posição mais nobre e elevada para o cristão; e, de fato, é. Se alguém quiser exercer esse sacerdócio diante de Deus, deve oferecer sua vida a Deus; em outras palavras, deve ser humilde e não ser nada aos olhos do mundo. Então, que cada um decida por si mesmo a diferença entre esse sacerdócio externo, que é deslumbrante, e o sacerdócio interno, que é espiritual. O primeiro está reservado a um número reduzido de pessoas; o segundo pertence a todos os cristãos. Um é ordenado por homens, independentemente da Palavra de Deus; o outro é estabelecido pela Palavra, independentemente da vontade humana. No primeiro, a pele é besuntada com azeite; no segundo, o coração é ungido com o Espírito Santo. O primeiro exalta as próprias obras; o segundo proclama e engrandece a graça de Deus e Sua glória. De fato, os dois sacerdócios estão tão próximos quanto Cristo e Barrabás, como a luz e as trevas, como Deus e o mundo. O sacerdócio de todo cristão não requer designação. O cristão tem de nascer sacerdote e herdar seu ofício. Refiro-me ao novo nascimento — o nascimento da água e do Espírito. Assim, todos os cristãos se tornam sacerdotes, filhos de Deus e coerdeiros de Cristo, nosso Sumo Sacerdote.

Que eu exerça meu sacerdócio diante de Deus com responsabilidade e graça.

Martinho Lutero

MANTENHA A UNIDADE DA FÉ

*Pois haverá tempo em que não suportarão a
sã doutrina; pelo contrário, cercar-se-ão de mestres
segundo as suas próprias cobiças, como que
sentindo coceira nos ouvidos.*

2 TIMÓTEO 4:3

Uma das ofensas mais perversas que se pode cometer contra a Igreja é incitar discórdia e divisão doutrinárias, algo que o diabo encoraja ao máximo. Esse pecado geralmente toma certos líderes arrogantes, presunçosos e egoístas, que desejam uma distinção peculiar para si mesmos e lutam para ter honra e glória pessoal. Eles não dão honra a ninguém, mesmo quando reconhecerem a superioridade dos dons dessa pessoa sobre os seus. Em sua inveja e desejo de vingança, esses líderes presunçosos e sedentos de fama estão sempre buscando uma oportunidade de atrair as pessoas para si criar facções. Muitos são enganados e imediatamente respondem a sua nova doutrina, sempre bem apresentada com palavras capciosas. Muitas pessoas imaturas, mas bem-intencionadas, caem em sua conversa; muitos tornam-se amantes imprudentes do prazer, desconsiderando sua fé e ignorando a Palavra de Deus. Mesmo aqueles que são chamados cristãos passam a ter ressentimentos uns contra os outros; seu amor esfria e a fé se extingue. Por isso, devemos ter cuidado para não darmos ocasião para divisão e para a discórdia. Devemos lutar contra tais líderes facciosos, mesmo que com sofrimento próprio, fazendo o que for possível para evitar qualquer perturbação na unidade da doutrina, da fé e do Espírito.

*Somos chamados para promover
a unidade do corpo de Cristo.*

Martinho Lutero

SEJA LIVRE, MAS OBEDIENTE

*Havia uma profetisa, chamada
Ana, filha de Fanuel, da tribo de Aser [...].
Esta não deixava o templo, mas adorava
noite e dia em jejuns e orações.*
LUCAS 2:36-37

Ana vivera com o marido por sete anos e, nessa passagem, era uma viúva de 84 anos. Paulo explica que o marido representa a Lei (ROMANOS 7:2-4). Assim como a mulher está ligada ao marido enquanto ele vive, assim estão ligados à Lei todos os que vivem sob ela. Ana, que viveu sete anos com seu marido, representa o povo de Israel sob a Lei, em sua conduta e vida temporal. De acordo com Lucas, o Espírito Santo mostra que esta santa mulher não vivia simplesmente sob a Lei, como uma serva, mas andava na liberdade da fé e do Espírito. Isso pode ser comprovado pelos seus muitos anos de viuvez, que representam a vida espiritual dos santos de antigamente, pois a viuvez representa a liberdade da Lei. Assim, a vida sob a Lei e a vida de fé coexistiam lado a lado. Quanto à sua alma, os crentes do passado eram justificados sem as obras da Lei, somente pela fé, e a esse respeito eram verdadeiramente como as viúvas; quanto ao seu corpo e suas obras, eles estavam sujeitos à Lei. Eles não criam que eram justificados pelas obras, mas, tendo sido justificados pela fé, guardavam a Lei voluntária e alegremente, para a glória de Deus. Aquele que assim vive também pode praticar as obras da Lei, pois Cristo e os apóstolos também guardaram a Lei. Estas são as pessoas que vivem, ao mesmo tempo, sete anos com um marido e cerca de 80 anos sem marido. Elas estão livres da Lei e sob a Lei ao mesmo tempo.

*Senhor, ensina-me a viver na liberdade do
Teu Espírito e em obediência à Tua Lei.*

Martinho Lutero

CONHEÇA MAIS A CRISTO

...eis que vieram uns magos do Oriente a Jerusalém.
E perguntavam: Onde está o recém-nascido
Rei dos judeus? Porque vimos a sua estrela no
Oriente e viemos para adorá-lo.
MATEUS 2:1-2

Como aqueles sábios puderam ver naquela estrela um sinal que inequivocamente significava que um rei havia nascido, eu não sei. Talvez eles tenham lido em suas histórias e crônicas que o nascimento de outros reis havia sido avisado por uma estrela. Eles sabiam que os judeus eram o povo escolhido de Deus e que eles haviam sido especialmente favorecidos por Deus mais do que qualquer outro povo. Como era uma estrela muito bonita, eles provavelmente pensaram que Deus havia dado a este povo um novo rei, ou, talvez, soubessem do que aconteceria por revelação divina. A princípio, esses sábios não sabiam que aquele rei era Deus. Eles chegaram a Jerusalém esperando encontrá-lo em meio ao esplendor do palácio real e o adoraram à maneira dos países orientais e não como a Deus. Veja, não importa muito o quanto você possui da sabedoria deste mundo; fique satisfeito com o que sua experiência e bom senso lhe ensinam. Basta que você saiba o que deve ser feito no verão e no inverno; que saiba cuidar da sua terra, do seu gado, de sua casa e dos seus filhos. Além disso, pense apenas em como você pode conhecer mais a Cristo, pois Ele lhe ensinará como conhecer a si mesmo, quem você é e que poder há em você. Então, você conhecerá a Deus e a si mesmo, algo que os mestres da sabedoria deste mundo não conseguem aprender.

Buscarei conhecer a Cristo
cada dia mais!

Martinho Lutero

NÃO DEVEMOS DUVIDAR

*Simeão o tomou nos braços e louvou a Deus, dizendo:
[...] luz para revelação aos gentios, e para glória
do teu povo de Israel. E estavam o pai e a mãe do
menino admirados do que dele se dizia.*

LUCAS 2:28,32-33

De fato, é admirável que tais coisas tenham sido ditas abertamente por Simeão naquele lugar público e sagrado a respeito daquela criança cujos pais eram humildes e pobres. Como tal criança poderia ser considerada o Salvador de todos os homens, luz dos gentios e a glória e honra de todo o Israel? Atualmente, quando temos tantas provas da grandeza de Cristo, essas palavras não parecem mais tão maravilhosas, mas, quando nada se sabia sobre Ele, realmente era algo maravilhoso. José e Maria creram naquele homem, no entanto, ficaram maravilhados. Se eles não tivessem crido, as palavras de Simeão teriam parecido insignificantes. Se José e Maria tivessem julgado de acordo com a aparência, eles não teriam considerado Cristo mais do que qualquer outra pobre criança. Mas eles desconsideram a aparência e se apegam às palavras de Simeão com uma fé firme e se maravilham com seu discurso. Assim também devemos ignorar nossos sentidos naturais ao contemplar as obras de Deus e nos apegar apenas às Suas Palavras. O fato de os pais de Jesus terem se maravilhado com as palavras de Simeão nos ensina que a Palavra de Deus nunca é pregada em vão. A Palavra de Deus sempre produz resultados, mesmo que apenas alguns poucos creiam nela. Sempre há quem a receba com alegria e admiração.

*Senhor, ajuda-me a ter fé
em Tua santa Palavra.*

Martinho Lutero

NÃO TOME O LUGAR DE DEUS

*Deixai-os crescer juntos
até à colheita...*
MATEUS 13:30

Não devemos nos maravilhar nem ficar apavorados se surgirem entre nós muitos falsos ensinos e falsas crenças. Satanás está constantemente entre os filhos de Deus. Essas palavras de Jesus nos ensinam como devemos nos comportar em relação aos hereges e falsos mestres. Não devemos erradicá-los nem os destruir, mas lidar com eles apenas com a Palavra de Deus; pois, neste assunto, aquele que erra hoje pode encontrar a verdade amanhã. Portanto, o Senhor diz que o trigo também será arrancado se eliminarmos o joio, o que é algo terrível aos olhos de Deus e nunca deve ser justificado. A partir disso, veja como temos sido furiosos e violentos por tanto tempo, pois desejávamos forçar as pessoas a crer; os turcos, com a espada; os hereges, com o fogo; os judeus, com a morte, e assim arrancávamos o joio com nosso próprio poder, como se fôssemos nós quem reinássemos sobre corações e espíritos, capazes de torná-los piedosos e justos, o que só a Palavra de Deus pode fazer. Por meio da morte, separamos as pessoas da Palavra e assim trazemos, com um só golpe, um duplo assassinato sobre nós, à medida que matamos o corpo neste mundo e a alma na eternidade, e ainda dizemos prestarmos um serviço a Deus com nossas obras e desejamos merecer algo especial no Céu. O que é isso senão arrancar o trigo e fingir que se exterminou o joio, como loucos?

*Senhor, que eu entenda que a Tua obra é realizada
pelo Teu Espírito, e não pela força.*

Martinho Lutero

O AMOR SINCERO

*Eu, porém, vos digo: amai os vossos inimigos e
orai pelos que vos perseguem...* MATEUS 5:44

Não é inconsistente com o caráter do amor ficar irado e repreender o próximo quando ele é pego em pecado; o amor deseja sua melhora. Os pais corrigem com a vara o filho desobediente e obstinado, mas não o expulsam e se tornam seus inimigos por causa da desobediência dele. Seu objetivo é apenas corrigir a criança. Assim, você pode censurar seu irmão quando ele pecar e manifestar seu descontentamento e indignação, para que ele caia em si e confesse seu erro, mas a obstinação dele não é motivo para você se tornar seu inimigo ou planejar-lhe o mal. Aquele que ama ficará sinceramente angustiado com a transgressão do próximo contra Deus e contra si mesmo, mas não ficará tomado de ódio e desejo de vingança. É verdade que, quando o fervor e a admoestação falham em efetuar qualquer correção, o cristão sincero de coração deve afastar-se de seu obstinado próximo e considerá-lo um não cristão, mas não deve se tornar inimigo de seu próximo nem lhe desejar o mal. A indignação e a censura motivadas pelo amor sincero são muito diferentes da ira, do ódio e da vingança daquele que não tem a Cristo, que busca apenas seus próprios interesses e não está disposto a tolerar qualquer oposição à sua vontade. O verdadeiro amor é levado à indignação quando o bem do próximo o exige. Embora não seja insensível ao mal e não o aprove, ainda é capaz de tolerar, perdoar e cobrir todos os erros contra si, e não deixa de empreender todos os meios que possam tornar seu próximo melhor. O amor sincero faz distinção entre o mal e a pessoa; é hostil com o primeiro, mas gentil com o segundo.

*Senhor, ensina-me a amar
verdadeiramente o meu próximo.*

Martinho Lutero

TODAS AS BÊNÇÃOS VÊM DE DEUS

*Louvai ao Senhor, porque
é bom e amável cantar louvores
ao nosso Deus...*
SALMO 147:1

Este é um salmo muito abençoado de ação de graças pelas várias misericórdias e dons inefáveis e infinitos de Deus. O salmista agradece por Deus ter misericórdia e livrar-nos de todas as aflições. Ele também louva a Deus por Sua bênção sobre toda a Terra, aos piedosos e aos ímpios, aos gratos e aos ingratos; pelo alimento necessário e alegria para o coração, como Paulo diz: "...enchendo o vosso coração de fartura e alegria."(ATOS 14:17). E, mais especialmente, o salmista agradece a Deus por renovar, reviver e confortar o coração dos piedosos quando estão angustiados e enfraquecidos pelo diabo e sendo queimados, por assim dizer, pelas mais terríveis tentações; agradece ainda por ajudá-los em todos os momentos de tentação, aflição e labor. Ele agradece a Deus por dar a chuva e as estações frutíferas, tanto para os maus quanto para os bons, e por conceder alimento ao homem e a todos os animais da terra, pois Ele não deixa nem mesmo os corvos passarem fome. Acima de tudo, o salmista dá graças a Deus, porque Ele ouve e atende os piedosos que o invocam, e isso especialmente em Jerusalém, o lugar do Seu Nome e da Sua Palavra. Pois Deus dá a Jerusalém, a Sua cidade, paz entre os homens e estabilidade.

*Eu rendo graças a Deus por todas as Suas
bênçãos e dádivas maravilhosas.*

Martinho Lutero

A AÇÃO DA FÉ E DO AMOR EM NÓS

O amor não pratica o mal contra o próximo; de sorte que o cumprimento da lei é o amor. ROMANOS 13:10

Devemos distinguir corretamente a fé e o amor. A fé lida com o coração, e o amor, com as obras. A fé remove nossos pecados, nos torna aceitáveis, nos justifica. Ao sermos aceitos e justificados pessoalmente, o amor nos é concedido pelo Espírito Santo e nos deleitamos em fazer o bem. É da natureza da Lei atacar nossa pessoa e exigir boas obras, e suas demandas não cessarão até que ela alcance seu propósito. Não podemos fazer boas obras sem o espírito de amor. A Lei nos faz conhecer nossas imperfeições e reconhecer a necessidade de nos tornarmos completamente diferentes, para que possamos satisfazê-la. A Lei não exige tanto do coração quanto das obras; na verdade, ela não exige nada dele. Ela apenas faz com que o indivíduo veja que deve se tornar uma pessoa totalmente diferente. Mas, quando chega a fé, é gerada uma natureza capaz de realizar as obras que a Lei exige. O amor e as obras não nos mudam nem nos justificam. Nosso amor e nossas obras são evidências de nossa justificação e de nossa transformação, visto que estes últimos são impossíveis de existir até que sejamos livres do pecado e justificados. Esta explicação é dada para percebermos a verdadeira natureza da Lei, da fé e do amor, atribuir a cada uma dessas coisas a sua própria missão e entendermos corretamente as declarações das Escrituras e as relações harmoniosas, a saber: que, embora a fé justifique, ela não cumpre a Lei, e que mesmo que o amor não justifique, ele cumpre a Lei.

*Quero ser revestido de fé
e amor a cada dia.*

Martinho Lutero

NÃO DESPREZE O MANDAMENTO DE DEUS

Escutai, povo meu, a minha lei; prestai ouvidos às palavras da minha boca. SALMO 78:1

O salmo 78 é um longo recital dos atos dos filhos de Israel, desde a saída do Egito até Davi. Ele é uma instrução gloriosa que nos ensina a crer e confiar em Deus, mostrando-nos como Deus sempre esteve "bem-presente" (SALMO 46:1) para aqueles que Nele creram. Por outro lado, mostra-nos quão segura e terrivelmente Deus sempre visitou aqueles que desprezaram Sua Palavra e se afastaram dele; pois, de acordo com as palavras do primeiro mandamento, Deus tem trabalhado desde o início não apenas em Seu próprio povo, mas também nos gentios e assim trabalhará até o fim, trazendo misericórdia aos que o amam e juízo aos que o desprezam. E embora o mundo despreze mais despreocupadamente do que todas as outras coisas os avisos e as promessas de Deus, Ele continua trabalhando, de acordo com as palavras de Seu primeiro mandamento, o qual ainda prevalece sobre todos os reinos da Terra prostrando reis, derrubando reinos, desarraigando famílias e apagando nomes de poderosos. Por outro lado, o mesmo mandamento continua preservando na Igreja do Senhor aqueles que o amam, levantando os que estão caídos, socorrendo os oprimidos, alimentando os pobres, cativos e exilados, libertando os presos, ressuscitando os mortos e trazendo a salvação. O mundo endurecido e incrédulo não acredita em Deus; no entanto, este primeiro mandamento prevalece, de acordo com a palavra que ele contém, cumprindo a vontade de Deus nas coisas privadas e nas coisas públicas, nesta era e em todas as eras vindouras.

Meu coração sempre estará apegado à Palavra de Deus.

Martinho Lutero

O QUE É O EVANGELHO

*Dispõe-te, resplandece, porque vem a tua luz,
e a glória do Senhor nasce sobre ti.*
ISAÍAS 60:1

Aprendemos com este versículo o que é o evangelho e qual é sua mensagem. Ele é a chegada da luz, o resplandecer da glória, da honra e da fama de Deus. Ele exalta apenas a obra de Deus — Sua bondade e graça para conosco. Ele ensina a necessidade de recebermos a obra de Deus em nós, Sua graça e bondade, se quisermos ter garantia da salvação. O evangelho produz em nós um duplo efeito. Primeiro, a rejeição da razão natural, nossa luz humana. Tivéssemos em nós mesmos luz em vez de trevas, não seria necessário que Deus enviasse a luz para nascer sobre nós. Este texto rechaça e condena severamente toda sabedoria natural, toda razão humana, pois são trevas absolutas. Portanto, devemos nos proteger contra todas as doutrinas humanas e os conceitos da razão porque são trevas, rejeitadas e condenadas por Deus; devemos despertar e nos dispor para contemplar esta luz, e seguirmos apenas ela. O evangelho derruba a glória e o orgulho que temos em nossas obras. É verdade que o homem pode ter sua própria natureza e sua justiça própria e daí conseguir honra, louvor e glória diante de seus semelhantes, como se ele não fosse pecador; mas, diante de Deus, todos somos pecadores, destituídos de glória de Deus e incapazes de nos vangloriarmos de possuir o Senhor e Suas bênçãos. O evangelho não nos autoriza a nos consolarmos em nada além de Deus.

*Devo ser incansável na busca pela luz
do evangelho em minha vida.*

Martinho Lutero

O SENHOR ESTÁ AO NOSSO LADO

O Senhor dos Exércitos está conosco;
o Deus de Jacó é o nosso refúgio.

SALMO 46:7

Este é um cântico de ação de graças que o povo de Israel entoou por causa das bênçãos e libertações milagrosas que eles receberam, pois Deus havia defendido poderosamente Jerusalém contra todos os reis adversários e contra todas as armadilhas e tentativas hostis das nações ao redor. Portanto, de acordo com as Escrituras, Davi chama todo o atual estado venturoso de seu reino de "o rio de Deus", cujas correntes nunca secam e que era apenas um ribeiro em comparação aos grandes rios e torrentes do mar que o cercavam (isto é, por aqueles imensos reinos das nações e reis gentios), os quais, embora fossem grandes, secariam e desapareceriam um dia, enquanto o rio de Deus permaneceria para sempre. Cantemos este salmo para o louvor de Seu nome, porque Deus está conosco e poderosa e milagrosamente preserva e defende Sua Igreja e Sua Palavra contra todos os espíritos obstinados, contra as portas do inferno, contra o ódio implacável do diabo, e contra todos os ataques do mundo, da carne e do pecado. Deus faz isso para que o nosso pequeno rio continue a ser uma fonte viva, enquanto tantas heresias, tantos tiranos e suas doutrinas, como fétidos esgotos e fossas, sejam esvaziados como cisternas rotas e desapareçam, perdidos para sempre.

Sempre confiarei no Senhor,
meu protetor e meu auxílio.

Martinho Lutero

O CASAMENTO AOS OLHOS DE DEUS

*Três dias depois, houve um casamento em
Caná da Galileia [...]. Jesus também
foi convidado, com os seus discípulos,
para o casamento.* JOÃO 2:1-2

É de fato uma grande honra à união matrimonial que o próprio Cristo participasse de seu casamento, junto com Sua mãe e Seus discípulos. Outra honra é prover bom vinho para um casamento humilde por meio de um grande milagre, tornando-se o principal copeiro da noiva. Com esse milagre, Cristo confirma o casamento como obra e instituição divinas. Não importa quão comum ou quão humilde possa parecer aos olhos dos homens, Deus reconhece, no casamento, Sua própria obra e Ele a ama. Por ter sido instituído por Deus e honrado pelo próprio Cristo, todos devem valorizar e estimar o matrimônio; nosso coração deve se alegrar por ser este o estado que Deus ama e alegremente suportar todos os fardos que ele traz, mesmo que sejam dez vezes mais pesados do que deveriam ser. O casamento é um estado que cultiva e exercita a fé em Deus e o amor ao próximo por meio de múltiplos cuidados, trabalhos, dissabores, dificuldades e todo tipo de adversidades que devem seguir aquilo que é palavra e obra de Deus. Cristo também mostra que não estava descontente com uma festa de casamento nem com as coisas que pertencem a um casamento, como adornos, alegria, comida e bebida, de acordo com o uso e costume de Sua terra natal. Deus não se preocupa com essas coisas externas, desde que sejam com moderação e se reinar a fé e o amor.

*Honremos o estado sagrado do matrimônio
como criação de Deus.*

Martinho Lutero

PERMANEÇA ÍNTEGRO DIANTE DE DEUS

Faze-me justiça, Senhor, pois tenho andado na minha integridade e confio no Senhor, sem vacilar. SALMO 26:1

Esta é uma oração a Deus e traz uma queixa contra os hipócritas que buscam ser justificados pelas obras da Lei, perseguem a verdadeira doutrina da fé e condenam seus defensores como hereges. Davi os chama de homens falsos, dissimuladores, hereges, malfeitores e ímpios. Porque, embora se vangloriem de grande santidade, seu coração está cheio de rancor e amargura contra Deus e de astúcia e iniquidade contra o próximo. Como Cristo disse a respeito dos fariseus quando os repreendeu: "Vós sois os que vos justificais a vós mesmos diante dos homens, mas Deus conhece o vosso coração…" (LUCAS 16:15). Isso porque eles adoram a Deus com os lábios, mas seu coração está longe dele; não o adoram em verdade; fazem tudo por interesse. Eles não servem a Deus, mas a Mamom e a seu próprio ventre, como disse Paulo aos filipenses. E este salmo diz sobre eles: "…cuja destra está cheia de subornos." (v.10). Portanto, não devemos ser indolentes na oração, para que Deus nos preserve em Sua verdadeira Igreja e não permita que sejamos misturados e levados com esse tipo de pessoa, para que não sejamos contados com os hipócritas, cujo fim — embora possam, por um tempo, sustentar certa aparência diante do mundo — será a destruição, cuja glória será transformada em confusão.

Que o Senhor me ajude a me manter íntegro e que meus lábios não falem engano.

Martinho Lutero

O PROPÓSITO DAS AFLIÇÕES

*...e sua mãe lhe disse: Filho,
por que fizeste assim conosco? Teu pai
e eu, aflitos, estamos à tua procura.*

LUCAS 2:48

Maria estava tão angustiada por causa de seu Filho que não poderia ter sofrido uma dor mais terrível, pois a maior tortura e sofrimento que alguém pode enfrentar é quando o coração é atacado e atormentado. Mas por que Deus permite que essas aflições venham sobre Seus amados? Primeiro, para protegê-los contra a presunção. Pessoas extraordinárias, que receberam graça e dons especiais de Deus, não podem se entregar à presunção de dependerem de si mesmas, pois, se fossem sempre fortes em espírito e experimentassem apenas alegria e prazer, poderiam finalmente cair no orgulho fatal do diabo, que leva a desprezar a Deus e confiar em si mesmo. Em segundo lugar, Deus permite que Seus santos sofram essas provações como um exemplo, para alertar os carnalmente seguros e confortar os tímidos e assustados. Os ímpios e impenitentes podem aprender com isso como corrigir seus caminhos, manter-se longe do pecado, pois podem ver que Deus lida até mesmo com Seus santos permitindo-lhes passar por angústias. Em terceiro lugar, Deus faz isso para ensinar Seus santos a se prepararem para encontrar a Cristo e permanecer nele. Maria e José procuraram o menino Jesus por três dias sem encontrá-lo nem em Jerusalém nem entre seus amigos e conhecidos, até que chegaram ao templo, onde Ele estava assentado entre os mestres e eles estudavam as Escrituras.

*Que as aflições cumpram seu propósito em
minha vida e eu permaneça em Cristo.*

Martinho Lutero

DEUS CUIDA DOS SEUS AMADOS

Ó homens, até quando tornareis a minha glória em vexame, e amareis a vaidade, e buscareis a mentira? SALMO 4:2

Os ímpios e hipócritas, por mais que falem de Deus com seus lábios, ainda assim abominam a Deus e Sua vontade. Como está escrito [sobre eles] no primeiro mandamento: "...visito a iniquidade [...] até a terceira e quarta geração daqueles que me odeiam." (ÊXODO 20:5 NAA); e ainda: "...o deus deles é o ventre..." (FILIPENSES 3:19). Essas pessoas desejam, em primeiro lugar e acima de todas as coisas, que tudo o que é deles (sua fortuna, suas propriedades, seus amigos) esteja seguro e confiam em suas riquezas e posses. Elas zombam da doutrina da fé, e se alguém pregasse a elas a paciência e a palavra da cruz, elas ririam e se gabariam de sua própria santidade e religião, desdenhando daqueles que verdadeiramente temem a Deus. Este salmo diz respeito ao primeiro mandamento e nos ensina a confiar em Deus, tanto na prosperidade quanto na adversidade, e a esperar pacientemente por Sua ajuda, invocando-o com fervor e constância. O tema do salmo 4 está na terceira e sétima petições da Oração do Pai Nosso, "faça-se a tua vontade" e "livra-nos do mal", e ainda na quarta petição, em que oramos "o pão nosso de cada dia dá-nos hoje", isto é, a paz e todas as coisas que são necessárias para a manutenção da vida, contra todos os males da pobreza, da fome e da necessidade. Em todas essas coisas, o diabo, de maneira especial, oprime a Igreja de Cristo neste mundo.

Confiarei na provisão do Senhor para a minha vida todos os dias.

Martinho Lutero

NÃO BUSQUE VANGLÓRIA NO MINISTÉRIO

*São ministros de Cristo? (Falo como fora de mim.)
Eu ainda mais: em trabalhos, muito mais;
muito mais em prisões; em açoites, sem medida;
em perigos de morte, muitas vezes.*

2 CORÍNTIOS 11:23

Paulo reconhece que teve que se tornar um tolo, algo que ele não desejava, em razão da necessidade que lhe foi imposta de elogiar a si mesmo. Os falsos apóstolos pregavam grandes e belos discursos às multidões em sua tentativa de se elevar acima de Paulo e de tornar ele e sua doutrina desprezíveis e insignificantes. Paulo não estava muito preocupado com o fato de ele ser pouco estimado e os falsos apóstolos muito honrados, mas não tolerava que o evangelho fosse prejudicado e que os convertidos de Corinto fossem seduzidos. Paulo usa a capa de tolo, para que aqueles tolos rudes pudessem ter um espelho para se contemplar. Ele dá um duro golpe nos falsos apóstolos quando mostra que eles ignoram os motivos pelos quais um verdadeiro cristão busca a glória. Ele lhes ensina que um cristão se gloria naquilo em que outros se envergonham, isto é, na cruz e em seus sofrimentos. O ponto principal da lição é que, para um pregador ou mestre, nenhum vício é mais prejudicial do que a vanglória. O ministério é dado para a glória de Deus e Sua promoção, e os ministros devem, para a glória de Deus, sofrer reprovação e vergonha. Para aquele que busca sua própria honra no ministério, é impossível permanecer no caminho certo e pregar o evangelho puro.

*O exercício do ministério deve ser para
a glória exclusivamente de Deus.*

Martinho Lutero

DEUS SEMPRE NOS PROTEGERÁ

*A tua justiça é como as montanhas de Deus;
os teus juízos, como um abismo profundo. Tu, Senhor,
preservas os homens e os animais.* SALMO 36:6

Este salmo contém um ensino muito necessário, pelo qual os hereges, falsos mestres e fanáticos podem ser manifestos. No final, o salmista implora a Deus, com fervor maravilhoso, para ser protegido contra os males que eles promovem. Depois de descrever esses personagens, ele conforta todos aqueles que temem a Deus dizendo que, embora Satanás ruja e se enfureça contra a Igreja, ainda assim, a Palavra do Senhor e o reino de Deus permanecerão inabaláveis contra toda a violência de Satanás e contra o poder de todos os reinos do mundo. "A tua justiça", diz Davi, "é como as montanhas de Deus; os teus juízos, como um abismo profundo", isto é, como as rochas e montanhas que Deus firmou, nenhum poder pode derrubar; e como as profundezas do mar são inesgotáveis, assim, ó Senhor, a Tua Palavra permanece firme e nenhum poder humano pode derrubar ou subverter a verdade. A despeito das portas do inferno e de todas as tentativas de homens e demônios contra a Tua Palavra e vontade, "em Ti está o manancial da vida" (v.9), isto é, em Tua casa, onde habitas pela Palavra em meio aos inimigos permanece aquela fonte e rio da vida; a Tua palavra, pela qual as consciências aflitas se levantarão e ressuscitarão.

*A Palavra de Deus sempre será
o meu escudo e fortaleza.*

Martinho Lutero

NÃO AMALDIÇOE SEUS INIMIGOS

Abençoai os que vos perseguem,
abençoai e não amaldiçoeis.
ROMANOS 12:14

O apóstolo nos lembra que devemos nos conduzir de maneira cristã em relação aos nossos perseguidores, que, em grande parte, são os culpados pelas angústias que vivemos. É importante dizer que não somos apenas aconselhados, mas ordenados a amar nossos inimigos, fazer-lhes o bem e falar bem deles, pois esse é o fruto do Espírito. "Abençoar" nossos perseguidores significa desejar apenas o bem para eles. É incoerente para um cristão amaldiçoar até mesmo seu pior inimigo, ou um malfeitor, pois ele é destinado a carregar o evangelho em seus lábios. A pomba não levou um ramo venenoso ou um ramo de cardo para Noé na arca, mas um ramo de oliveira. O evangelho é uma palavra graciosa, abençoada, alegre e curadora, que traz apenas bênção e graça para o mundo. A pessoa que amaldiçoa não tem lábios de um cristão. É necessário, no entanto, distinguir entre amaldiçoar e censurar ou reprovar. Repreender e censurar difere muito de praguejar e amaldiçoar. Amaldiçoar é invocar o mal, enquanto censurar carrega o pensamento de desagrado pelo mal feito e um esforço para removê-lo. De fato, amaldiçoar e censurar são opostos. O próprio Cristo censurou e reprovou. Ele chamou os judeus de raça de víboras, filhos do diabo, hipócritas, guias cegos, mentirosos etc. Ele não os amaldiçoou, pois não buscou perpetuar suas maldades; apenas as denunciou para que fossem removidas.

Que a minha boca profira somente
bênção e não maldição.

Martinho Lutero

NÃO SE EXALTE DIANTE DE DEUS

Assim, os últimos serão primeiros,
e os primeiros serão últimos...
MATEUS 20:16

As palavras "últimos" e "primeiros" devem ser entendidas por dois pontos de vista. Os primeiros diante dos homens são os últimos diante de Deus, e os últimos aos olhos dos homens são os primeiros aos olhos de Deus. Ou, os primeiros diante de Deus são os últimos diante dos homens, e aqueles a quem Deus considera os últimos são considerados os primeiros pelos homens. Este versículo não fala de primeiros e últimos em sentido literal, mas sobre aqueles que imaginam que são os primeiros ou os últimos aos olhos de Deus. Veja como Saul caiu! Como Deus permitiu que Davi caísse! Como Pedro teve que cair! Sem dúvida, todos eles caíram porque estavam seguros de si mesmos e sem temor, considerando-se os primeiros, por isso se tornaram os últimos. O ponto central desta passagem é que nenhum mortal é tão elevado nem jamais subirá tão alto a ponto de não precisar temer que venha a se tornar o menor entre todos. Por outro lado, nenhum mortal é tão pequeno que não possa esperar se tornar o maior, porque, diante de Deus, todo o mérito humano é abolido e apenas a bondade de Deus é louvada. Ao dizer que "os primeiros serão últimos", Jesus retira de você toda a sua presunção e o proíbe de se exaltar acima do mais baixo dos homens; e ao dizer que "os últimos serão primeiros", Ele o protege contra todas as dúvidas e o proíbe de se humilhar abaixo de qualquer santo.

Dependerei da graça de Jesus para que Ele não
me encontre como último entre todos.

Martinho Lutero

NÃO PERCA O PRÊMIO DA SUA VITÓRIA

*Não sabeis vós que os que correm no estádio,
todos, na verdade, correm, mas um só leva o prêmio?
Correi de tal maneira que o alcanceis.*

1 CORÍNTIOS 9:24

Nesta passagem, Paulo apresenta uma analogia envolvendo uma corrida, ou a busca por prêmio. Muitos correm sem obter o objeto de sua busca, mas nós não devemos correr em vão. Seguir a Cristo fielmente não significa simplesmente correr; temos de correr com algum objetivo. Acreditar que estamos correndo para Cristo não é suficiente; temos de tomar posse da vida eterna. "Aquele, porém, que perseverar até o fim, esse será salvo" (MATEUS 24:13). "Aquele, pois, que pensa estar em pé veja que não caia" (1 CORÍNTIOS 10:12). Perdemos nosso objetivo quando a Palavra de Deus é falsificada e criações da mente humana são pregadas como se fossem Palavra de Deus. Isto acontece quando não se tem o cuidado de manter a unidade do Espírito e quando cada um segue as suas próprias ideias porque prefere a sua própria presunção. Paulo chama o amor de unidade do Espírito e aconselha a mantê-la nos laços da paz. Aquele que, na carreira cristã, busca sua própria glória e benefício, que encontra na Palavra e no Espírito de Deus ocasião para seu próprio louvor e vantagem, não deve esperar a vitória. Tal pessoa está totalmente presa de pés e mãos. A Palavra e os caminhos de Deus são para ela apenas um pretexto, porque serve aos seus próprios interesses e busca sua própria glória. Corram, então, de forma que possam alcançar a vitória.

*Correrei minha carreira com fé e firmeza,
até alcançar a vida eterna.*

Martinho Lutero

CRISTO NUNCA NOS ABANDONARÁ

Então, eu disse: eis aqui estou, no rolo do livro está escrito a meu respeito; agrada-me fazer a tua vontade, ó Deus meu; dentro do meu coração, está a tua lei. SALMO 40:7-8

O salmo 40 é uma profecia e a voz do próprio Cristo, pois Ele diz que foi ouvido em meio aos Seus sofrimentos e agonia de morte. É também um belo exemplo e consolo para toda a Igreja, pois afirma que Deus nunca abandonará nenhum daqueles que nele creem quando eles clamarem. O grande profeta Davi, e outros como ele, publicaram salmos como este, a respeito das maiores e mais importantes questões do reino de Cristo, visto que a expectativa do Messias era um assunto muito importante para o povo de Deus e, portanto, Davi faz a pessoa do próprio Cristo falar a nós neste salmo. Cristo aqui diz claramente que Ele é o único que cumpre a Lei e faz a vontade de Deus. "No rolo do livro está escrito a meu respeito", diz Ele; quer dizer, "As promessas abençoadas de que a semente da mulher feriria a cabeça da serpente e de que, na semente de Abraão, todas as nações da Terra seriam abençoadas estavam relacionadas a mim". Assim, Ele rejeita e revoga toda a Lei, com todas as obras, sacrifícios e formas de adoração; porque, por meio dessas coisas, a vontade de Deus não é cumprida. Portanto, todas as nossas obras e sacrifícios são rejeitados. Cristo é o único que agrada a Deus e cumpre a Sua vontade.

A única forma de nos aproximarmos de Deus é pelo sacrifício de Cristo.

Martinho Lutero

A PALAVRA ETERNA DE DEUS

*No princípio, aquele que é a Palavra
já existia. A Palavra estava com Deus,
e a Palavra era Deus.* JOÃO 1:1 (NVT)

Para que esta verdade seja mais facilmente compreendida, devemos voltar às passagens do Antigo Testamento nas quais ela se baseia, a saber, o primeiro capítulo do Gênesis. "No princípio criou Deus os céus e a terra. [...] Disse Deus: Haja luz; e houve luz. [...] E disse Deus: haja um firmamento..." (GÊNESIS 1:1,3,6). A partir dessas palavras de Moisés, é claramente provado que Deus tem uma Palavra, que Ele falou, antes que qualquer coisa fosse criada; e esta Palavra não pode ser qualquer coisa criada, uma vez que tudo foi criado por meio desta expressão divina. A Palavra deve, portanto, ter precedido a luz, pois a luz veio pela Palavra; consequentemente, essa Palavra era também antes de todas as criaturas, que também surgiram pela Palavra, como escreve Moisés. Se a Palavra precedeu todas as criaturas e todas as criaturas passaram a existir pela Palavra e foram criadas por Ela, esta Palavra não foi feita ou criada. Quando todas as coisas vieram a existir, a Palavra já estava lá, e Ela não pode ser limitada ao tempo nem à criação; pelo contrário, o tempo e a criação são feitos e têm seu começo por intermédio dela. Tudo o que não é temporal é eterno; aquilo que não tem começo não pode pertencer ao tempo. Além de Deus e Suas criaturas não há nada. Portanto, a Palavra de Deus, que existia no princípio e por meio da qual todas as coisas foram feitas e faladas, é o Deus eterno, e não uma criatura.

*Eu louvo a Cristo, a Palavra
eterna de Deus.*

Martinho Lutero

O REINO ESPIRITUAL DE CRISTO

*Louvem-te os povos, ó Deus; louvem-te os
povos todos. A terra deu o seu fruto, e Deus,
o nosso Deus, nos abençoa. Abençoe-nos
Deus, e todos os confins da terra o temerão.*

SALMO 67:5-7

Esta é uma profecia a respeito do reino de Cristo como um reino espiritual, no qual a graça e a remissão dos pecados seriam proclamadas não apenas na Judeia, mas em todas as nações. "Louvem-te os povos, ó Deus; louvem-te os povos todos. Alegrem-se e exultem as gentes, pois julgas os povos com equidade e guias na terra as nações" (vv.3-4). Isto é, "Tu reinas pelo evangelho em todas as nações; Tu julgas a todos, isto é, todos os que pecam na hipocrisia de sua natureza, para que possam ser levados a dar graças a ti por Tua misericórdia e possam se alegrar e louvar as bênçãos do evangelho". Este sacrifício de louvor, esta oferta de gratidão, é a mais elevada adoração a Deus e é um sacrifício verdadeiramente aceitável para Ele, como temos continuamente dito, pois Davi não quer dizer, "as nações se tornarão prosélitas e serão circuncidadas, e afluirão a Jerusalém", mas, "as nações permanecerão incircuncisas e, no entanto, cantarão louvores a Deus e o louvarão e engrandecerão". Ou seja, o evangelho será pregado entre todas as nações e o reino de Cristo surgirá — o reino da graça e da misericórdia de Deus.

*Quero ser parte deste grandioso e maravilhoso
reino espiritual de Cristo.*

Martinho Lutero

A RECOMPENSA ETERNA DO CRISTÃO

Nós mesmos nos gloriamos de vós nas igrejas de Deus, à vista da vossa constância e fé, em todas as vossas perseguições e nas tribulações que suportais.

2 TESSALONICENSES 1:4

Uma das principais razões pelas quais Deus permite que os cristãos sofram neste mundo é para deixar clara a distinção entre a recompensa deles e a dos ímpios. Nos sofrimentos dos cristãos fiéis, e na maldade, tirania, ódio e perseguição dirigida pelos ímpios contra eles, temos a indicação de uma vida futura diferente desta e um julgamento final de Deus, no qual todos os homens, piedosos e maus, receberão sua recompensa eterna. Quando Paulo fala das tribulações e sofrimentos dos cristãos, ele quer dizer que essas aflições apontam para o justo julgamento de Deus e são um sinal de que eles pertencem ao reino de Deus pelo qual sofrem. A justiça divina não permitirá que o bem recaia sobre o ímpio e o mal sobre o justo, como ocorre agora. Por Deus ser um Juiz justo, as coisas serão diferentes: os piedosos receberão o bem eterno e os ímpios serão punidos para sempre. Se o julgamento de Deus não fosse justo, Ele não seria Deus. Essa é uma proposição impossível, uma vez que a justiça e a verdade de Deus são imutáveis. Ele deve necessariamente vir do Céu no devido tempo, quando tiver reunido os Seus, e vingá-los de seus inimigos, recompensá-los de acordo com seus méritos e dar-lhes descanso e paz eternos pelos sofrimentos que suportaram aqui. Necessariamente, então, Ele planejou um estado futuro diferente daquele que cristãos e não cristãos conhecem neste mundo.

Esperarei ansiosamente pelo dia em que serei recompensado pelo meu Senhor.

Martinho Lutero

AS MARAVILHAS AO POVO ESCOLHIDO DE DEUS

Mostra a sua palavra a Jacó, as suas leis e os seus preceitos, a Israel. Não fez assim a nenhuma outra nação; todas ignoram os seus preceitos. Aleluia! SALMO 147:19-20

O salmista louva a Deus pela saúde do corpo, pela boa educação dos filhos, pela ordem e prosperidade do lar; também pela proteção contra todos os inimigos externos, pela preservação dos limites de suas terras e pela paz e felicidade da nação. Por fim, ele bendiz a Deus pela riqueza e fertilidade da terra e pela abundância de seus frutos. O povo escolhido de Deus e os lugares eleitos de sua Sião têm o privilégio, acima das outras nações, de serem abençoados com a Palavra de Deus e por poderem adorá-lo. Portanto, neles estão reveladas as obras de Deus e Suas maravilhas, diferentemente de qualquer outro povo. Todas as criaturas de Deus e Suas maravilhosas bênçãos diárias, como a chuva, a neve, o orvalho, a geada etc., são mais claramente conhecidas onde estão Sua Palavra e a adoração ao Seu nome do que entre as nações idólatras, que não têm os profetas, nem o Espírito, nem a Palavra, nem veem as Suas obras, embora desfrutem diariamente de Sua criação e de todos os Seus dons e misericórdias celestiais. Em todos os abundantes dons e misericórdias divinas, eles se alimentam como animais irracionais, pois são ignorantes da Palavra e totalmente ignorantes a respeito de Deus.

Sempre me apegarei à Palavra de Deus,
pois ela me revela as Suas maravilhas.

Martinho Lutero

TENHA A PAZ QUE VEM DE DEUS

E a paz de Deus, que excede todo o entendimento, guardará o vosso coração e a vossa mente em Cristo Jesus.
FILIPENSES 4:7

A paz e contentamento que Deus produz em nosso coração é uma dádiva e se chama "paz de Deus", porque, tendo-a, estamos em paz com Ele, mesmo que estejamos descontentes com os homens. Ela está além do que a razão pode compreender. Aqueles que encontram a Sua paz em Deus regozijam-se nele e calmamente suportam a tribulação permanecendo firmes; eles esperam a força interior forjada pela fé. Não indagam se o mal durará muito ou pouco, mas deixam isso sob o governo de Deus. Eles não se mostram ansiosos para saber quando, onde ou por quem o fim do mal virá. Deus lhes concede graça e remove seus males, concedendo bênçãos além de suas expectativas. Esta é a paz da cruz, a paz de Deus, a paz de consciência, a paz cristã, que nos dá a calma eterna e nos torna satisfeitos com todos e não queremos perturbar ninguém. A razão não pode compreender como pode haver prazer nos sofrimentos e nas inquietações; ninguém pode compreendê-la até que a tenha experimentado. "Coração" e "mente" aqui não devem ser entendidos como vontade e entendimento; a referência é simplesmente a uma disposição para confiar e amar a Deus, uma disposição de coração e mente para servir plenamente a Deus e ao próximo. Este versículo nos ensina que Deus deve ser tudo para nós e a tratar todos da mesma forma; a nos comportarmos com os homens como Deus se comporta conosco, recebendo dele e dando a eles. Isso pode ser resumido nas palavras "fé" e "amor".

A paz de Deus deve ser buscada de todo coração e mente.

Martinho Lutero

UM ATO DA VONTADE HUMANA

*Rogo-vos, pois, irmãos, pelas misericórdias
de Deus, que apresenteis o vosso corpo
por sacrifício vivo, santo e agradável a Deus,
que é o vosso culto racional.*

ROMANOS 12:1

Paulo estava pregando para cristãos piedosos. Seu objetivo era assegurar a renúncia voluntária da natureza pecaminosa em cada um deles. Um pregador da graça convence e chama a atenção para a bondade e a misericórdia de Deus. Paulo usa as palavras "vivo", "santo" e "agradável" para ensinar que os sacrifícios do Antigo Testamento foram revogados. Naqueles sacrifícios, bois, ovelhas e cabras eram mortos, queimados e consumidos. Sua vida não era poupada. Já no sacrifício do Novo Testamento, embora a oferta morra, ela continua viva. É uma oferta maravilhosa. Nenhum dos sacrifícios do Antigo Testamento era "santo", exceto em um sentido externo e temporal, mas o sacrifício vivo é santo diante de Deus, designado para o serviço de Deus e para a Sua honra. Aqueles que oferecem este sacrifício vivo e santo estão felizes e seguros de que são aceitos por Deus. Esse nosso culto racional é corretamente chamado de culto espiritual do coração, realizado pela fé e pelo conhecimento de Deus. Paulo rejeita todo serviço não realizado com fé por ser totalmente irracional, mesmo que tenha aparência de vida espiritual e de grande santidade.

*Deus sempre receberá o culto vivo,
santo e agradável aos Seus olhos.*

Martinho Lutero

EXALTEMOS A CRISTO INCONDICIONALMENTE

Simeão os abençoou...
LUCAS 2:34

Esta bênção parece ser um assunto inútil e trivial, mas abençoar a Cristo e a Seus pais é um ato grande e excepcional porque a natureza de Cristo e a nossa são totalmente opostas. Cristo condena tudo o que o mundo aprova e nos convida a carregar a cruz, a sofrer o mal, a nos afastarmos dos prazeres do mundo, das posses e honras, e outras coisas totalmente tolas e pecaminosas, com as quais os homens se ocupam. Há, de fato, alguns que o louvam, mas, quando Ele quer ser Cristo para eles e exige que abandonem as suas obras pecaminosas e deixem-no habitar neles, os tais fogem e blasfemam. Há outros que acreditam que, se vissem o menino Cristo com Sua mãe diante de si, como ocorreu com Simeão, também o abençoariam com alegria; porém certamente teriam, em Sua infância, pobreza e aparência desprezível, uma pedra de tropeço. Se eles evitam a cruz e detestam sua aparência desprezível, certamente fariam a mesma coisa se o vissem com seus olhos. Mas Simeão pensava diferente. A aparência de Cristo não o fez tropeçar e, por isso, ele não abençoou apenas a Cristo, mas também a Seu pai e a Sua mãe. Assim, ao abençoar a criança, como pregador e amante da cruz e inimigo do mundo, Simeão deu um notável exemplo de exaltação e honra a Cristo, que foi desprezado, amaldiçoado e rejeitado em Seu tempo. Ele ainda hoje é tratado da mesma maneira quando Seus filhos, por Sua causa, suportam pobreza, desgraça, morte e ignomínia, mas ninguém os socorre, não os acolhe, nem os abençoa.

Honremos e exaltemos a Cristo, sem reservas,
sempre que Ele se manifestar a nós.

Martinho Lutero

RECONHEÇA OS SEUS PECADOS DIANTE DE DEUS

*...porque é mau o desígnio íntimo do
homem desde a sua mocidade...*
GÊNESIS 8:21

O homem sem o Espírito Santo e sem a graça nada pode fazer a não ser pecar e, assim, ele segue sua vida de pecado em pecado. E quando, além disso, ele não suporta a sã doutrina, rejeita a palavra da salvação e resiste ao Espírito Santo, torna-se inimigo de Deus e segue os maus desejos de seu coração. O homem sem o Espírito Santo está totalmente corrompido diante de Deus, embora possa estar adornado com virtudes naturais como moderação, liberalidade, amor ao país, aos pais e aos filhos, coragem e humanidade. A declaração do Salmo 14:2-3 é suficiente para provar este ponto, quando diz: "Do céu olha o SENHOR para os filhos dos homens, para ver se há quem entenda, se há quem busque a Deus. Todos se extraviaram e juntamente se corromperam; não há quem faça o bem, não há nem um sequer". Devemos, portanto, manter firme a doutrina que nos fala sobre o nosso pecado e condenação, pois este conhecimento é o primeiro passo para a salvação; devemos nos desesperar de nós mesmos e dar glória a Deus. Quando isso é escrito em nosso coração, o fundamento de nossa salvação é lançado, visto que temos o claro testemunho de que Deus não rejeita o pecador, isto é, aquele que reconhece seu pecado, tendo sede de justiça e da remissão de seus pecados por meio de Cristo.

Jamais devemos esconder de Deus o nosso pecado.

Martinho Lutero

3 DE JULHO

O AMOR AO PRÓXIMO

*Porque toda a lei se cumpre em um só preceito, a saber:
Amarás o teu próximo como a ti mesmo.*
GÁLATAS 5:14

Como o amor ao próximo pode ser o cumprimento da Lei quando somos obrigados a amar a Deus acima de tudo, inclusive do próximo? Cristo responde essa pergunta quando nos diz que o segundo mandamento é semelhante ao primeiro. Ele trata o amor a Deus e amor ao próximo como o mesmo amor. A razão para isso é, em primeiro lugar, que, como Deus não necessita das nossas obras, Ele nos ordena a fazer por nosso próximo o que faríamos para Ele. O objetivo de proclamar Sua honra e render-lhe louvor e gratidão é para que nosso próximo se converta e seja levado à comunhão com Deus. Esse serviço é chamado de amor a Deus e é realizado por amor a Ele, embora seja exercido apenas para o benefício de nosso próximo. A segunda razão pela qual Deus faz do amor ao próximo uma obrigação igual ao amor a Ele mesmo é que Deus tornou vã a sabedoria mundana, desejando ser amado em meio aos nossos sofrimentos e aflições. Todas as obras de amor, portanto, devem ser dirigidas aos miseráveis e necessitados, que são o nosso próximo. Nesses humildes, devemos encontrar e amar a Deus; neles, devemos servi-lo e honrá-lo, e somente assim podemos fazer tais coisas. O mandamento de amar a Deus está totalmente imerso no de amar o próximo. Cristo assumiu a forma de servo com o único propósito de reduzir e centrar no próximo o amor que a Ele dedicamos. No entanto, deixamos o Senhor permanecer neste mundo em Sua humilhação, enquanto olhamos boquiabertos para o Céu com a pretensão de amar e servir a Deus.

*Senhor, ajuda-me a amar o meu próximo
e a louvar o Teu santo nome.*

Martinho Lutero

SEJA RETO DIANTE DE DEUS

Finalmente, irmãos, pedimos e incentivamos em nome do Senhor Jesus que vivam para agradar a Deus, conforme lhes instruímos.
1 TESSALONICENSES 4:1 (NVT)

Este texto é uma séria admoestação que nos impõe um aperfeiçoamento constante nas doutrinas que recebemos. Cabe a todo mestre do evangelho dar esta exortação, e todo cristão deve obedecê-la voluntariamente. Aqueles que porventura não estiverem inclinados a obedecer devemos entregá-los a si mesmos. Paulo dá muito valor a esse dom de saber "viver para agradar a Deus". O problema conosco é que corremos o risco de nos tornarmos indolentes e negligentes, esquecidos e ingratos. Em contraste com os coríntios e os gálatas, a dedicação dos tessalonicenses em permanecerem retos na doutrina e verdadeiros no conhecimento da fé lhes deu muito crédito, embora parecessem ser deficientes em dois importantes aspectos da vida cristã: a castidade e a honestidade. A falta de castidade é um pecado contra si mesmo, que destrói os frutos da fé, e a desonestidade é um pecado contra o nosso próximo e é igualmente destrutiva para a fé e para a caridade. Embora esses pecados sejam menos perniciosos do que as ofensas graves de doutrina e fé, o Senhor certamente os condenará, caso não haja arrependimento e renúncia. Esses pecados não estão dentro dos limites da liberdade cristã, e Deus não trata o ofensor com indulgência. O reino de Cristo trata com piedade e tolerância aqueles que pecam por fraqueza, aceitam a repreensão e se arrependem imediatamente. Deus quer que percebamos nossos erros, nos esforcemos para consertar nossa vida e abundar cada vez mais em retidão.

Não darei lugar ao pecado
em minha natureza.

Martinho Lutero

SEJA SEMPRE UM PEREGRINO

*Pelo contrário, em tudo recomendando-nos
a nós mesmos como ministros de Deus:
[...] pobres, mas enriquecendo a muitos;
nada tendo, mas possuindo tudo.*
2 CORÍNTIOS 6:4,10

Deus não pergunta se você é pobre ou rico, pois todos devem ser espiritualmente pobres em seu coração diante dele, ou seja, não devem colocar sua confiança, conforto e segurança nas posses temporais, fazer de Mamom seu ídolo. Davi era um excelente rei e tinha de fato sua bolsa e seu baú cheios de dinheiro, seus celeiros repletos de grãos, o país cheio de todos os tipos de mercadorias e provisões; no entanto, junto com isso, ele tinha que ser espiritualmente pobre, como ele canta sobre si mesmo nos salmos: "Eu sou pobre e necessitado, porém o Senhor cuida de mim..." (SALMO 40:17). Observe, o rei que possuía tanta riqueza, senhor sobre a terra e o povo, não ousa chamar a si mesmo de outra coisa senão de pobre e necessitado, um peregrino, que não tem lugar onde possa ficar (SALMO 39:12). Isso fala sobre um coração que não se apega a propriedades e riquezas e que, mesmo tendo-as, ainda é como se não as tivesse, como Paulo afirma aos coríntios: "...pobres, mas enriquecendo a muitos". O significado de tudo o que foi dito é que cada um deve usar todos os bens temporais como um estrangeiro em um lugar estranho onde passa a noite e parte pela manhã. Você deve continuar sua jornada pensando em outro tesouro maior e melhor que é seu e durará para sempre.

*Que o meu coração não se fie
nas riquezas desse mundo.*

Martinho Lutero

DEUS SE REVELA A NÓS COM SIMPLICIDADE

...então, se arrependeu o Senhor de ter feito o homem na terra, e isso lhe pesou no coração. GÊNESIS 6:6

O significado dessas palavras não é que Deus não soubesse do pecado ou da natureza depravada do homem desde a eternidade; sim, Ele sabia, mas revelou-se com toda a intensidade ao coração de Seus profetas. Como esta passagem, há também outras semelhantes nas quais Deus é retratado como tendo olhos, ouvidos, boca, nariz, mãos e pés. Em tais passagens, a Bíblia fala de Deus da mesma maneira que de um homem. Deus se humilhou à baixeza do nosso entendimento e se revelou a nós com uma representação de simplicidade infantil, para que de alguma forma pudéssemos conhecê-lo. O Espírito Santo apareceu na forma de uma pomba, não por ser uma pomba, mas porque, nesta forma rudimentar, Ele desejava ser reconhecido, recebido e adorado, pois era realmente o Espírito Santo. Nós, que chegamos a um maior discernimento das Escrituras, também devemos nos apossar dessas representações, porque Deus as apresentou e se revelou por meio delas. Não podemos definir a natureza de Deus, mas podemos definir bem o que Ele não é: Ele não é voz, pomba, água, pão ou vinho. Ele se apresenta a nós e lida conosco por meio dessas formas visíveis para que não nos tornemos como esses sujeitos inquietos, que discutem sobre o Deus que não se pode entender em Sua majestade. Aqueles que permanecem nestas coisas agarrar-se-ão verdadeiramente a Ele, enquanto aqueles que seguem visões, revelações e iluminações ou serão esmagados por Sua majestade, ou permanecerão na mais densa ignorância acerca de Deus.

Tenhamos discernimento para perceber quando Deus se revela na simplicidade.

Martinho Lutero

O SENHOR PROTEGE OS PIEDOSOS

Os arrogantes não permanecerão à tua vista;
aborreces a todos os que praticam a iniquidade.
Tu destróis os que proferem mentira;
o Senhor abomina ao sanguinário e
ao fraudulento. SALMO 5:5-6

Este salmo é uma oração sincera contra o mal mais destrutivo que há nos falsos mestres da Igreja. Por todas as eras desde Caim, o primeiro homem nascido de mulher e o primeiro "homem de sangue", os falsos apóstolos e seus espíritos fanáticos ensinam seus próprios sonhos humanos e suas próprias tradições sobre a Palavra de Deus e lutam resolutamente por sua "santidade" ao estilo de Caim, com uma sede insaciável de beber o sangue de Abel, os verdadeiros santos. A estes, Cristo chamou de "raça de víboras" (MATEUS 12:34). Davi ora neste salmo contra a influência destrutiva desses homens, pedindo que Deus impeça os conselhos de tais hipócritas semelhantes a Caim e de todos os homens astutos e sedentos de sangue em meio a todo ódio amargo e furioso do mundo e do diabo. Ele clama contra a infinidade de crueldade de todos os seus adversários, rogando a Deus para que defenda, conforte, apoie e proteja os piedosos; para que Ele confunda a hipocrisia dos ímpios, para que a falsa adoração seja erradicada; para que a verdadeira Palavra e a verdadeira adoração a Deus se espalhem e floresçam e que a Igreja verdadeira seja glorificada diante da falsa, cuja pompa e exibição se manifestam no mundo.

O mal não triunfará contra os piedosos,
por isso, esperarei em Deus.

Martinho Lutero

O SENHOR ABENÇOA O JUSTO

Declara-os culpados, ó Deus; caiam por seus próprios planos. Rejeita-os por causa de suas muitas transgressões, pois se rebelaram contra ti.
[...] Pois tu, Senhor, abençoas o justo e, como escudo, o cercas da tua benevolência.

SALMO 5:10,12

Este salmo confronta a blasfêmia dos homens contra Deus e sua crueldade para com o próximo e os expõe abertamente como hipócritas, em cuja doutrina e obras não há nada além de manchas, nada além de dúvida, inquietação e um matadouro de consciências. Esses homens suprimem a verdadeira Palavra, a doutrina da fé e a verdadeira adoração a Deus (ou seja, a adoração exigida no primeiro mandamento), e não há fim para a ira deles contra os que temem a Deus. Eles causam devastações horríveis na Igreja e a carregam com uma infinidade de ferimentos. No último versículo, Davi acrescenta uma promessa gloriosa: que, embora aqueles que realmente temem a Deus sejam cruelmente tratados por esses hipócritas, ainda assim haverá um dia em que os piedosos finalmente se regozijarão por suas orações terem sido ouvidas e verão o julgamento de Deus cair abertamente sobre os hipócritas e fanáticos, e a verdadeira Igreja será defendida e preservada neste mundo.

Esforcemo-nos para fugir da hipocrisia
e sermos contados entre os justos.

Martinho Lutero

CRISTO MORREU POR NÓS

…muito mais o sangue de Cristo, que, pelo Espírito eterno, a si mesmo se ofereceu sem mácula a Deus, purificará a nossa consciência de obras mortas, para servirmos ao Deus vivo!

HEBREUS 9:14

Cristo não sacrificou cabras, nem bezerros, pássaros, pão, sangue ou carne, como fizeram Arão e seus descendentes. Ele ofereceu Seu próprio corpo e sangue, e a forma do sacrifício foi espiritual, pois foi oferecido por meio do Espírito Santo. Embora o corpo e o sangue de Cristo fossem visíveis como qualquer outro objeto material, o fato de que Ele os ofereceu como sacrifício não era aparente. Cristo se ofereceu de coração diante de Deus, e o Seu sacrifício espiritual não foi percebido por nenhum mortal. Portanto, Sua carne e sangue tornaram-se um sacrifício espiritual. Cristo foi pendurado em uma cruz, não oferecido em um templo. A cruz é um altar, em sentido espiritual. O madeiro era de fato visível, mas ninguém o conhecia como o altar de Cristo. Sua oração e Seu sangue derramado eram espirituais, pois tudo era feito por meio de Seu Espírito. O fruto e a bênção de Seu ofício e de Seu sacrifício, que são o perdão dos pecados e nossa justificação, são igualmente espirituais. Com o sacerdócio de Cristo, há verdadeira remissão espiritual e santificação. O sangue de Cristo obteve para nós o perdão eternamente aceitável ao Pai. Deus perdoa os nossos pecados em virtude desse sangue e enquanto sua intercessão graciosa em nosso favor continuar, o que será para sempre.

Eu recebo a remissão dos meus pecados pelo sacrifício que Cristo ofereceu na cruz.

Martinho Lutero

COMO EXPERIMENTAR A VONTADE DE DEUS

*E não vos conformeis com este século, mas
transformai-vos pela renovação da vossa mente,
para que experimenteis qual seja a boa,
agradável e perfeita vontade de Deus.*
ROMANOS 12:2

A vontade de Deus é sempre boa e perfeita, sempre graciosa; mas nem sempre é assim considerada pelos homens. Na verdade, a razão humana a imagina como má, hostil e abominável, porque o que a razão considera mais elevado, melhor e mais sagrado a vontade de Deus considera como nada, como digno de morte. Portanto, a experiência cristã deve vir em socorro da razão humana. Ela deve sentir e provar, deve testar e verificar se a razão humana é motivada por uma vontade sincera e graciosa. Aquele que assim persevera e aprende a se conhecer será aperfeiçoado e considerará a vontade de Deus tão graciosa e agradável que não a trocará nem por todas as riquezas deste mundo. Essa pessoa descobrirá que a aceitação da vontade de Deus lhe proporciona mais felicidade, mesmo na pobreza e adversidade, do que aquele que vive em meio às honras e prazeres. Por fim, essa pessoa alcançará um grau de perfeição em que será capaz de desejar, com Paulo, partir deste mundo, para que o pecado não viva mais nela e para que a vontade de Deus seja perfeita em sua vida. Todavia, Paulo não considera o cristão absolutamente livre do pecado. Onde a transformação e a renovação são necessárias, algo da velha e pecaminosa natureza está presente, embora isso não seja imputado aos cristãos porque eles se esforçam diariamente para efetuar transformação e renovação.

*Quero ser renovado e experimentar
a vontade de Deus todos os dias.*

Martinho Lutero

O PODER DA COMUNHÃO COM CRISTO

Por isso, aquele que comer o pão ou beber o cálice do Senhor, indignamente, será réu do corpo e do sangue do Senhor.
1 CORÍNTIOS 11:27

Quando recebemos a Ceia do Senhor, devemos dar atenção ao amor e, dessa forma, assegurar-nos de que a recebemos com proveito e, ao mesmo tempo, dar testemunho aos outros. Por conseguinte, devemos passar das nossas devoções e pensamentos para a nossa conduta em relação ao nosso próximo e nos examinarmos neste espelho com toda a seriedade. A ceia deve agir sobre nós para nos transformar em pessoas diferentes, pois a Palavra e a obra de Deus devem nos libertar do pecado, da morte e do diabo e de todo tipo de medo, além de nos tornar servos até do menor entre os homens, e isso sem a menor reclamação de nossa parte, temendo apenas que, depois de receber tanto, não consigamos colocá-lo em prática de modo algum. Quando a Ceia do Senhor não produz esse resultado, há razão para temermos. No entanto, mesmo que o resultado não seja grande, não devemos rejeitar aqueles que são imperfeitos e fracos, apenas os indolentes e insolentes, que imaginam que já fizeram o suficiente quando participaram dela. É preciso que ocorra uma mudança evidente em você, para que você possa perceber, por meio da Ceia, que Deus está com você, e a sua fé se torne forte e segura. Se você se sente mais alegre e corajoso, não é por sua própria força, pois, no passado, você não o conseguia.

Quero ser fortalecido em amor ao participar da Ceia do Senhor.

Martinho Lutero

O MARAVILHOSO PERDÃO DE CRISTO

...vai ter com os meus irmãos e dize-lhes: Subo para meu Pai e vosso Pai, para meu Deus e vosso Deus.

JOÃO 20:17

Os apóstolos estavam escondidos atrás de portas trancadas, com a consciência perturbada, desencorajados e acuados, como ovelhas que não têm pastor. Pedro havia negado seu Senhor e todos os outros haviam fugido. Foi, de fato, uma queda tão profunda e terrível que eles imaginavam que nunca seriam perdoados por negar o Filho de Deus e abandonar tão vergonhosamente seu querido Senhor e fiel Salvador. Como poderia entrar em seu coração que Cristo enviaria uma saudação tão afetuosa para eles e não apenas perdoaria tudo, mas também os chamaria de irmãos? Considere o que essas palavras contêm e oferecem. "Vá, minha irmã, e diga aos discípulos que me negaram e abandonaram que eles são meus irmãos." Isso não nos coloca com Cristo na posse e herança completa do Céu e de tudo o que Cristo possui? Ricos e abençoados, de fato, devem ser os irmãos e irmãs que podem se orgulhar deste Irmão, que não está pendurado na cruz nem jazendo na sepultura sob o poder da morte, mas no poderoso Senhor, que venceu o pecado, a morte, o inferno e o diabo.

Tomo posse do perdão que Cristo me concedeu na cruz.

Martinho Lutero

TENHA ESPERANÇA NO REINO ETERNO DE CRISTO

Na tua força, Senhor, o rei se alegra! E como exulta com a tua salvação! [...] Pois o supres das bênçãos de bondade; pões-lhe na cabeça uma coroa de ouro puro. SALMO 21:1,3

Esta é uma profecia a respeito do reino eterno de Cristo. Ele anuncia gloriosamente que este Rei e Seu povo se regozijarão em Seu reino e que a glória dele será grande. Mas você deve entender que tudo isso será, não segundo o mundo ou segundo a carne, mas em Deus, pois Cristo entrou em Sua glória pela carne e pela cruz. Este salmo anuncia também que este reino, isto é, a Igreja de Cristo, embora afligido pelo mundo, será enriquecido com bênçãos espirituais e glorificado; também nos diz que a palavra da graça, da remissão dos pecados, ou seja, este bom e precioso evangelho, será difundida entre todas as nações e que os piedosos se regozijarão e exultarão nesse Reino com plena alegria perfeita. Nenhuma criatura poderá destruir ou impedir a vinda desse Reino. Por outro lado, Davi mostra que os que se opuseram a esse conselho de Deus e ao Seu reino devem ser destruídos pelo terrível julgamento de Deus: "Se contra ti intentarem o mal [...] lhes farás voltar as costas" (vv.11,12); isto é, Tu os afligirás com pesadas calamidades; Tu os reduzirás a uma escravidão miserável, para que sejam oprimidos sob jugo estrangeiro, e assim sofrerão o castigo devido pelos seus pecados. Este salmo faz referência ao primeiro mandamento do Decálogo e à segunda petição da Oração do Pai Nosso, pois prediz um povo que não estaria sob a lei de Moisés, mas viveria em um reino de alegria e ação de graças, e fala de uma nova maneira de adoração.

Eu me alegro no Senhor pela vinda de Seu reino inabalável e glorioso.

Martinho Lutero

O CORAÇÃO DO VERDADEIRO DISCÍPULO

E, começando por Moisés, discorrendo por todos os Profetas, expunha-lhes o que a seu respeito constava em todas as Escrituras. LUCAS 24:27

Lucas afirma que o coração daqueles homens ardia enquanto Jesus lhes expunha as Escrituras e diz que Cristo abriu suas mentes para entendê-las. Este é o ponto: Moisés certamente escreve sobre Cristo, porém é necessário não apenas ler, mas também entender o que é dito sobre Ele. Portanto, a Bíblia é um livro que não só deve ser lido e pregado, mas requer a revelação do Espírito Santo. Essa revelação necessita de alunos que estejam dispostos a serem instruídos, como os discípulos piedosos e simples, não de mentes sábias e arrogantes de pessoas que a si mesmas se fizeram mestres e acreditam alcançar o Céu através do seu conhecimento. Somente aqueles que dizem: "Deus disse isso, portanto eu creio" podem compreender isso. O próprio Cristo agradece ao Pai com um coração alegre por esconder tais coisas dos sábios e entendidos e revelá-las aos pequeninos. Assim, mulheres pobres e ignorantes chegaram ao sepulcro sem considerar que o túmulo estava coberto por uma pedra pesada; elas foram as primeiras a quem Cristo se revelou após Sua ressurreição e chamou para serem pregadoras e testemunhas. Ele deu àqueles discípulos de Emaús um conhecimento das Escrituras que os escribas não possuíam, de modo que agora eles podiam ver Moisés de forma diferente e foram levados a confessar: "Eu li e ouvi sobre isso antes, mas nunca havia entendido".

Senhor, dá-me entendimento do alto
para compreender Tua Palavra.

Martinho Lutero

TENHA UM CORAÇÃO MISERICORDIOSO

Revesti-vos, pois, como eleitos de Deus, santos e amados, de ternos afetos de misericórdia, de bondade, de humildade, de mansidão, de longanimidade.
COLOSSENSES 3:12

Observe a forma terna e sagrada da admoestação do apóstolo. Ele não se dirige a nós com a Lei, mas procura nos convencer lembrando-nos da inefável graça de Deus. Ele nos chama de "eleitos de Deus" e de "santos e amados", procurando despertar em nós os frutos da fé e um espírito disposto, alegre e feliz. Quem realmente acredita ser amado, santo e eleito diante de Deus, considerará como se comportar de forma digna de tal honra e de tais títulos. Ele amará a Deus com um fervor que o capacitará a fazer ou sofrer todas as coisas, sempre pensando que não está fazendo o suficiente. Paulo se refere àquela misericórdia sincera que é característica de um pai ou mãe que testemunha a angústia de seu filho pela qual eles se sentem impelidos a prontamente expor sua vida ou ceder todas as suas posses. O coração e a mente do cristão estão constantemente dedicados a atos misericordiosos com um ardor tão intenso que ele não tem consciência de que está praticando atos bons e compassivos.

Que o Espírito Santo me conduza a ser misericordioso e amoroso.

Martinho Lutero

NÃO DESANIME NO DIA
DA ANGÚSTIA

Não me deixas pregar os olhos;
tão perturbado estou, que nem posso falar.
SALMO 77:4

Neste salmo, o autor descreve a indizível angústia e tristeza de um coração alarmado com a ira de Deus e com o pecado; ele diz estar tão sobrecarregado com esses terrores e tristezas que não consegue dormir nem falar. E, nos versículos 7 a 10, ele, por assim dizer, repete todos esses sentimentos de tristeza e pavor dizendo: "Cessou perpetuamente a sua graça? Caducou a sua promessa para todas as gerações?" (v.8). Mas, como diz o salmo, a maior e melhor consolação é esta: você encontrará, ao mesmo tempo, conforto e libertação ao expulsar de sua mente todas essas apreensões de males e tristezas, pelos quais de fato você se angustia em vão, e se voltará para a Palavra e as obras de Deus, que Ele tem feito desde a fundação do mundo; pois você descobrirá que as obras e ações de Deus desde o princípio têm sido estas: ser misericordioso, salvar e ajudar os aflitos, os oprimidos, os destituídos e os angustiados. É por isso que Davi diz: "Pelo mar foi o teu caminho; as tuas veredas, pelas grandes águas..." (v.19), tendo em vista que Deus salva no meio da morte e da destruição, quando o desespero está por todos os lados. Aprenda isso, meu irmão em Cristo! Este salmo nos apresenta Deus e os Seus caminhos, isto é, como Ele trabalha e o que Ele faz em Sua igreja e em Seus santos. E tudo isso está escrito para que não nos desesperemos diante dos perigos e aflições, quando estamos além do alcance de toda ajuda humana. Nesta hora, devemos rejeitar todas as nossas próprias apreensões e pensamentos angustiantes e confiar em Deus cada vez mais, esperando por Sua ajuda.

Minha confiança se fortalecerá em Deus.

Martinho Lutero

UMA MASSA NOVA E SEM FERMENTO

Lançai fora o velho fermento, para que sejais nova massa, como sois, de fato, sem fermento. Pois também Cristo, nosso Cordeiro pascal, foi imolado. 1 CORÍNTIOS 5:7

Se quisermos ser uma massa nova e boa, devemos eliminar o fermento velho. Uma natureza renovada pela fé e pela Palavra de Deus não permitirá que vivamos sob a influência de uma má consciência, sem fé e em pecado. Observe as palavras peculiares do apóstolo. Ele ordena que lancemos fora o velho fermento, por sermos uma massa nova, na qual não há fermento. Por uma "nova massa [...] sem fermento", ele quer dizer aquela fé que se apega a Cristo e crê no perdão dos pecados por meio dele; mas como podemos explicar o fato de que ele os ordena a eliminar o fermento velho, quando ao mesmo tempo ele diz que somos uma massa nova e sem fermento? Como o cristão pode ser "sem fermento", quando deve lançar fora o velho fermento? Este é um exemplo da maneira apostólica de Paulo falar sobre os cristãos e sobre o reino de Cristo. É uma disciplina em que uma nova vida cristã é iniciada pela fé em Cristo, que é a verdadeira Páscoa; por isso, a Páscoa é celebrada com pão sem fermento. Apesar disso, algo da velha vida permanece e deve ser lançado fora. No entanto, este "velho fermento" não é imputado, porque a fé em Cristo está trabalhando constantemente para eliminar qualquer impureza que restar. Pela fé, Cristo e Sua pureza são perfeitamente conferidos a nós e, portanto, somos considerados puros; ainda assim, em nossa natureza, não somos imediata e totalmente puros, sem pecado e sem debilidades. Muito do velho fermento ainda permanece, mas será perdoado, se apenas continuarmos na fé e estivermos ocupados em eliminar a impureza que ainda resta.

Quero ser renovado pela fé em Cristo a cada dia, abandonando qualquer impureza.

Martinho Lutero

O SENHOR É O RETO JUIZ

Pois ele, quando ultrajado, não revidava com ultraje; quando maltratado, não fazia ameaças, mas entregava-se àquele que julga retamente.

1 PEDRO 2:23

Se sofro inocentemente e sou tratado injustamente, não devo aceitar os maus-tratos recebidos e concordar com aquele que me maltrata em seus pecados. O que devemos fazer? Quem deve julgar e decidir minha causa? Pedro declara que Cristo confiou as injustiças que sofreu Àquele que julga retamente. Como Ele poderia fazer o contrário? Não havia para o Cristo juiz algum deste mundo. Ele foi compelido a entregar o assunto Àquele justo Juiz, Seu Pai celestial. Ele bem sabia que tais pecados e blasfêmias não poderiam ficar impunes. A sentença já fora proferida, a espada estava afiada, e os anjos haviam recebido ordens para derrubar Jerusalém. Antes de Seus sofrimentos, a caminho de Jerusalém, ao contemplar a cidade, Jesus anunciou sua destruição iminente e chorou por ela. Como Cristo fez, devemos nos comportar em nossos sofrimentos, ou seja, não aprovando ou concordando com o que quer que seja feito contra nós, mas também não buscando nos vingar. Devemos entregar o assunto a Deus, pois Ele julgará retamente. Não temos como defender nossos direitos perante o mundo; portanto, devemos entregar nossa causa a Deus, que julga com justiça e não permitirá que a calúnia à Sua Palavra e a perseguição aos crentes fiquem impunes. Por que, então, ficaria eu impaciente ou buscaria a vingança?

Senhor, ajuda-me a entregar minhas causas a ti, o reto Juiz.

Martinho Lutero

SÓ JESUS PODE NOS SALVAR

*Ora, ninguém subiu ao céu, senão aquele
que de lá desceu, a saber, o Filho do Homem
[que está no céu].* JOÃO 3:13

É assim que Cristo retrata Sua própria pessoa. Ele é o Salvador prometido vindo do Céu. Ele se despojou da forma de Deus e passou a viver na forma de servo, suportando o sofrimento e a morte, até o momento em que foi liberto desse estado e exaltado novamente, sentando-se à direita de Deus, tendo sido feito Senhor sobre a morte e sobre o inferno. Os fariseus ignoravam completamente essas coisas. De forma alguma eles podiam conceber que seu Messias tivesse que ser enviado do Céu para que pudesse redimir e reconciliar todo o mundo, e particularmente seu próprio povo. Muito menos eles entenderam que Ele deveria morrer na cruz, que deveria ser crucificado e se tornar um sacrifício pelos pecados deles e do mundo. Eles ignoravam todas estas coisas porque falharam em reconhecer que a natureza humana merecia apenas condenação e perdição aos olhos de Deus e foram tão ousados que imaginaram que poderiam expiar seus próprios pecados por suas boas obras e, consequentemente, não precisariam de um Messias. Ninguém pode entrar no Céu por ser nascido de Adão. Nunca houve um santo que, por mérito próprio, pudesse ir para o Céu, seja Adão, Noé, Abraão, Moisés, Elias, João ou qualquer outro homem. Antes que o homem possa entrar no reino dos Céus e receber a vida eterna, deve primeiro vir Aquele que tem justiça e vida eternas, que aplaca a ira de Deus e abole o pecado e a morte.

*Eu entrego a minha vida a Jesus,
pois só Ele pode me salvar.*

Martinho Lutero

CONFIE EM CRISTO E RECEBA PERDÃO

Eles, porém, nada compreenderam acerca destas coisas;
e o sentido destas palavras era-lhes encoberto...
LUCAS 18:34

Os discípulos "nada compreenderam acerca destas coisas", o que é o mesmo que dizer: "A razão, a carne e o sangue não podem entender nem discernir que as Escrituras dizem que o Filho do Homem deve ser crucificado". Deus deve revelar essa verdade em nosso coração por Seu Espírito, e isso é mais do que palavras em nossos ouvidos. É algo grande e maravilhoso que o Filho do Homem tenha morrido na cruz voluntária e alegremente para cumprir as Escrituras para o nosso bem. Isso é um mistério e permanecerá sendo um mistério. Como são tolos aqueles que ensinam que as pessoas devem suportar pacientemente seus sofrimentos e morte para expiar seus pecados e obter graça. Essas pessoas apenas enganam o povo, pois os mantêm distantes de Cristo e de Sua morte, onde está o nosso conforto. Esta é a pior de todas as coisas que um homem pode experimentar no fim de sua vida, e por isso será levado à perdição. Mas aprenda a dizer: "O sofrimento de Cristo é o meu consolo; nele confio para o perdão dos meus pecados". Como Cristo se ofereceu por nós, também devemos seguir Seu exemplo do amor e nos oferecer pelo bem-estar de nosso próximo com tudo o que temos. Já falamos suficientemente em outras ocasiões que Cristo deve ser pregado dessas duas maneiras; mas é conversa que ninguém deseja entender, pois o homem natural não compreende as coisas do Espírito.

Eu confio em Cristo para
o perdão dos meus pecados.

Martinho Lutero

21 DE JULHO

O JEJUM QUE DEUS RECEBE

*...foi Jesus levado pelo Espírito ao deserto,
para ser tentado pelo diabo.*
MATEUS 4:1

Jesus foi conduzido pelo Espírito Santo ao deserto para que ali jejuasse e fosse tentado, mas ninguém deve imitar o exemplo de Cristo por conta própria e fazer um jejum egoísta e arbitrário. Em vez disso, espere pelo Espírito, que lhe enviará jejuns e tentações suficientes; pois, se alguém se presta a passar fome ou a qualquer outra tentação sem ser guiado pelo Espírito, tenta a Deus. Não devemos buscar desejos e tentações, pois eles certamente virão por si mesmos; devemos agir honestamente e sempre fazer o nosso melhor. O texto diz que Jesus foi levado pelo Espírito ao deserto, e não que Ele mesmo escolheu ir ao deserto. "Pois todos os que são guiados pelo Espírito de Deus são filhos de Deus." (ROMANOS 8:14). Deus dá Suas bênçãos para que possamos usá-las com ação de graças, pois Ele deseja que jejuemos guiados pelo Espírito ou por uma necessidade que não podemos evitar. Esta narrativa foi escrita para nossa instrução e advertência. Todo aquele que crê em Cristo nunca passará necessidade, e a tentação nunca o prejudicará, pois teremos o suficiente em meio à necessidade e estaremos seguros em meio à tentação. O Senhor e Cabeça triunfou sobre tudo isso em Seu nome e afirmou: "...tende bom ânimo, eu venci o mundo." (JOÃO 16:33). Isso foi escrito para nossa admoestação, para que, à luz de Seu exemplo, possamos alegremente suportar necessidades e tentações para o serviço de Deus e o bem de nosso próximo.

*Que meus jejuns sejam sempre dirigidos
pelo Espírito Santo de Deus.*

Martinho Lutero

O VERDADEIRO ALIMENTO ESPIRITUAL

Então, o tentador, aproximando-se, lhe disse: Se és Filho de Deus, manda que estas pedras se transformem em pães. Jesus, porém, respondeu: Está escrito: Não só de pão viverá o homem, mas de toda palavra que procede da boca de Deus. MATEUS 4:3-4

O tentador atacou a Cristo usando a preocupação com a comida e com a dúvida sobre a bondade de Deus, como se dissesse: "Confia em Deus e espera pacientemente até que uma ave assada caia na Tua frente! Tu dizes que tens um Deus cuidadoso, mas onde está o Teu Pai celestial? Se Ele cuida mesmo de ti, come e bebe da Tua fé, e vejamos se saciarás a Tua fome quando tiveres apenas uma pedra em Tua mão. Que paternal Ele é ao não te enviar uma fatia de pão sequer e permitir que sejas tão pobre e necessitado! Continuarás acreditando que és Filho dele e que Ele é mesmo Teu Pai?". O tentador também ataca os filhos de Deus com palavras como essas. Mas a resposta de Cristo foi: "Não só de pão viverá o homem", como se dissesse: "Você quer que eu pense apenas no pão e me trata como se eu não pensasse em nada além do sustento do corpo". Essa tentação é muito comum também entre as pessoas piedosas, especialmente quando têm filhos e uma família e não têm nada para comer. Veja como Cristo resistiu a essa tentação. Ele não via nada além de pedras, mas se apegou à Palavra de Deus, foi fortalecido por ela e venceu o diabo. Mesmo que o mundo estivesse cheio de pão, mais do que isso é necessário para a vida: precisamos da Palavra de Deus.

Meu coração estará sempre na santa
Palavra de Deus, que é o meu alimento.

Martinho Lutero

VOCÊ É UM SERVO DE CRISTO?

*...ninguém pode dizer: Senhor Jesus!,
senão pelo Espírito Santo.*
1 CORÍNTIOS 12:3

Chamar Jesus de "Senhor" é confessar-se Seu servo e buscar somente a Sua honra; é agir como Seu mensageiro ou portador de Sua Palavra e direção. Paulo refere-se aqui principalmente ao ofício daquele que representa Cristo e carrega a Sua Palavra. Hipocrisia e invenção não têm lugar aqui. Somente a inspiração do Espírito Santo pode dar essa certeza. Mas todos os cristãos também podem chamar Cristo de "Senhor". Ao pregar um sermão ou ouvi-lo, ao conduzir alguém ao batismo, ao realizar seus deveres diários, pergunte-se se esses atos são acompanhados por tal fé que você pode, sem desconfiança nem hipocrisia, nem mecanicamente, vangloriar-se de que você serve e agrada a Cristo no que faz. Isso é chamar Cristo de "Senhor". Inquestionavelmente, muitas vezes você sentirá seu coração duvidando e tremendo sobre esse assunto. A carne e o sangue são fracos demais para obter essa confiança gloriosa; o Espírito Santo é essencial para isso. Muitas vezes, eu me maravilhava por Ambrósio de Mediolano ter tamanha ousadia e chamar a si mesmo de servo de Jesus Cristo. Eu entendia que todos deveríamos ficar apavorados com pensamentos desse tipo e que ninguém, exceto os apóstolos, podiam se gabar de tal honra. Mas o fato é que todos devemos dizer a Cristo: "Tu és meu Senhor e eu sou Teu servo; porque creio em ti e desejo estar contigo e com todos os fiéis, possuindo Tua Palavra e participando da Tua mesa". Caso contrário, Cristo não nos reconhecerá.

*Senhor, ajuda-me a servir-te
com sinceridade e fé.*

Martinho Lutero

O QUE FAZER QUANDO DEUS SE CALA

E eis que uma mulher cananeia, que viera daquelas regiões, clamava: Senhor, Filho de Davi, tem compaixão de mim! Minha filha está horrivelmente endemoninhada. Ele, porém, não lhe respondeu palavra. MATEUS 15:22-23

Cristo exercita e testa a fé em Seus seguidores para que ela se torne forte e firme. Quando aquela mulher o segue por causa de Sua fama e crê, com firme confiança, que Ele, conforme Sua reputação, lidaria misericordiosamente com ela, Cristo age certamente como se quisesse deixar que a sua fé e boa confiança fossem em vão e transformar a Sua boa reputação numa mentira, para que ela pensasse: "Este é o homem gracioso e amigável de que eu ouvi falar? São estas as boas obras que me disseram que Ele faria? Não pode ser verdade. Ele poderia pelo menos dar-me uma palavra e dizer que não quer nada comigo". Sentimo-nos rejeitados quando Deus parece afastar completamente Sua graça de nós, como sabem bem aqueles que já experimentaram isso. Mas o que aquela pobre mulher fez? Ela afastou seus olhos de todo esse tratamento duro de Cristo e continuou se apegando com mais confiança às boas-novas que ouviu e acolheu a respeito dele e não desistiu. Nós devemos fazer o mesmo e nos apegar firmemente à Palavra de Deus, mesmo que pareça que Deus está agindo de forma diferente do que Sua Palavra ensina. Que Deus nos ajude na hora da necessidade e da morte a ter a mesma coragem e fé daquela mulher!

Esperarei sempre em Deus, mesmo que pareça que Ele não está ouvindo o meu clamor.

Martinho Lutero

NÃO SEJA VENCIDO PELO DIABO

Quando o espírito imundo sai do homem, anda por lugares áridos, procurando repouso; e, não o achando, diz: Voltarei para minha casa, donde saí.

LUCAS 11:24

Isso é o mesmo que dizer: "O diabo nunca tira férias", ou "O diabo nunca dorme", pois ele está sempre buscando uma maneira de devorar o homem. Lugares áridos não são os corações dos ímpios, pois neles o diabo descansa e habita como um poderoso tirano; mas há lugares secos e desertos aqui e ali onde ninguém vive, para onde ele foge com ira cruel quando é expulso. Você deve se lembrar de que o diabo encontrou Cristo no deserto. Voltar e encontrar a casa varrida e ornamentada (v.25) significa que o homem está santificado e adornado com os ricos dons espirituais, e o espírito maligno vê que não pode fazer nada ali com suas artimanhas, pois são muito conhecidas. Então, ele vai e leva consigo sete espíritos piores do que ele, enganando-o com novo estratagema; entra com eles e habita ali, e o último estado daquele homem é pior do que o primeiro. Quando Cristo se tornou conhecido no mundo e o velho reino do diabo com sua adoração a ídolos foi destruído, ele adotou outro plano e passou a nos atacar com heresias, pelas quais Cristo foi totalmente esquecido e os homens se tornaram piores do que antes de o nome de Cristo ser pregado. Esse também é o destino de todos os que primeiro ouvem a Palavra de Deus e depois sentem-se seguros e a desprezam. Portanto, é necessário vigiar, conforme admoesta o apóstolo: "Sede sóbrios e vigilantes. O diabo, vosso adversário, anda em derredor, como leão que ruge procurando alguém para devorar" (1 PEDRO 5:8).

Senhor, guarda-me de me afastar de Tua santa Palavra e perder a minha fé.

Martinho Lutero

AFASTE-SE DE TODA IMUNDÍCIE DA CARNE

Que a imoralidade sexual e toda impureza ou avareza não sejam nem sequer mencionadas entre vocês, como convém a santos.
EFÉSIOS 5:3 (NAA)

Ao citar a impureza em paralelo à imoralidade sexual, Paulo faz referência a todas as afeições sensuais fora do amor conjugal. Elas são muito desagradáveis para Paulo mencionar, embora, no primeiro capítulo de Romanos, ele ache conveniente falar delas sem reservas. Paulo declara que esse pecado nem deveria ser mencionado entre os efésios. Inquestionavelmente entre os cristãos sempre haverá alguém enfermo em seu pecado, mas devemos trabalhar diligentemente e não permitir que a ofensa passe sem contestação e sem ser remediada. Uma queda ocasional entre os cristãos deve ser tolerada enquanto tais coisas não forem toleradas nem ensinadas, mas reprovadas e corrigidas. Paulo aconselha aos gálatas que restaurem os caídos com espírito de mansidão e acusa os coríntios de não reprovarem aqueles que pecam. Chamo atenção para este ponto por causa daqueles que, ao verem que os cristãos não são perfeitamente santos, imaginam que não existe cristão verdadeiro e pensam que o evangelho é fraco e infrutífero. Paulo chama os cristãos de "santos", apesar de nesta vida eles estarem sob uma carne pecaminosa. Sem dúvida, esse termo não é aplicado a eles em consequência de suas boas obras, mas por causa do santo sangue de Cristo. E, sendo santos, devemos manifestar nossa santidade por meio de nossas ações. Embora ainda sejamos fracos, devemos nos esforçar devidamente para nos tornarmos castos e livres da cobiça, para a glória e honra de Deus e edificação dos incrédulos.

Que eu seja santo e casto em toda forma de viver, para a glória de Deus.

Martinho Lutero

27 DE JULHO

A IGREJA VENCERÁ

*Pois, ao retrocederem os meus inimigos,
tropeçam e somem-se da tua presença; porque
sustentas o meu direito e a minha causa;
no trono te assentas e julgas retamente.*

SALMO 9:3-4

Os verdadeiros filhos de Deus são afligidos de várias maneiras no mundo, e o sangue dos inocentes é derramado diariamente pela fúria e crueldade de Satanás contra a Palavra e contra as obras de Deus. Estes são os filhos de Deus de quem o título deste salmo fala, irrepreensíveis e inculpáveis, como criancinhas no meio de lobos. Este salmo tem suas impressionantes descrições de pessoas e pode ser contado entre os salmos de consolação, pois o profeta aqui fala de sua própria pessoa, mas também de todos os santos que são afligidos por causa da Palavra de Deus. Eles dão graças com maravilhosos sentimentos em seu coração, pois Deus não abandona os Seus. Ele preserva e salva Sua Igreja, tornando-a invencível contra todo o poder dos inimigos deste mundo ou espirituais. Ele a levanta, por assim dizer, e a faz florescer novamente e aumentar ainda mais, de uma maneira maravilhosa, por todo o mundo, para que muitos, até mesmo dos inimigos mais ferrenhos, sejam convertidos à fé (pois até um Saulo se tornou um Paulo); e às vezes também os juízos de Deus caíram sobre os ímpios e eles pereceram diante dos olhos dos piedosos. Este salmo faz referência ao primeiro mandamento do Decálogo e à segunda petição do Pai Nosso, "venha o teu reino" (MATEUS 6:10).

*Deus sempre trará o consolo e não abandonará
Seus filhos em meio às tribulações.*

Martinho Lutero

VIVA AQUILO QUE VOCÊ ENSINA

Quem dentre vós me convence de pecado?
Se vos digo a verdade, por que razão
não me credes? JOÃO 8:46

Este versículo ensina como as pessoas se tornam mais endurecidas e furiosas à medida que alguém as ensina e exorta amorosamente. Cristo pergunta de uma maneira muito amorosa por qual razão eles ainda não creem, uma vez que não podiam encontrar falhas em Sua vida e em Seu ensino. Cristo viveu aquilo que ensinou. Quem prega deve provar que tem uma vida irrepreensível, para que ninguém possa ter ocasião de difamar seu ensino; em segundo lugar, deve ter a doutrina pura, para não enganar aqueles que o seguem. Assim estará certo e firme em ambos os lados: com sua boa conduta para aqueles que olham muito mais para sua vida do que para sua doutrina e desprezariam a doutrina por causa da vida; com sua doutrina para aqueles que têm muito mais respeito por sua doutrina do que pelo tipo de vida que ele leva e suportariam sua vida por causa de seu ensino. É verdade que ninguém vive uma vida tão perfeita a ponto de não ter nenhum pecado diante de Deus. Portanto, basta que sejamos irrepreensíveis aos olhos do povo. Mas a doutrina deve ser tão boa e pura que permaneça, não apenas diante dos homens, mas também diante de Deus. Cristo diz sobre Sua doutrina: "Se eu vos digo a verdade..."; pois é preciso ter certeza de que Sua doutrina é correta diante de Deus e que é a verdade para não ter que se importar com o julgamento do povo.

É preciso viver aquilo que se prega aos outros.

Martinho Lutero

TENHA ESPERANÇA NA RESSURREIÇÃO

Disse o Senhor a Caim:
Onde está Abel, teu irmão?
GÊNESIS 4:9

Aqui nos é claramente apontada a verdade sobre a ressurreição dos mortos. Esse elemento de doutrina e de esperança é encontrado no fato de que o Senhor pergunta sobre o falecido Abel. Deus se declara o Deus de Abel, embora este estivesse morto. Nesta passagem, podemos estabelecer o princípio incontestável de que, se não houvesse ninguém para cuidar de nós depois desta vida, Abel não teria sido lembrado depois de morto. Deus se lembra de Abel, portanto, Ele é o Deus daqueles que já morreram. O que quero dizer é que os mortos ainda vivem na memória de Deus, que cuida deles e os salva em outra vida. Isso faz desta passagem muito mais digna de nossa atenção. A morte de Abel foi realmente horrível; ele não sofreu a morte sem tormento nem sem muitas lágrimas. No entanto, foi uma morte abençoada, pois agora ele vive uma vida muito mais abençoada. Esta nossa vida corpórea é vivida em pecado e estamos sempre em perigo de morte, mas a outra vida é eterna e livre de provações e problemas, tanto do corpo quanto da alma. Deus não pergunta pelas ovelhas e bois que morreram, mas pelos homens. Portanto, temos a esperança de uma ressurreição. Esta é a glória da humanidade, obtida pela semente da mulher, que esmagou a cabeça da serpente. Pois Deus, em resposta à fé exercida por Abel na semente prometida, reivindicou o sangue daquele que morrera e provou ser seu Deus.

Esperarei em Cristo, que me salvou
da morte para a vida.

Martinho Lutero

PERDOE SEU SEMELHANTE

Suportai-vos uns aos outros, perdoai-vos mutuamente, caso alguém tenha motivo de queixa contra outrem. Assim como o Senhor vos perdoou, assim também perdoai vós; acima de tudo isto, porém, esteja o amor, que é o vínculo da perfeição.

COLOSSENSES 3:13-14

Paulo condena as obras e as regras arbitrárias dos cristãos hipócritas, cujo rigor não permite que se associem com os pecadores e que exerçam misericórdia. Eles estão sempre manifestando sua reprovação, censura, crítica, acusação e arrogância sobre os outros e são incapazes de suportar as imperfeições dos demais, embora também sejam pecadores e muitos estejam doentes. O cristão não rejeita ninguém e tolera a todos. Eles se mostram tão sinceramente interessados nos pecadores quanto em si mesmos. Oram por eles, ensinam, admoestam, persuadem, fazem tudo ao seu alcance para ajudá-los. As virtudes mencionadas nesta passagem nos tornam mais preciosos aos olhos de Deus do que pérolas, pedras preciosas, seda ou ouro são para os homens. Foi assim que Cristo lidou com a adúltera, levando-a ao arrependimento com palavras ternas e graciosas e permitindo que ela partisse. Foi assim que Deus, em Cristo, lidou conosco e sempre lidará.

Quero aprender a tratar o meu semelhante como Cristo faz comigo.

Martinho Lutero

CRISTO, NOSSO IRMÃO MAIS VELHO

Vós sois meus amigos,
se fazeis o que eu vos mando.
JOÃO 15:14

Quem é aquele que instituiu esta irmandade? O Filho unigênito de Deus e Senhor de todas as criaturas, de modo que, por si mesmo, não precisava suportar o sofrimento e a morte. "Eu fiz tudo isso por vós", Ele nos diz, "como vosso querido irmão, que não poderia suportar ver-vos eternamente separados de Deus pelo diabo, pelo pecado e pela morte e perecerdes miseravelmente; por isso assumi o vosso lugar e tomei sobre mim a vossa miséria, dei o Meu corpo e a Minha vida por vós para que pudésseis ser libertados. Agora, ressuscitei para proclamar e transmitir a vós esta vitória e libertação e para receber-vos em minha irmandade, a fim de que possuam e desfrutem comigo de tudo o que tenho e sustento". Assim, como podemos ver, não é suficiente para Cristo que o fato histórico tenha ocorrido e que, de Sua parte, Ele tenha consumado todas as coisas. Ele cria uma irmandade a partir do que Ele fez e nos inclui nela, para que ela se torne propriedade comum de todos nós. Cristo fez tudo isso não para si mesmo e para Seu próprio bem, mas como nosso irmão e apenas para o nosso bem.

Sou parte da família de Cristo,
meu Irmão mais velho!

Martinho Lutero

PERMANEÇA FIRME EM DEUS

...assim também andemos nós em novidade de vida.
ROMANOS 6:4

Muitas pessoas não entendem corretamente o batismo e pensam que o pecado não está mais presente nelas após se batizarem. Por isso, elas se tornam preguiçosas e negligentes em matar sua natureza pecaminosa. Por esta razão, precisamos entender corretamente que nossa carne, enquanto vivemos neste mundo, é, por natureza, perversa e pecaminosa. E, para corrigir essa maldade, Deus concebeu o plano de torná-la totalmente nova, como entendemos a partir da profecia do Oleiro e do vaso de barro em Jeremias 18. No primeiro nascimento, fomos desfigurados pelo pecado; por isso, Deus nos amassa novamente pela morte e nos transforma no último dia, para que possamos ser perfeitos e sem pecado. Esse processo começa no batismo, que significa a morte e a ressurreição no último dia. Porém, a obra do batismo ainda não está totalmente realizada, ou seja, a morte e a ressurreição no último dia ainda estão diante de nós. Por intermédio do batismo, Deus se une a você e se torna um com você por meio de uma graciosa aliança de amor. Você se entrega ao batismo e ao que ele significa porque deseja morrer, juntamente com seus pecados, e ser renovado no último dia. A partir desse momento, Deus começa a fazer de você um novo homem, derramando a Sua graça e o Espírito Santo e começa a mortificar sua natureza carnal e o pecado, preparando-o para a morte e a ressurreição no último dia. Enquanto você estiver firme com Deus, Ele, por sua vez, lhe dará Sua graça e não imputará os pecados que permanecem em sua natureza após o batismo.

Que a realidade espiritual iniciada no batismo
se aperfeiçoe a cada dia na minha vida.

Martinho Lutero

NÃO TEMA A MORTE

Porque, se vivemos, para o Senhor vivemos;
se morremos, para o Senhor morremos. Quer, pois,
vivamos ou morramos, somos do Senhor.

ROMANOS 14:8

O cristão pode muito bem louvar e agradecer a Deus por todas as coisas, sabendo que ele não tem mais necessidade, nem pode ganhar nada melhor do que a remissão dos pecados, o dom do Espírito Santo e a realização da sua vocação; no entanto, ele deve perseverar e crescer diariamente na fé e na oração. Todavia, não podemos esperar alcançar outra e melhor doutrina, fé, Espírito, oração, sacramento e recompensa do que João Batista, Pedro, Paulo, ou do que qualquer outro cristão. Portanto, não preciso perder tempo tentando preparar as pessoas para a morte e inspirá-las com coragem por meio de banalidades como relembrar e relatar os inúmeros acidentes diários, doenças e perigos desta vida, pois isso de nada adianta. A morte não será afugentada, nem o medo da morte será removido. O ensinamento do evangelho é: Creia em Cristo, ore e viva de acordo com a Palavra de Deus, e então, quando a morte o alcançar ou atacar, você saberá que pertence a Cristo, o Senhor. Nós, cristãos, vivemos neste mundo até que Ele nos chame, e em Jesus temos conforto, salvação e vitória assegurados sobre a morte e sobre o inferno.

Minha vida pertence ao Senhor
e nele confiarei todos os dias.

Martinho Lutero

CRISTO É O NOSSO LIBERTADOR

Disse o Senhor ao meu senhor:
Assenta-te à minha direita, até que eu ponha os teus
inimigos debaixo dos teus pés. SALMO 110:1

Esta é uma profecia peculiar e gloriosa sobre o reinado de Cristo. Em Mateus 22, Cristo cita este mesmo salmo e o relaciona ao Seu próprio reino e sacerdócio. Ele usa este salmo (que, como eu disse, é particularmente maravilhoso) para deixar perplexos os fariseus. O salmo 110 é extremamente importante para a Igreja, pois Cristo é revelado nele como Rei e Sacerdote, assentado ao lado direito do Pai, não apenas como homem, mas também como Deus, sendo Ele o propiciador e mediador entre Deus e a humanidade; o Onipotente e Eterno! Este maravilhoso e santo salmo tem um autor abençoado, Davi, e um intérprete glorioso, Cristo. E todos os apóstolos, todas as consciências piedosas e todos os que não estão completamente familiarizados com as tentações do pecado e de Satanás percebem que grande e forte consolação há em ver Cristo como nosso Sumo Sacerdote contra todos os terríveis ataques do diabo. É, portanto, de benefício infinito para a Igreja de Cristo que as palavras gloriosas do salmo 110 sobre a remissão dos nossos pecados e reconciliação com Deus, que nos são trazidas pelo sacerdócio de Cristo e são infinitas e eternas, sejam-nos explicadas de maneira mais cuidadosa e completa na epístola aos hebreus; e que tais doutrinas gloriosas da verdade a respeito do sacerdócio de Cristo estão sempre presentes e ao nosso alcance.

Em Cristo, eu sou livre de todo pecado
e condenação, por isso eu o louvo.

Martinho Lutero

SÓ CRISTO TEM PODER PARA PERDOAR PECADOS

Eis o Cordeiro de Deus, que tira o pecado do mundo!
JOÃO 1:29

Você não pode se despir de seus pecados e se tornar piedoso por meio de suas obras; é necessário que outro faça isso por você: Jesus Cristo, o Cordeiro de Deus. Ninguém mais, no Céu ou na Terra, pode levar sobre si os nossos pecados. Apenas Jesus deve levar sobre si não apenas o seu pecado, mas os pecados do mundo; não apenas alguns pecados, mas todos os pecados do mundo, sejam eles grandes ou pequenos, muitos ou poucos. Então, se você consegue crer que João fala a verdade e é capaz de seguir a direção que ele apontou e reconhecer o Cordeiro de Deus carregando os seus pecados, então pode receber a vitória sobre o pecado, sobre a morte, sobre o inferno e sobre todas as coisas e ser um verdadeiro cristão. Sua consciência se regozijará e ficará profundamente afeiçoada a esse gentil Cordeiro de Deus. Você o amará, louvará e dará graças ao nosso Pai celestial por Sua infinita riqueza de misericórdia pregada por João e concedida em Cristo. Por fim, você ficará alegre e disposto a fazer a vontade de Deus da melhor maneira possível, com todas as suas forças. Rendido a Ele, o pecado será vencido e reduzido a nada, e, da mesma forma, a morte e o inferno, sendo a recompensa do pecado, também serão vencidos. Cuidado com a presunção de que você pode se livrar do menor de seus pecados por seu próprio mérito e para não roubar o crédito de Cristo, o Cordeiro de Deus. Arrependa-se e cresça — não em si mesmo, mas em Jesus Cristo.

Eu coloco toda a minha confiança nos méritos
de Cristo para perdão dos meus pecados.

Martinho Lutero

SEJA UM MENSAGEIRO DE CRISTO

*Eis aí eu envio diante da tua face
o meu mensageiro, o qual preparará o teu
caminho diante de ti.* MATEUS 11:10

Nas Escrituras, *anjo* significa mensageiro; não um portador de mensagens ou aquele que entrega cartas, mas aquele que é enviado para entregar oralmente uma mensagem. Esse nome é comum a todos os mensageiros de Deus do Céu e na Terra, sejam eles os seres angelicais ou os profetas e apóstolos. Portanto, aqueles que proclamam a Palavra de Deus são chamados de anjos ou mensageiros. Assim, João Batista também é um anjo ou arauto, mas não apenas isso: ele é alguém que também prepara o caminho diante do Mestre, de tal maneira que o próprio Cristo vem imediatamente depois dele (MATEUS 3:11), o que nenhum profeta jamais fizera. Por esta razão, João é "mais que profeta" (MATEUS 11:9), ou seja, é um anjo ou mensageiro e um precursor, para que, no dia do Senhor, o próprio Senhor de todos os profetas venha com o Seu mensageiro. A preparação aqui significa tirar do caminho tudo o que interfere no curso do Senhor, assim como o servo abre o caminho adiante de seu mestre removendo madeira, pedras, pessoas e tudo o que pudesse estar no caminho. Mas o que bloqueava o caminho de Cristo que João deveria remover? Sem dúvida, o pecado. Isto é, ele deveria tornar conhecido que as obras e ações de todos os homens são pecado e iniquidade e que todos precisam da graça de Cristo. Aquele que conhece e reconhece isso completamente é humilde e preparou bem o caminho para Cristo.

Senhor, faz-me um dos Teus mensageiros.

Martinho Lutero

REVISTA-SE DAS ARMAS DA LUZ

...Deixemos, pois, as obras das trevas e revistamo-nos das armas da luz. ROMANOS 13:12

Não somos beneficiados pelo brilho do sol ou pelo dia que ele produz se nossos olhos não podem perceber a luz. Da mesma forma, embora o evangelho seja revelado e Cristo seja proclamado ao mundo, só recebem Sua luz aqueles que o acolhem, que ressuscitaram do sono espiritual por meio da luz da fé. Aqueles que dormem não são afetados pelo Sol nem pelo dia. Paulo se refere ao nosso tempo quando diz: "...já é hora de vos despertardes do sono" (ROMANOS 13:11). Iluminados pelo nosso conhecimento espiritual, devemos nos levantar do sono e deixar de lado as obras das trevas. Paulo não está se dirigindo aos incrédulos; ele diz aos romanos que eles sabem que a hora está próxima, que, "Vai alta a noite, e vem chegando o dia" (v.12). Essa passagem é para os crentes, porque ninguém pode chegar a um grau de conhecimento em que não seja necessário admoestá-lo e estimulá-lo a novas reflexões sobre o que já sabe; pois existe o perigo de que o diabo, o mundo e a carne o tornem negligente e, finalmente, embalem-no até que durma. Por esse motivo, deve haver uma exortação contínua à vigilância e dedicação, e é por isso que o Espírito Santo é chamado de Consolador ou Ajudador, ou seja, aquele que estimula e impulsiona o homem a fazer o bem. A palavra "luz" aqui carrega o sentido de fé. As "armas da luz" são simplesmente as obras da fé. "Trevas" se refere à incredulidade, e ela reina na ausência do evangelho e de Cristo e por meio das doutrinas de homens, instigadas pelo demônio.

Não me darei por satisfeito, mas buscarei,
a cada dia, o conhecimento de Deus.

Martinho Lutero

NOSSA SUA CONFIANÇA EM DEUS

Pois eu conheço as minhas transgressões, e o meu pecado está sempre diante de mim. SALMO 51:3

Todo cristão que deseja confessar seus pecados deve colocar sua confiança, sem hesitação, nas misericordiosas promessas e convites de Deus, crendo firmemente que o Todo-poderoso perdoará graciosamente seus pecados. Que ele os confesse com a devida diligência ao próprio Senhor Deus; que cite à divina Majestade todos os seus pecados e mazelas, sua conduta, seus atos e modo de vida, sem atenuar ou esconder nada, como se você estivesse falando com um amigo muito próximo. Seus pensamentos pecaminosos e perversos também devem ser confessados, tantos quanto puder lembrar. Todo cristão que confessa seus pecados deve possuir uma intenção honesta e determinação de corrigir seus caminhos e abandonar todo tipo de pecado. Uma confissão sem esse propósito seria um empreendimento perigoso e pouco promissor. Os pecados a serem confessados, portanto, são os manifestamente mortais e os que pesam sobre a consciência no momento da confissão. O resumo da questão é que as pessoas salvas são as que colocam sua confiança somente em Deus, não em suas próprias obras nem em qualquer criatura. Consequentemente, o homem deve aprender a ter mais confiança na misericórdia de Deus do que no zelo com que se confessa. Portanto, devemos acostumar nossa consciência a confiar em Deus e fazer isso com o entendimento de que crer e confiar em Deus é agradável a Ele, e a confiança sem reservas em Deus é Sua maior glória.

Confessarei minhas transgressões ao Senhor todos os dias e confiarei em Sua graça.

Martinho Lutero

NÃO CARREGUE O FARDO DA ANSIEDADE

*Não andeis ansiosos de coisa alguma;
em tudo, porém, sejam conhecidas, diante de Deus,
as vossas petições, pela oração e pela súplica,
com ações de graças.* FILIPENSES 4:6

Paulo nos ensina a lançar a nossa ansiedade sobre Deus. Se alguma coisa acontecer para lhe causar preocupação ou ansiedade, volte-se para Deus em oração e súplica, pedindo-lhe que realize tudo o que você tentaria fazer com seu próprio esforço ansioso. Você tem um Deus zeloso, a quem pode levar todas as suas preocupações. Quem não o faz quando o infortúnio o atinge, mas se esforça para o mensurar com a razão e dominá-lo com seu próprio juízo, cai em ansiedade e mergulha em profunda miséria, perde sua alegria e sua paz em Deus, e por fim, não chega a lugar algum. Disso temos testemunho diário em nossa experiência e na de outras pessoas. Mas que ninguém conclua a partir do que foi dito que poderá ser totalmente descuidado e descansar em Deus sem fazer nenhum esforço, inclusive sem recorrer à oração. Quem adota este rumo falhará e rapidamente cairá em ansiedade. Devemos sempre nos esforçar. Muitas coisas geradoras de preocupação nos alcançam com o propósito de nos levar à oração. São muitas as situações que tendem a gerar ansiedade em nós, mas não devemos permitir que elas nos tornem excessivamente ansiosos. Devemos nos comprometer com Deus e clamar por Sua ajuda para as nossas necessidades.

*Colocarei minhas necessidades diante
do Senhor todos os dias.*

Martinho Lutero

TENHA FÉ EM CRISTO E PRATIQUE BOAS OBRAS

*Assim, também a fé, se não
tiver obras, por si só está morta.*

TIAGO 2:17

A fé acolhe as boas obras de Cristo; o amor concede boas obras ao próximo. Se você crer e possuir verdadeiramente a Cristo, deve rejeitar todas as obras que pretende colocar diante de Deus, pois elas são pedras de tropeço que o levam para longe de Cristo. Diante de Deus, nenhuma obra é aceitável, exceto as de Cristo. Deixe-as suplicar por você diante de Deus e não apresente outra obra diante dele a não ser sua fé no que as obras de Cristo estão fazendo por você. Deus não exige de nós nenhuma outra obra a não ser esta: que exerçamos fé em Cristo. Ele fica satisfeito com isso e assim o honramos como aquele que é misericordioso, longânimo, sábio, bondoso e verdadeiro. Depois disso, não pense em nada além de que todas as suas obras e toda a sua vida sejam aplicadas ao próximo. Procure os pobres, enfermos e todos os necessitados, ajude-os e deixe que a energia de sua vida transpareça nisso, para que eles desfrutem de sua bondade, ajudando onde a sua ajuda for necessária, tanto quanto você puder com sua vida, propriedades e honra. Saiba que servir a Deus nada mais é do que servir ao próximo com amor, seja ele inimigo ou amigo, quer você possa ajudar em assuntos materiais ou espirituais. Isso é servir a Deus e fazer boas obras.

Minha fé está no sacrifício que Cristo fez por mim.

Martinho Lutero

EVITE OS FALSOS ENSINOS SOBRE CRISTO

Felizes são aqueles que não se sentem ofendidos por minha causa. MATEUS 11:6 NVT

Existem dois tipos de ofensas: da doutrina e da vida. A ofensa da doutrina ocorre quando alguém acredita, ensina ou pensa em Cristo de maneira diferente do que deveria, como faziam os judeus ao ensinarem que Cristo era diferente do que realmente era, esperando que Ele fosse um rei temporal. A ofensa da vida é quando alguém vive e ensina uma obra abertamente perversa. É impossível evitar essa ofensa, visto que devemos viver entre os ímpios, mas ela não é tão perigosa, pois todos sabem que tal ofensa é pecaminosa e ninguém é facilmente enganado por ela. Não há disfarce nem engano. Mas, na ofensa da doutrina, pode haver as mais belas cerimônias religiosas, as obras mais nobres, a vida mais honrosa, de modo que é impossível para a razão comum reprová-la ou discerni-la. Somente a fé por meio do Espírito Santo pode reconhecer o que é errado. Cristo nos adverte contra essa ofensa dizendo: "...se alguém fizer cair em pecado um destes pequeninos que em mim confiam, teria sido melhor ter amarrado uma grande pedra de moinho ao pescoço e se afogado nas profundezas do mar" (MATEUS 18:6 NVT). Aqueles que não pregam Cristo, ou o pregam de forma contrária ao que afirma o evangelho — isto é, como alguém que se importa com o cego, os deficientes e o pobre —, nos ensinam como nos tornarmos infelizes e tropeçarmos em Cristo. É realmente uma grande bênção não ser ofendido em Cristo, e não há outra ajuda ou remédio senão olhar para as obras dele e compará-las com as Escrituras. Caso contrário, é impossível evitar ser ofendido em Cristo.

Vou observar o que as Escrituras falam de Cristo para não tropeçar em falsos ensinos.

Martinho Lutero

O SENHOR OUVE O SEU CLAMOR

*Apartai-vos de mim, todos os que
praticais a iniquidade, porque o Senhor
ouviu a voz do meu lamento.* SALMO 6:8

O profeta, neste salmo, com um maravilhoso zelo de espírito e com a mais cortante clareza e severidade, ataca todos os ímpios deste mundo e, acima de tudo, condena todos os hipócritas e ministros farisaicos chamando-os de "praticantes de iniquidade", apesar de sua aparência externa de santidade. Isso porque eles perseguem os cristãos aflitos e verdadeiros com o rancor de Caim e não cessam de odiá-los com todo a ódio de Satanás, acrescentando dor sobre dor e aflição sobre aflição. "Apartai-vos de mim, hipócritas", diz ele. "Sei que tenho um Deus a quem recorrer, mas vós sois ignorantes tanto sobre Deus quanto sobre as Suas obras. Não sabeis que peso terrível tem a ira de Deus e quão grande e revigorante é a remissão dos pecados, o conhecimento da vida eterna e a experiência da graça. Adorais a Deus com vossa boca e com vossos lábios; confiais em vossas próprias justiças e obras, não sabendo quem é Deus e o que é o pecado; e, portanto, sois os inimigos mais cruéis e terríveis da Palavra e da verdadeira adoração a Deus, na qual o maior e mais aceitável sacrifício é um espírito assim pressionado em apuros e aflito". Este salmo faz referência ao primeiro e ao segundo mandamentos do Decálogo. Ele contém o agonizante conflito da fé daquele que clama a Deus contra a força do pecado e da morte. Também faz referência à primeira petição da Oração do Pai Nosso, como também a outros salmos de súplicas. Pois suplicar e orar é santificar e invocar o nome do Senhor.

*Sempre clamarei a Deus, pois sei que Ele ouve
a minha voz e atende a minha oração.*

Martinho Lutero

SUA ALMA ESTÁ NAS MÃOS DE DEUS

*Passará o céu e a terra,
porém as minhas palavras não passarão.*
LUCAS 21:33

Alguns homens se perguntam como o céu e a Terra passarão e chamam Aristóteles para ajudá-los a interpretar as palavras de Cristo, e ele responde que a essência do céu e da Terra não passarão, apenas sua forma. Despeçamos os cegos e entendamos que, assim como nossos corpos serão mudados quanto à sua essência, assim também, no último dia, o céu e a Terra, com todos os elementos, serão consumidos juntamente com os corpos dos homens. Então tudo será novamente criado com magnífica beleza; nossos corpos brilharão em esplendor, e o Sol será muito mais glorioso do que agora. *Mas onde nossa alma habita quando a morada de cada criatura está em chamas e não há morada terrena?* Meu caro, onde está sua alma agora? Ou onde ela está quando você dorme e não tem consciência do que está acontecendo em seu corpo e no mundo ao seu redor? Você acha que Deus tem um lar físico para a alma, assim como um pastor tem um curral para as suas ovelhas? Basta você saber que as almas estão nas mãos de Deus e não aos cuidados de qualquer criatura. Embora você não entenda como isso acontece, não se deixe desviar. Uma vez que você ainda não aprendeu o que acontece com você quando dorme ou acorda, e não pode saber o quão perto você está de acordar ou de dormir, embora os faça diariamente, como espera entender tudo sobre esta questão? A Escritura diz: "Pai, nas tuas mãos entrego o meu espírito!" (LUCAS 23:46). Então, que assim seja.

*Minha alma está segura em Deus,
meu Salvador.*

Martinho Lutero

NÃO TENHA OUTRO REI EM SEU CORAÇÃO

*És tu aquele que estava
para vir ou havemos de esperar outro?*
MATEUS 11:3

Os discípulos de João Batista ouviram dele que Jesus era o Cordeiro de Deus e o Filho de Deus e que Cristo deveria crescer e ele diminuir. Mas nem os seus discípulos e o povo creram, nem podiam entender, pois eles olhavam mais para João do que para Cristo. Eles se apegaram tão intimamente a João que ficaram com ciúmes de Cristo quando viram que Ele também batizava e atraía o povo. Foram levados a esse erro por dois motivos. Primeiro, porque Cristo ainda não era conhecido do povo nem havia realizado milagres, ao passo que João era muito conhecido. A segunda razão era que Cristo era muito humilde, filho de um carpinteiro e de uma mulher pobre. Eles procuravam por alguém imponente, como um líder altamente instruído entre os sacerdotes ou como um rei poderoso. João não conseguiu dissuadi-los de tal ilusão. Porém, quando Jesus começou a realizar milagres e se tornou famoso, João pensou em direcionar seus discípulos de si mesmo para Cristo, para que eles não estabelecessem uma nova seita e se tornassem joanitas, mas se tornassem cristãos. Eles precisavam entender que as obras de Cristo não seriam acompanhadas por tambores e trombetas, com pompa mundana, mas por poder e graça espirituais; que os mortos seriam ressuscitados, os cegos receberiam visão, os surdos ouviriam e todos os tipos de mal corporal e espiritual seriam removidos. Esta seria a chegada e a glória deste Rei, cuja obra mais simples não poderia ser realizada por qualquer rei, rico ou erudito deste mundo.

Jesus é o único rei que habita o meu coração.

Martinho Lutero

TENHA A FÉ DE ABRAÃO

*...a tua descendência possuirá a
cidade dos seus inimigos, nela serão benditas
todas as nações da terra, porquanto
obedeceste à minha voz.* GÊNESIS 22:17-18

A bênção aqui prometida à descendência de Abraão é simplesmente a graça e a salvação em Cristo que o evangelho apresenta ao mundo inteiro, pois Cristo é o descendente de Abraão, sua própria carne e sangue, e em Cristo todos os crentes são abençoados. Essa promessa feita ao patriarca foi posteriormente apresentada com mais detalhes e difundida mais amplamente pelos profetas. Eles escreveram sobre o advento de Cristo, sobre Sua graça e evangelho. Os santos creram na promessa divina sobre Cristo antes do Seu nascimento; assim, por sua fé na vinda do Messias, eles foram preservados e salvos. Mas a fé não é abolida pelo cumprimento da promessa; pelo contrário, ela é firmada. Assim como eles criam no cumprimento futuro, nós agora cremos no cumprimento consumado. Essas duas instâncias da fé são essencialmente iguais, mas uma sucede a outra como a realização sucede à promessa. Em ambos os casos, a fé está baseada na descendência de Abraão, isto é, em Cristo. No primeiro caso, ela precede Seu advento e, no outro, ela vem a seguir.

*Quero ter a fé de Abraão e esperar
no Cristo bendito.*

Martinho Lutero

NOSSA FORÇA ESTÁ NO SENHOR TODO-PODEROSO

*Ri-se aquele que habita
nos céus; o Senhor zomba deles.*

SALMO 2:4

Estas coisas foram escritas por nossa causa, "a fim de que, pela paciência e pela consolação das Escrituras, tenhamos esperança" (ROMANOS 15:4). O que está escrito neste salmo com referência a Cristo é aplicável a todos os cristãos, pois quem deseja sinceramente ser cristão suportará seus Herodes, seus Pilatos, seus governantes, seus reis, seu povo e seus incrédulos que se enfurecerão contra ele. Pois, se essas coisas não são feitas pelos outros homens, são feitas por demônios ou pela própria consciência; por isso precisamos lembrar que "Ri-se aquele que habita nos céus; o Senhor zomba deles", permanecer firmes nessa esperança e não ser movidos por nenhuma circunstância. Quem teria pensado, enquanto Cristo estava sofrendo e os judeus triunfando, que Deus estava rindo deles? Assim também, enquanto somos oprimidos, devemos nos lembrar que Deus está zombando de nossos adversários. Que fé é necessária nestas situações! Você está sofrendo, e a esperança de ajuda lhe é negada em todas as coisas, por todos ao seu redor, até que você alça acima de todas as coisas terrenas, por meio fé e da esperança, para alcançar Aquele que está assentado no Céu. Esta é a âncora que nosso coração deve lançar quando estivermos em tribulação, e todos os males do mundo não apenas serão fáceis de suportar, mas se tornarão um motivo de riso.

*Não me abalarei quando estiver em tribulação,
pois o Senhor me sustenta.*

Martinho Lutero

ESPERE A VINDA DE CRISTO COM ALEGRIA

*…também nós, que temos as primícias
do Espírito, igualmente gememos em nosso íntimo,
aguardando a adoção de filhos, a redenção
do nosso corpo.* ROMANOS 8:23

Você diz: "Eu esperaria Sua vinda com alegria, se fosse santo e não tivesse pecado". E eu respondo: "Que alívio você encontra no medo e na fuga? Você não seria remido do pecado ainda que fosse preenchido de terror por mil anos. Os condenados estão eternamente cheios de medo daquele dia, mas isso não remove os seus pecados. Não há ninguém tão bem preparado para o dia do julgamento quanto aquele que deseja estar sem pecado. Se você tem tal desejo, o que você teme? Você estará em perfeito acordo com o propósito daquele dia, pois Ele vem para libertar do pecado todos aqueles que o desejam, e você pertence a esse grupo. Agradeça a Deus e permaneça nesse desejo. Cristo diz que Sua vinda é para nossa redenção, mas não se engane nem se contente apenas com o simples desejo de estar livre do pecado e de esperar sem medo aquele dia. Cuide para que a luz que há em você não seja treva. No entanto, aquele que sente tal medo não deve se desesperar, mas sim usá-lo com sabedoria, clamando para que seu temor seja removido e para que ele receba alegria e deleite na chegada daquele dia. Portanto, aqueles que temem estão mais próximos de sua salvação do que os de coração duro e que não encontram conforto naquele dia.

*Eu aguardo com fé e temor o dia
da vinda do Senhor Jesus.*

Martinho Lutero

REFUGIE-SE SEMPRE NO SENHOR

*Senhor, Deus meu, em ti me refugio;
salva-me de todos os que me perseguem
e livra-me.* SALMO 7:1

Esta é uma oração contra a blasfêmia que o mundo usa para acusar os profetas, apóstolos e todos os que temem a Deus como fez Simei, que repreendeu duramente Davi chamando-o de homem sanguinário e o acusou de tomar o reino de Saul, enquanto Davi estava sob intensa aflição por causa da perseguição de Absalão (1 REIS 2:8). Assim também os judeus acusaram Cristo diante de Pilatos, e, agora, certos hipócritas, religiosos e outros inimigos tacham os pregadores do evangelho chamando-os de "pessoas subversivas". Contra todas as provações desse tipo, que são realmente difíceis de suportar, o profeta luta em oração a Deus, pedindo-lhe que dê testemunho de sua inocência. E, para encorajar e confortar todos os que temem a Deus, ele declara que todos os que oram desse modo são ouvidos, apresentando a si mesmo como exemplo. Por fim, ele declara a vinda de um julgamento horrível, repentino e rápido para os hipócritas e tiranos que se enfurecem contra os piedosos com o ódio mais terrível, afirmando que, por fim, todos perecerão como Absalão, que foi excluído e morreu de uma maneira inédita, repentina e terrível, no meio de sua violenta jornada, antes que pudesse realizar o que havia planejado. Este salmo faz referência ao segundo preceito do Decálogo e à primeira petição da Oração Pai Nosso.

*Eu esperarei em Deus, pois Ele me livrará
de todos aqueles que me perseguem.*

Martinho Lutero

APRENDA A SERVIR

Tudo quanto, pois, quereis que os homens
vos façam, assim fazei-o vós também a eles; porque
esta é a Lei e os Profetas. MATEUS 7:12

A fé traz Cristo a você com tudo o que Ele possui. O amor dá você ao seu próximo com todas as suas posses. Essas duas realidades constituem uma vida cristã verdadeira e completa. Você deve se entregar inteiramente ao próximo com tudo o que você tem, assim como Cristo se entregou totalmente a você, com orações, jejuns, todas as obras e sofrimentos, para que não haja nada no Senhor que não seja também seu. Assim, você não deve apenas dar esmolas e orar, mas se oferecer ao seu próximo e servir-lhe sempre que ele precisar de você e em tudo o que estiver ao seu alcance; seja com esmola, oração, trabalho, conselho, consolação, roupas, comida e, se necessário, com sofrimento e morte. Se você tem ouvidos para ouvir, ouça e aprenda o que são as boas obras. Um trabalho é bom porque é útil e beneficia aquele para quem é feito; por que mais deveria ser chamado de bom? Uma árvore dá frutos não para si mesma, mas para o bem dos homens e dos animais, e esses frutos são as suas boas obras. Você deve fazer ao próximo tudo o que gostaria que ele fizesse a você. Um homem deve viver, sofrer e morrer por sua esposa e filhos; a esposa, por seu marido; filhos, por seus pais; servos, por seus mestres, e mestres, por seus servos; o governo por seus súditos e os súditos por seus governos; cada um por seu próximo, e até por seus inimigos. Tais obras são verdadeiramente cristãs e boas e devem ser feitas em todos os momentos, em todos os lugares e para todas as pessoas.

Quero aprender a servir meu próximo
com tudo o que tenho.

Martinho Lutero

CUMPRA O SEU CHAMADO

*Se eu quero que ele permaneça
até que eu venha, que te importa?
Quanto a ti, segue-me.* JOÃO 21:22

Nesta passagem, Cristo nos ensina uma bela e comovente lição: cada pessoa deve se ocupar do trabalho que lhe foi confiado e guardar a honra de seu próprio chamado. Este é um ensinamento verdadeiramente necessário e saudável, pois muitas pessoas ficam olhando ao redor, para os santos que Cristo amou, e deixam de olhar para a comissão e o chamado que receberam para seguir a Cristo. Todos recebemos alguma comissão e chamado e temos algum tipo de trabalho a fazer, se realmente queremos ser aprovados. Portanto, você deve cumprir seu chamado, olhar para si mesmo, fazer fielmente o que lhe foi ordenado, servir a Deus e guardar Seus mandamentos. Se o fizer, então você terá tanto trabalho que todo tempo será pouco, todos os lugares serão muito apertados e todos os recursos, insuficientes. Além disso, é um mal comum não se sentir satisfeito com sua própria vida, de modo que os não cristãos costumam dizer: "Parece que os melhores frutos estão sempre no quintal do vizinho, e a vaca dele dá mais leite do que a nossa". Para superar essa inquietação, esse descontentamento e esse desgosto de si mesmo, a fé é útil e necessária — a firme convicção de que Deus governa a todos da mesma forma e coloca cada um na porção que lhe é mais adequada. Essa fé traz descanso, contentamento e paz.

*Senhor, ajuda-me a cumprir o meu chamado
com alegria e não olhar para nada mais.*

Martinho Lutero

MANTENHA-SE FIEL ATÉ O GRANDE DIA

*Então, dirá o Rei aos que estiverem à sua direita:
Vinde, benditos de meu Pai!* MATEUS 25:34

Se não tivesse sido dito, deveríamos questionar insistentemente a respeito do que acontecerá no último dia e o que Jesus dirá e fará naquele dia. Nesta passagem, é colocada diante de nós, em primeiro lugar, a morte, da qual ninguém pode escapar; mas, depois disso, o dia do julgamento. Naquele dia, Cristo reunirá por meio da ressurreição todos os que já viveram neste mundo e, ao mesmo tempo, descerá em inexprimível majestade, assentado no trono do julgamento, com todo o exército celestial ao Seu redor; bons e maus serão colocados diante dele, e ninguém será capaz de se esconder. Mesmo que não houvesse mais do que um único anjo presente naquele tribunal, não permaneceria, em Sua presença, uma consciência inconstante e perversa, caso fosse capaz de se ocultar, tanto quanto um ladrão e um patife não conseguem suportar estar diante de um juiz humano. Quão terrível será quando os ímpios virem não apenas todos os anjos e criaturas de Deus, mas também o Juiz, em Sua divina majestade, e ouvirem o veredito da destruição eterna e do fogo do inferno pronunciado sobre eles para sempre! Isso deve ser uma poderosa advertência para vivermos como cristãos, para que possamos estar em honra e destemor à direita deste majestoso Senhor, onde haverá puro conforto e alegria eterna. Quem não é movido e despertado por essas palavras, certamente não será por nada mais.

*Que o temor daquele grande dia me mantenha
fiel ao Senhor, meu Deus.*

Martinho Lutero

GLORIFIQUE A DEUS PELAS BÊNÇÃOS

Aclamai a Deus, toda a terra. Salmodiai a glória do seu nome, dai glória ao seu louvor. Dizei a Deus: Que tremendos são os teus feitos! SALMO 66:1-3

Esta é uma oração de ação de graças por Deus ter resgatado e libertado Seu povo tantas vezes das mãos de seus inimigos, das garras da própria morte, assim como Ele fez quando o povo de Israel atravessou o Mar Vermelho. Os livros de Juízes e Reis estão repletos de testemunhos dessas ações de Deus em favor de Seu povo. Mas as libertações que Deus opera na Igreja, quando livra aqueles que o temem das tentações, tanto internas quanto externas, não são menores e menos maravilhosas que aquelas, pois Satanás (de quem o Faraó do Egito era um tipo tão especial, quando era inflamado com um desejo tão terrível de afligir e destruir os israelitas) persegue diariamente a Igreja. E ele prejudicaria, se pudesse, cada um dos piedosos, e para isso os cerca por todos os lados, para que não vejam nada além da morte e de um Deus irado. Todavia, de todas essas coisas, Deus livra aqueles que são Seus. Mas quão poucos são os que pensam sobre essas inúmeras e valiosas bênçãos e agradecem a Deus por elas! Infelizmente, temos inúmeros exemplos da maneira ímpia pela qual os nobres, os poderosos e os ricos abusaram da doutrina salvadora da fé e da liberdade cristã, e daquela paz que Deus até agora preservou milagrosamente para nós.

Nunca me esquecerei de louvar a Deus por tudo o que Ele faz por mim.

Martinho Lutero

SEJA VIGILANTE E PRUDENTE

...remindo o tempo, porque os dias são maus.
EFÉSIOS 5:16

O tempo é inquestionavelmente bom, desde que o evangelho seja fielmente pregado e recebido. Ao mesmo tempo, ainda hoje, o mundo está cheio de maldades, facções, falsas verdades e maus exemplos de todo tipo; muito dessa maldade é inerente a nós mesmos, e o cristão deve sempre lutar contra elas. O diabo nos tenta, e nossa própria carne nos desencoraja e nos seduz contra a vontade de Deus. Se não lutarmos contra eles, logo perderemos de vista o que Deus quer de nós, para nosso próprio prejuízo, mesmo estando no evangelho, pois a mais potente fúria do diabo é exercida para contaminar o mundo com fanatismo e atrair da pura doutrina da fé para o mal até mesmo os escolhidos. Por sermos humanos, estamos sempre seguros de nós mesmos, relutantes em permitir que Espírito Santo nos guie, indolentes e insensíveis à Palavra de Deus e à oração. Portanto, que ninguém espere desfrutar uma era de paz e prazer neste mundo. Embora o tempo presente seja bom em si mesmo, e Deus nos conceda a Sua Palavra e a Sua graça, ainda assim o diabo está aqui com suas facções e seguidores, e nossa própria carne o apoia. Temos as melhores razões para nos portarmos, neste tempo presente, da melhor maneira possível, andando com sabedoria e prudência, com toda fidelidade à vontade de Deus. Devemos obedecer enquanto temos oportunidade, enquanto ainda possuímos a Palavra de Deus, Sua graça e Seu Espírito. Devemos entender por "dias maus" as seduções que nos afastam da Palavra de Deus e de Sua vontade.

*Estarei atento às artimanhas do diabo e ao poder
da carne, para não me afastar de Deus.*

Martinho Lutero

DEUS CUMPRE AS SUAS PROMESSAS

Contigo, porém, estabelecerei a minha aliança...
GÊNESIS 6:18

Os intérpretes discutem o que era essa aliança. Para Lyra, era o compromisso de defendê-lo contra homens que ameaçaram matá-lo. Burgensis afirma que essa aliança se referia aos perigos em meio às águas; outros acreditam que era a aliança do arco nas nuvens, que o Senhor fez com Noé. Para mim, Deus fala de uma aliança espiritual, ou da promessa do descendente de Adão, que feriria a cabeça da serpente. Essa aliança não inclui apenas a proteção do corpo de Noé, como defendem Lyra e Burgensis, mas também sua vida eterna. Deus afirma claramente "contigo". Ele não menciona os filhos nem a esposa, a quem Ele também salvaria, mas apenas Noé, de quem a promessa foi transmitida a seu filho Sem. Esta é a segunda promessa de Cristo, que é tirada de todos os outros descendentes de Adão e confiada somente a Noé. Depois, essa promessa vai ficando mais clara com o passar do tempo. Procedeu de toda a raça, passando para a família e da família para o indivíduo. Da raça de Abraão, foi levada adiante apenas para Davi; de Davi, a Natã (ZACARIAS 12:12); de Natã, a uma virgem, Maria, que era o ramo ou raiz de Jessé, em quem esta aliança encontrou seu término e cumprimento. Não era fácil acreditar que toda a raça humana pereceria. O mundo considerou Noé um tolo por acreditar em tais coisas e o ridicularizou. A fim de fortalecer sua mente em meio a tais ofensas, Deus falou com ele com frequência e, nesse momento, até o relembra de Sua aliança.

Quero ter a fé e a firmeza de Noé e confiar
nas promessas de Deus.

Martinho Lutero

SEJA JUSTIFICADO PELA FÉ EM CRISTO

...e ser achado nele, não tendo justiça própria, que procede de lei, senão a que é mediante a fé em Cristo, a justiça que procede de Deus, baseada na fé. FILIPENSES 3:9

Só a justiça que vem pela fé nos ensina como apreender a Deus, com que confiança nos consolar com a Sua graça e esperar pela vida eterna aproximando-nos de Cristo na ressurreição. Por "aproximar-se" queremos dizer encontrá-lo na morte e no dia do julgamento sem terror, aproximando-nos alegremente e saudando-o com alegria como aquele que é esperado com intenso desejo. Ora, a justiça da Lei não pode trazer tal confiança mental. Portanto, ela não nos vale nada diante de Deus. O que vale é a imputação de justiça de Deus por amor de Cristo, por meio da fé. Deus nos declara em Sua Palavra que aquele que crê em Seu Filho terá, por causa de Cristo, a graça de Deus e a vida eterna. Aquele que sabe disso é capaz de aguardar com esperança o último dia, sem terror e sem temor. Paulo diria: "Em minha mais perfeita justiça da Lei, fui inimigo e perseguidor da Igreja de Cristo. Foi pelo fruto legítimo da minha justiça da Lei que achei que deveria ser parte da mais terrível perseguição a Cristo e aos cristãos. Assim, minha santidade me tornou um verdadeiro inimigo de Cristo e um assassino de Seus seguidores". De onde vem tal disposição? Ela brota naturalmente da retidão humana. Todo indivíduo que professa a justiça humana, e nada sabe sobre Cristo, sustenta essa justiça própria diante de Deus. Ele confia e se gratifica nela, presumindo estar bem e poder ser aceito aos olhos de Deus.

Não ousarei me justificar diante de Deus
por minhas próprias obras.

Martinho Lutero

SEJA FIEL A SUA ALIANÇA COM DEUS

Isto é o meu corpo oferecido por vós
[...]Este é o cálice da nova aliança no meu sangue
derramado em favor de vós. LUCAS 22:19-20

"**M**eu" e "vós" são palavras de significado inconfundível. Quem diz "meu corpo", "meu sangue"? O Senhor Jesus Cristo, o Filho de Deus, que derramou Seu sangue por você. Quando Ele diz "meu corpo", "meu sangue", Ele apenas lhe pede que reconheça e acredite nisso, que descanse nessa fé e lhe dê graças pelo que custou a Ele um preço tão alto. Cristo não gostaria que você desprezasse vergonhosamente Seu sacrifício ou o negligenciasse levianamente. Caro amigo, você não deve se considerar tanto do ponto de vista do valor ou indignidade de sua pessoa quanto do ponto de vista de sua necessidade, que torna necessária a graça de Cristo. Se você reconhecer e sentir sua necessidade, terá o reconhecimento e a preparação necessários. A ceia do Senhor foi instituída por Cristo como um meio de conforto e salvação. Acima de tudo, você deve perceber que, por maior que seja nossa indignidade, não se pode duvidar do mérito do Senhor Jesus Cristo. É seu dever louvá-lo, honrá-lo e agradecer-lhe e ser um dos que guardam Sua ordenança, como Ele tem o direito de esperar por isso, pois você o prometeu em seu batismo. Quando alguém participa da Ceia do Senhor com essa disposição, qual é o seu ato senão o de declarar: "Senhor, agradeço-te por toda a graça que recebi de Tuas mãos e rogo-te que supras ainda mais a minha necessidade". Não há outra forma de você honrar mais a Deus.

Quero honrar o sacrifício de Cristo
e ser fiel à Sua aliança.

Martinho Lutero

ALEGRE-SE NO SENHOR

Alegrem-se, porém, todos que em ti se refugiam;
que cantem alegres louvores para sempre.
Estende sobre eles tua proteção, para que exultem
todos que amam teu nome. SALMO 5:11 NVT

Nesta passagem nos é dito que alegrar-se é ter uma boa consciência, que confia e descansa na misericórdia de Deus. Aqueles que são experimentados dizem que não há alegria maior do que a de uma consciência pura, nem tristeza maior do que uma consciência culpada e atribulada. Uma consciência pura e feliz não vem de outra maneira senão olhando firmemente para a misericórdia de Deus. É impossível que aquele que não confia no Senhor não fique cheio de tristeza quando a tribulação vem sobre ele, e ele não consegue deixar de murmurar. Com isso, esse murmurador triste e impaciente desagrada a Deus, que, por Sua vez, se afasta cada vez mais dele. Por outro lado, é impossível que aquele que confia em Deus não se alegre. Se o mundo inteiro explodisse sobre a cabeça de tal pessoa, ela permaneceria imóvel em meio às ruínas. Aquele que se alegra com tal esperança não pode deixar de louvar a Deus, exultar e encorajar-se nele. A pessoa que assim se alegra é paciente, feliz e se sente sempre protegida por Deus. Sua alegria, esperança e louvor não são em vão, pois Deus a preserva. Se então a sua alma estiver triste e abatida, cante alguma canção alegre ou salmo, ou algo que traga o seu Deus à sua memória. Aqueles que amam o nome de Jesus amam a salvação de Deus, a verdade, a misericórdia e a sabedoria de Deus. Se um homem ama isso, ele deve necessariamente amar o nome do Senhor.

Eu me alegrarei no Senhor, mesmo
em meio às tribulações.

Martinho Lutero

PRECISAMOS PREGAR O EVANGELHO

*Examinai as Escrituras, porque julgais
ter nelas a vida eterna, e são elas mesmas
que testificam de mim.* JOÃO 5:39

A palavra (ou pregação) é um canal ou meio pelo qual Cristo nos revela e nos oferece Sua graça ou a coloca em nosso meio. Sem ela, ninguém chegaria ao conhecimento deste tesouro, pois, de onde qualquer homem saberia, ou em que coração viria, o conhecimento de que Cristo, o Filho de Deus, veio do Céu por nossa causa, morreu por nós e ressuscitou dos mortos, trouxe o perdão dos pecados e a vida eterna? Embora Ele tenha adquirido este tesouro para nós por meio de Seu sofrimento e morte, ninguém poderia obtê-lo ou recebê-lo se Cristo não o tivesse apresentado. Tudo o que Ele havia feito e sofrido seria como um grande e precioso tesouro enterrado, que ninguém poderia encontrar e se beneficiar dele. Por isso, sempre ensinei que a pregação deve preceder tudo mais, deve ser compreendida com os ouvidos; o Espírito Santo deve entrar no coração e, pela Palavra, iluminá-lo e operar a fé nele. A fé não vem senão por ouvir a pregação do evangelho, na qual ela tem seu início, crescimento e força. Portanto, a Palavra não deve ser desprezada, mas honrada. Devemos aprendê-la e praticá-la constantemente, para que ela sempre dê fruto. Depois de recebermos a justiça que vem pela fé, as obras devem segui-la continuamente enquanto estivermos neste mundo.

*Senhor, dá-me amor e respeito por Tua santa Palavra,
para que eu possa anunciá-la aos pecadores.*

Martinho Lutero

ESPERE NA MISERICÓRDIA DO SENHOR

Tem compaixão de mim, Senhor, porque eu me sinto debilitado; sara-me, Senhor, porque os meus ossos estão abalados. SALMO 6:2

Este salmo é uma oração cheia daqueles exercícios mentais que são sentidos sob as tentações mais profundas e secretas, as quais só conhece quem passa por elas, porque não há palavras para descrevê-las. São aqueles sentimentos sob os quais os santos agonizam em conflitos amargos e indescritíveis, que são totalmente desconhecidos do mundo; são aqueles sentimentos, penso eu, sob os quais eles agonizam quando lutam por causa do pecado, da Lei, da ira e do julgamento de Deus, enquanto o diabo os tenta e pressiona terrivelmente. A estes terrores as Escrituras chamam em outros lugares, mas especialmente nos salmos, de "laços da morte" e "angústias do inferno". Mas este salmo mostra expressamente, no final, que os suspiros e gemidos dos piedosos sob esses conflitos agonizantes, sob essas dores e dificuldades da alma, certamente serão ouvidos. Este e outros salmos semelhantes nos dão uma visão do coração de Davi e proporcionam o maior consolo aos que temem ao Senhor, pois mostram que, embora os santos agonizem profundamente sob essas dificuldades e visões terríveis e abertas da ira de Deus, ainda assim, essas tentações que parecem intermináveis certamente terão um fim, e Deus não abandonará aqueles que o temem enquanto eles passam por seus terrores e conflitos com a morte e com o inferno.

Deus não me abandonará enquanto eu sofro neste mundo.

Martinho Lutero

TENHA FÉ NO SALVADOR DO MUNDO

*Pois a nossa pátria está nos céus,
de onde também aguardamos o Salvador,
o Senhor Jesus Cristo.* FILIPENSES 3:20

Aquele que agora crê, como os judeus, que o Cristo ainda está por vir, como se a promessa não tivesse se cumprido, será condenado, pois faz de Deus um mentiroso ao sustentar que a Palavra não foi redimida, contrariando os fatos. Se a promessa não tivesse sido cumprida, nossa salvação ainda estaria longe e teríamos que esperar sua realização futura. Tendo em mente a fé sob essas duas condições, devemos agora crer não apenas na promessa, mas em seu cumprimento, pois, embora a fé dos patriarcas seja uma com a nossa fé (eles esperando na vinda de Cristo, e nós em um Cristo manifesto), o evangelho conecta a fé daqueles que precederam o cumprimento à dos que o sucedem. É preciso crer que a promessa se cumprirá. Abraão e os antigos não foram chamados a crer no cumprimento consumado, embora tivessem o mesmo Cristo que nós. Há uma fé, um espírito, um Cristo e uma comunidade de santos; tivemos, e ainda temos, uma fé comum no único Cristo, mas em condições diferentes. Por causa dessa fé comum, os crentes se unem em Cristo como um só corpo.

*Que o meu coração esteja ligado pela fé
ao Cristo que nos salva.*

Martinho Lutero

NÃO SEJA INGRATO

*Quanto àquele que paga o bem
com o mal, não se apartará o mal
da sua casa.* PROVÉRBIOS 17:13

Apesar de sua ignorância a respeito de Deus e da Sua graça, as nações gentílicas condenavam (até de forma extrema) a ingratidão, pois a consideravam a mãe de todos os males. O povo árabe nabateu era tão rigoroso em relação à ingratidão que qualquer pessoa que fosse considerada ingrata era condenada como assassina e punida com a morte. Nenhum pecado é mais abominável para a natureza humana e nenhum é menos tolerado. É mais fácil perdoar e esquecer a ofensa corporal feita por um inimigo, ou mesmo o assassinato dos pais, do que se esquecer daquele que retribui a bondade e fidelidade com ingratidão e infidelidade; aquele que retribuiu com o ódio ao amor e à amizade. No dizer de um provérbio latino, receber esse tipo de recompensa é como criar uma serpente no próprio peito. Deus também considera esse pecado com extrema aversão e o pune, pois mais terrível é, mais vergonhoso e maldito quando manifestado contra com Deus, que, em Sua infinita e inefável bondade, nos concedeu a redenção da ira divina e da morte eterna e nos confortou abundantemente, concedendo-nos segurança, boa consciência, paz e salvação quando ainda éramos inimigos dele e merecedores do fogo do inferno! Quão mais terrível é a ingratidão por essas bênçãos a quem foi perdoada a dívida de dez mil talentos e que, no entanto, não quis perdoar a dívida de seu companheiro, que lhe devia cem, como lemos no evangelho!

*Quero demonstrar minha gratidão a Deus e a todos
os que me abençoam todos os dias!*

Martinho Lutero

ONDE ESTÃO SUAS VESTES NUPCIAIS?

*Perguntou-lhe: Amigo,
como entraste aqui sem veste nupcial?
E ele emudeceu.* MATEUS 22:12

Entre os que estavam assentados à mesa, havia um velhaco, a quem o rei, ao examinar os convidados, rapidamente percebeu não estar usando veste nupcial e não honrar o casamento, o noivo e aquele que o havia convidado. Estes são os que estão na Igreja, ouvem o evangelho, participam da comunhão e agem como se tivessem recebido o evangelho, mas não o levam a sério. Os verdadeiros cristãos precisam suportar essas pessoas em suas reuniões e não podem impedi-las de estar em seu meio, até que o próprio Deus venha e as julgue. Assim, o rei virá e tornará manifesto aquele que não está trajando veste nupcial. É fácil compreender o que significa a falta da veste nupcial. Isso fala sobre a falta do novo adorno com o qual agradamos a Deus, que é a fé em Cristo, e, portanto, fala sobre a falta das verdadeiras boas obras. Tal pessoa permanece nos velhos trapos e farrapos de sua arrogância carnal, sem compreender sua própria miséria e sem se arrepender. Ele não busca, de coração, consolo na graça de Cristo, nem é aperfeiçoado por ela e não procura nada mais no evangelho nada mais do que aquilo que sua carne cobiça. Esta veste nupcial é a nova luz do coração, acesa pelo conhecimento da graciosidade desse Noivo e das Suas bodas, que se realizam sobretudo por meio da fé, pela qual o coração é renovado e purificado.

*Trarei sobre mim os atos de justiça
que meu Deus deseja ver.*

Martinho Lutero

NUNCA DEIXE DE ORAR

Não andeis ansiosos de coisa alguma;
em tudo, porém, sejam conhecidas, diante de Deus,
as vossas petições, pela oração e pela súplica,
com ações de graças. FILIPENSES 4:6

A oração torna-se vigorosa pela petição, urgente pela súplica, agradável e aceitável pela ação de graças. Vemos que esta é a forma de oração praticada pela Igreja; os santos patriarcas do Antigo Testamento sempre ofereceram súplicas e ações de graças em suas orações. A Oração do Pai Nosso começa com louvor, ação de graças e o reconhecimento de Deus como Pai e intercede a Ele fervorosamente como um filho que fala com seu pai. Essa oração é inigualável em termos de súplica e é a mais sublime e nobre já proferida. Essas palavras de Paulo explicam de forma linda e espiritual o mistério do incensário de ouro, sobre o qual Moisés escreveu muito no Antigo Testamento (como Salomão, em Provérbios, e João, em Apocalipse), detalhando como os sacerdotes deveriam queimar incenso no templo. Somos todos sacerdotes e nossas orações são incensários. O vaso de ouro representa as preciosas palavras nas orações; as brasas vivas representam as ações de graças pelos benefícios da oração; a fumaça que sobe é a nossa fé, quando cremos que nosso clamor chega a Deus e é ouvido. Não devemos duvidar que Deus nos ouve.

Sempre dedicarei o aroma suave
das minhas orações a Deus.

Martinho Lutero

CUIDE DE SI MESMO PARA NÃO CAIR

*Eis que este menino está destinado tanto
para ruína como para levantamento de muitos em Israel
e para ser alvo de contradição.* LUCAS 2:34

Simeão declara que Cristo está destinado para a ruína e levantamento de muitos em Israel. A causa da ruína deles, porém, não é Cristo, mas sim a presunção deles. Cristo veio para ser a luz e o Salvador do mundo, para que todos fossem justificados e salvos pela fé nele. Se isso deve acontecer, toda justiça que há em nós mesmos, alcançada sem Cristo e pelas obras, deve ser rejeitada. Os judeus não quiseram saber disso e se ofenderam com a fé, caíram cada vez mais em incredulidade e se tornam endurecidos em sua própria justiça, de modo que até perseguiram, com todas as suas forças, todos os que creram. Todos os que querem ser salvos por sua própria justiça fazem o mesmo. Eles se firmam em suas obras e, quando a fé em Cristo é exigida, tropeçam e caem. Cristo havia sido prometido apenas ao povo de Israel pelos profetas, e estes anunciaram que muitos entre eles cairiam por causa de sua justiça própria. Este é realmente um exemplo tremendo para nós, gentios, a quem nada foi prometido, mas, por pura graça, fomos trazidos para o reino de Deus e ressuscitados por intermédio de Cristo. O exemplo da queda de Israel deve tocar nosso coração, para não cairmos também, mas talvez caiamos mais gravemente do que os judeus, seduzidos pelo Anticristo e ostentando o nome de Cristo para desonra de Deus e para nosso próprio prejuízo.

*Estarei firme na graça de Cristo
e não me desviarei dela.*

Martinho Lutero

SEJA GUIADO POR SUA FÉ

...se profecia, seja segundo a proporção da fé.
ROMANOS 12:6

Existem dois tipos de profecia: a previsão de eventos futuros, um dom ou poder que tinham os profetas da dispensação do Antigo Testamento e os apóstolos, e a explicação das Escrituras. Agora, o evangelho é a última mensagem profética a ser proferida antes do tempo do julgamento, e para prever os eventos desse período, presumo que Paulo fez referência nesta passagem simplesmente a essa forma de profecia, isto é, a explicação das Escrituras. Essa forma é comum e predominante e sempre proveitosa para os cristãos; a outra forma é rara. Quando ele diz que a profecia deve ser de acordo com a proporção da fé, fica claro que ele não está se referindo à previsão de eventos futuros. É de grande importância o fato de Paulo reconhecer a fé como árbitro de todas as questões de doutrina e profecia. Tudo deve se curvar à fé. Todas as doutrinas devem ser julgadas e mantidas por ela. Vemos quem Paulo quer que sejam considerados mestres das Escrituras: somente homens de fé. Eles devem ser aqueles que julgam todas as doutrinas. A fé é e deve ser o senhor de todos os mestres. Os papas, os concílios e todo o mundo, com as suas doutrinas, devem ceder autoridade ao mais insignificante cristão, se ele tiver fé, e a sua decisão sobre as suas doutrinas e leis deve ser aceita. É incoerente rejeitar o julgamento daquele que o próprio Deus ensina.

*Minha vida sempre será dirigida
pela fé em Cristo Jesus.*

Martinho Lutero

VOCÊ TEM FÉ EM CRISTO?

E eis que um leproso, tendo-se aproximado, adorou-o, dizendo: Senhor, se quiseres, podes purificar-me. MATEUS 8:2

Aquele leproso não teria sido tão ousado a ponto de vir ao Senhor e pedir para ser purificado se ele não tivesse confiado e esperado de todo o coração que Cristo seria bondoso e misericordioso para com ele. Por ser leproso, tinha motivos para ser retraído. Além disso, a Lei proibia os leprosos de se aproximarem dos demais; mas ele se aproximou, independentemente do que dizia a Lei, da opinião das pessoas e da pureza e santidade de Cristo. Eis a atitude correta da pessoa que tem fé em Cristo: ela não coloca diante de si absolutamente nada além da pura bondade e graça generosa de Cristo, sem apresentar qualquer mérito próprio. Neste caso, o leproso não tinha uma pureza que o fizesse merecer se aproximar de Cristo, falar com Ele e pedir-lhe ajuda. Foi exatamente por sua impureza e indignidade que ele se aproximou, olhando apenas para a bondade de Cristo. A verdadeira fé consiste em uma confiança viva na bondade de Deus. Quem faz isso tem a fé verdadeira, mas quem olha primeiro para as suas próprias obras tentando ser digno da graça de Deus e merecê-la não tem essa fé. Estes não ousam invocar a Deus com sinceridade ou se aproximar dele. A fé daquele homem leproso não nasceu de sua razão, mas daquilo que ele ouviu sobre Cristo, sobre quão bondoso, gracioso e misericordioso Ele é, sempre pronto a ajudar, confortar e aconselhar todos que vêm a Ele.

Minha fé sempre estará alicerçada no amor de Cristo por mim e em nada mais.

Martinho Lutero

NÃO SE AFASTE DA PALAVRA DA VERDADE

Lâmpada para os meus pés é a tua palavra e luz para os meus caminhos. SALMO 119:105

O fundamento e verdade sobre a piedade reside em ensinar e ouvir a Palavra de Deus, pois, onde essa Palavra é verdadeiramente ensinada e ouvida, ali, com certeza, será gerada a oração pura e que prevalece. Ali as pessoas invocarão a Deus, serão diligentes na leitura, no ensino e na exortação, no consolo aos fracos e aflitos, no fortalecimento do coração e espírito, na alegria, na paz de consciência, nas ações de graças, nas profecias e na compreensão profunda das Escrituras. Ou seja, ali encontramos a verdadeira religião e a verdadeira adoração a Deus, a confiança em Deus sob as aflições e perseverança até o fim; e, finalmente, todas as benditas operações e dons do Espírito Santo, e tudo o que agrada a Deus e desagrada o diabo. Mas, onde a Palavra pura não é ensinada, ou há enfado e aversão a ela, a verdadeira religião se extingue e a verdadeira adoração a Deus perece, pois, onde a verdadeira Palavra de Deus não é ensinada, não há verdade de Deus. Resta apenas um grande alarde de santidade externa e hipocrisia; há cânticos de salmos, orações, doutrinas, consolação, ação de graças e todas as variedades de adoração a Deus, com todas as interpretações das Escrituras, mas tudo é exibição; tudo é apenas forma de piedade; tudo é falso; tudo é fingido e nada além de mentira; tudo está cheio do veneno do diabo. Sem a verdadeira fé no coração, sem a Palavra divina e sem a adoração do Primeiro Mandamento, não existe qualquer adoração verdadeira e real a Deus.

Sempre me apegarei à Palavra da verdade.

Martinho Lutero

SEJA PERFEITO EM AMOR

*Agora, pois, permanecem a fé,
a esperança e o amor, estes três; porém o maior
destes é o amor.* 1 CORÍNTIOS 13:13

A declaração de Paulo sobre o amor ser maior do que a fé e do que a esperança deve ser entendida no sentido da permanência ou eternidade do amor, em relação à fé, que tem duração limitada. A fé nos ajuda em nosso relacionamento com Deus nesta vida, ao passo que as relações de amor (tanto com Deus como com o mundo inteiro) são eternas. O propósito de Paulo ao exaltar o amor é atingir os falsos mestres e reduzir a nada suas pretensões sobre terem fé e outros dons, mas faltarem no amor. Ele quer dizer: "Se vocês não têm amor, que é eterno, e se vangloriam naquilo que é transitório, perecerão junto com o objeto de sua vanglória. Embora a Palavra de Deus e os dons espirituais sejam eternos, o ministério, a proclamação da Palavra, e o emprego dos variados dons terão um fim, e a glória e o orgulho de vocês se tornarão cinzas". Assim, a fé justifica por meio da Palavra e produz amor; mas, quando a Palavra e a fé passarem, a justiça e o amor produzidos por elas permanecerão para sempre, tal como um edifício erguido com a ajuda de um andaime permanece após a remoção do andaime. O amor serve e abençoa o próximo por causa da fé, mas, diferentemente da fé, o amor nunca passará.

*Quero ser aperfeiçoado em amor
para a glória de Deus.*

Martinho Lutero

CONHEÇA O REINO DE DEUS PELO ESPÍRITO SANTO

A vós outros é dado conhecer os mistérios do reino de Deus; aos demais, fala-se por parábolas, para que, vendo, não vejam; e, ouvindo, não entendam. LUCAS 8:10

Um "mistério" é algo oculto, que não é conhecido; e os "mistérios do reino de Deus" são as coisas do reino de Deus, como, por exemplo, Cristo e a graça que Ele nos manifesta. Aquele que conhece Cristo corretamente entende o que é o reino de Deus e o que há nele. Este reino é chamado de mistério porque é espiritual e secreto e assim permanece enquanto o Espírito Santo não o revela. Pois, embora muitos o vejam e ouçam sobre ele, ainda assim não compreendem. Há muitos que pregam e ouvem sobre Cristo, mas tudo está apenas em sua boca e não no coração; pois eles mesmos não acreditam no que pregam e ouvem, porque não o experimentam. Para eles é um mistério e continuará sendo, pois tudo o que ouvem é apenas como uma parábola ou um ditado obscuro. Cristo, portanto, falou ao povo em parábolas para que entendessem cada um segundo sua capacidade. As parábolas serviram para interessar e captar a atenção de pessoas simples. Mesmo que não as compreendessem, poderiam ser ensinadas e entender. Contudo, essas parábolas são de uma natureza que ninguém pode compreendê-las, a menos que o Espírito as revele. Deus esconde e revela a quem Ele quer e a quem Ele tinha em mente desde a eternidade. Por isso, Cristo diz: "A vós outros é dado", isto é, o Espírito concede que você não apenas ouça e veja, mas reconheça em seu coração. Assim, este reino não é mais um mistério para você.

Que o Espírito Santo me dê capacidade para conhecer o reino de Deus.

Martinho Lutero

QUAIS SÃO AS SUAS OBRAS?

E tudo o que fizerdes, seja em palavra,
seja em ação, fazei-o em nome do Senhor Jesus, dando
por ele graças a Deus Pai. COLOSSENSES 3:17

As obras do crente não estão limitadas ao seu tipo, ao tempo ou ao lugar. Todas as suas obras são boas; sempre que forem feitas, serão oportunas; onde quer que sejam feitas, serão apropriadas. Então, Paulo não cita nenhuma obra, pois ele não faz distinção, mas conclui que todas as obras são boas, seja comer ou beber, falar ou ficar em silêncio, acordar ou dormir, ir ou ficar, estar ocioso ou ocupado. Todos os atos são eminentemente dignos porque são realizados em nome do Senhor Jesus. Esse é o ensino de Paulo aqui. E nossas obras são realizadas em nome do Senhor Jesus quando, pela fé, nos apegamos ao fato de que Cristo está em nós e nós nele, no sentido de que não mais nós trabalhamos, mas Ele é quem vive e trabalha em nós. Para falar e trabalhar com sinceridade e fervor em nome de Jesus, o coração deve necessariamente estar de acordo com o que a boca fala. Assim como os lábios declaram algo em nome de Deus, o coração sustenta que Deus dirige e executa a obra com confiança e fé firme. Nenhum cristão deve se comprometer a realizar qualquer obra de acordo com sua própria capacidade e dirigido por seu próprio juízo. Em vez disso, deve ter certeza de que Deus trabalha com ele e por meio dele. Tal atitude resultará em louvor e gratidão a Deus, que deve receber toda honra e louvor por todas as boas obras que praticamos.

Minhas obras serão sempre guiadas por Deus
e serão para a glória dele.

Martinho Lutero

NÃO SE SINTA MELHOR QUE SEUS IRMÃOS EM CRISTO

*...e os que nos parecem menos dignos
no corpo, a estes damos muito maior honra;
também os que em nós não são decorosos
revestimos de especial honra.* 1 CORÍNTIOS 12:23

Vemos que mãos e olhos, independentemente de sua função superior, trabalham cuidadosamente para vestir e adornar nossas partes menos honrosas. Por mais desiguais que sejam as capacidades e distinções dos membros do corpo, eles são iguais no sentido de que são todos partes do mesmo corpo. Os olhos não podem reivindicar nenhum lugar melhor no corpo do que o ocupado por algum membro menos distinto, nem podem ostentar maior autoridade sobre o corpo do que qualquer outro membro goza. E nem pretendem fazê-lo. Da mesma forma, todos os cristãos, sejam fortes ou fracos na fé, maduros ou imaturos, participam igualmente em Cristo e são iguais entre seus irmãos de fé. Posso me orgulhar tanto em Cristo quanto Pedro e não invejo Pedro por ele ser um membro da Igreja mais ilustre do que eu. Faço parte do mesmo corpo ao qual ele pertence e possuo Cristo tanto quanto ele. Os hipócritas são incapazes de reconhecer essa igualdade. Os sacerdotes desejam ser melhores do que os leigos; os monges se acham melhores que os sacerdotes; as virgens, mais santas do que as desposadas. O diligente em orar e jejuar se acha melhor do que o trabalhador; e aqueles que levam vidas austeras, mais justos do que os de vida comum. Isso é obra do diabo, que produz males de toda espécie. O cristão deve agir de modo a beneficiar não a si mesmo, mas aos outros, e ter um interesse sincero neles.

*Não permitirei que nenhum de meus irmãos
se sinta inferior a mim em Cristo.*

Martinho Lutero

NÃO DUVIDE DA COLHEITA QUE DEUS LHE DARÁ

Aquele que leva a preciosa semente, andando e chorando, voltará, sem dúvida, com alegria, trazendo consigo os seus molhos. SALMO 126:6 ARC

Este é um salmo de ação de graças pela libertação do cativeiro babilônico. Ele termina com uma conclusão notável e gloriosa que abrange, em poucas palavras, todo o conselho e o decreto imutável de Deus a respeito de Sua Igreja, a saber: que convinha que Cristo primeiro sofresse e ressuscitasse, que fosse exaltado e glorificado por Deus. Assim também os cristãos devem, primeiro, enfrentar certa medida de aflição antes de alcançarem a alegria, ao passo que os homens mundanos atingem certa medida de alegria antes de serem eternamente condenados. A Igreja, portanto, é aquele pobre rebanho, que vive em meio a um povo ímpio e ora, chora, é tentado e afligido; que semeia em lágrimas, mas ceifa com alegria. As aflições e a morte dos santos são muito preciosas, por isso o salmista as chama de "preciosa semente", porque dão as colheitas mais abundantes. Mas nós, crianças na graça, nós, pobres criancinhas, sob nossas lágrimas e suspiros, não entendemos a voz, ou a mente, ou a vontade de nosso Pai celestial nessas aflições. Também não podemos ver ou entender quão preciosa é esta semente aos olhos de Deus, que chama até mesmo a "morte" (que é a mais terrível de todas essas sementes) de "preciosa", em outro lugar: "Preciosa é aos olhos do SENHOR a morte dos seus santos" (SALMO 116:15). Para Deus, a semente lançada pelos Seus está acima de todos os tesouros do mundo.

Certamente colherei o fruto de toda entrega que tenho oferecido a Deus.

Martinho Lutero

SEJA SEMPRE FIEL A CRISTO

*Eis que subimos para Jerusalém, e vai cumprir-se
ali tudo quanto está escrito por intermédio dos profetas,
no tocante ao Filho do Homem.* LUCAS 18:31

Cristo disse estas palavras a caminho de Jerusalém, por ocasião da festa da Páscoa, antes de Sua paixão. Seus discípulos não esperavam testemunhar os Seus sofrimentos, pois eles seguiam para uma ocasião alegre, que era a Páscoa. Muito antes disso, Isaías havia profetizado que Cristo se entregaria voluntária e alegremente como sacrifício. A compreensão plena da paixão de Cristo depende de não apenas considerarmos os Seus sofrimentos, mas também o Seu coração e a Sua vontade nesses sofrimentos; pois todos que veem Seus sofrimentos, sem considerar neles a vontade e o coração de Cristo, ficam mais aterrorizados do que se regozijam neles. Quando alguém vê a vontade e o coração de Cristo em Sua paixão, isso traz verdadeiro conforto, segurança e prazer em Cristo. Assim, o salmista louva essa vontade de Deus e de Cristo, quando diz: "...agrada-me fazer a tua vontade, ó Deus meu..." (SALMO 40:8). O apóstolo, na epístola aos Hebreus, diz: "Nessa vontade é que temos sido santificados..." (HEBREUS 10:10). Ele não diz "por meio do sofrimento e do sangue de Cristo" — o que também é verdade — mas, por meio da *vontade* de Deus e de Cristo. Ambos tinham a mesma vontade de nos santificar por meio do sangue de Cristo. Neste versículo, Cristo nos mostra essa vontade de se entregar ao sofrimento, ao anunciar, pela primeira vez, que iria a Jerusalém e permitiria que o crucificassem.

*Sempre serei fiel a Cristo, porque Ele rendeu
Sua vontade e entregou Sua vida por mim.*

Martinho Lutero

VOCÊ POSSUI O VERDADEIRO AMOR?

Ainda que eu fale as línguas dos homens e dos anjos, se não tiver amor, serei como o bronze que soa ou como o címbalo que retine. 1 CORÍNTIOS 13:1

Veja quão pequena é a palavra "amor" e quão facilmente ela pode ser pronunciada! Quem pensaria haver nesta única excelência tamanha virtude e poder? O modelo que o apóstolo apresenta deveria justamente envergonhar os falsos mestres, que falam muito de amor, mas não possuem nenhuma das virtudes que ele menciona. Cada qualidade do amor mencionada por Paulo significa uma bofetada e agressão aos falsos mestres. Sempre que Paulo qualifica o amor e caracteriza suas virtudes, ele inevitavelmente atinge aqueles que são deficientes nelas. Poderíamos muito bem, à medida que ele descreve tais características, acrescentar o comentário: "Mas você age de maneira muito diferente". Sabemos as abominações que ocorrem onde falta o amor: as pessoas se tornam orgulhosas, invejosas, impacientes, falsas, desconfiadas, maliciosas, pouco inclinadas a servir, egoístas, ambiciosas. Como se pode afirmar consistentemente que pessoas desse tipo podem, por meio da fé, remover montanhas, entregar seus corpos para serem queimados, profetizar e coisas do gênero? É precisamente como eu disse: Paulo apresenta uma proposição impossível, pois, sem amor, ninguém pode verdadeiramente ter esses dons, apenas manifestam-nos em sua aparência. E para desmascará-los, o apóstolo demonstra que eles não são o que aparentam. Poucos são os que usam corretamente esses dons e conhecimentos, que se humilham para servir os outros, de acordo com as exigências do amor.

Senhor, ajuda-me a verdadeiramente
ter o amor que vem de Ti.

Martinho Lutero

COMO DEVEMOS EXERCER NOSSA AUTORIDADE

Pois ele, quando ultrajado, não revidava com ultraje; quando maltratado, não fazia ameaças, mas entregava-se àquele que julga retamente. 1 PEDRO 2:23

"Cristo não insultava os escribas e fariseus quando os chamava de hipócritas, assassinos, serpentes e raça de víboras?" Ó, tenho certeza de que, nisso, seguiríamos o exemplo de Cristo de bom grado, porque é muito mais fácil do que ser paciente. Não precisaríamos de nenhum mestre para nos ajudar a aprender esse tipo de reação. Mas devemos deixar algo claro aqui. A injúria, ou seja, o proferimento de execrações e ameaças, pode ser de dois tipos. O primeiro é quando o próprio Deus a pronuncia com autoridade; o outro é o que vem do homem, sem nenhuma autoridade. Era um dos deveres do ofício de Cristo neste mundo, e um dos que agora competem àqueles que foram chamados a exercer o ministério depois dele, afirmar a verdade e condenar o mal. Esse procedimento é essencial para a honra de Cristo e para a salvação das almas. O castigo de Deus é uma obra do divino amor cristão. É um dever paternal imposto por Deus, que implantou na natureza parental um amor intenso pelo filho; ao mesmo tempo, se os pais forem piedosos e tiverem a devida afeição pelos filhos, não serão coniventes nem deixarão passar impune a sua desobediência. Assim, cada um pode e deve reprovar quando a autoridade ou a situação do próximo o exigir.

Preciso aprender a exercer a autoridade dada por Deus em amor e não por ódio ou vingança.

Martinho Lutero

AME O SEU PRÓXIMO COMO A SI MESMO

...se há qualquer outro mandamento, tudo nesta palavra se resume: Amarás o teu próximo como a ti mesmo. ROMANOS 13:9

O amor é o elemento central da Lei, por isso, ele está presente em todos os mandamentos. O amor é a fonte de todas as virtudes e é por causa dele que alimentamos, vestimos, confortamos, persuadimos, acalmamos e socorremos nosso próximo. O que mais poderíamos dizer sobre o amor? Pois quem ama entrega a si mesmo, todos os seus bens, sua honra, todos os seus poderes internos e externos, de corpo e alma, em benefício de quem está necessitado, seja amigo ou inimigo. Quem ama não retém nada com que possa servir ao outro, sofre em todas as condições, até mesmo por seus inimigos. É por isso que Paulo afirma que todos os mandamentos estão resumidos nesta frase: "Amarás o teu próximo como a ti mesmo". Este é o padrão pelo qual devemos medir o nosso amor. É um modelo melhor do que qualquer exemplo que os santos que viveram antes de nós tenham dado. Devemos entender o que significa "amar o próximo como a si mesmo". O amor-próprio fala sobre cuidar de seu corpo com alimentos, roupas e todas as coisas boas; fala sobre se proteger da morte e evitar o mal. Então, esse mandamento nos ensina a fazer ao próximo o que fazemos a nós mesmos. Como Deus poderia ter deixado um exemplo mais precioso, mais agradável e mais objetivo do que esse, que aponta para o instinto mais profundo de nossa própria natureza? A profundidade do seu caráter é medida pelo quanto esse mandamento está escrito em seu coração.

Senhor, ajuda-me a ter esta medida de amor em minha vida.

Martinho Lutero

NÃO DÊ DESCULPAS PARA SEUS PECADOS

Disse o Senhor a Caim: Onde está Abel, teu irmão? Ele respondeu: Não sei; acaso, sou eu tutor de meu irmão? GÊNESIS 4:9

Caim imaginou que sua resposta era convincente, mas ele não confessou, quando usou a palavra "irmão", que deveria ser mesmo seu tutor? Assim também Adão se isentou da culpa ao atribuir seu erro a Eva. Mas a desculpa de Caim é muito mais estúpida, pois, ao tentar omitir o seu pecado, ele o torna mais grave, enquanto a confissão honesta faria alcançar misericórdia e apaziguaria a ira. Todos os mentirosos e hipócritas são seguidores de Caim e, como seu pai, negam ou justificam seu pecado, e, por isso, não alcançam perdão. Vejamos a ordem em que os pecados se sucedem e aumentam. Primeiro, Caim peca por presunção e incredulidade, orgulhando-se do privilégio do seu direito de primogenitura. Ele toma como certo que será aceito por Deus com base em seu próprio mérito. Ao orgulho e à autoglorificação, seguem-se a inveja e o ódio ao seu irmão, que ele vê preferido sobre si próprio por um sinal inequívoco do Céu. A essa inveja e a esse ódio, seguem-se a hipocrisia e a mentira. À hipocrisia, segue-se o assassínio. Ao assassínio, segue-se a desculpa de seu pecado. E a última etapa é o desespero, que é a queda do Céu para o inferno. Não foi suficiente Caim matar seu irmão, mas ele acrescentou a indignação e a ira quando Deus lhe perguntou a respeito de Abel. Ele está indignado por ser chamado a prestar contas sobre o assunto. Sua resposta é a linguagem de quem resiste e detesta a Deus.

*Sempre confessarei meus pecados
a Deus e não os esconderei.*

Martinho Lutero

O SENHOR VÊ A SUA AFLIÇÃO

Quem há semelhante ao Senhor, nosso Deus, cujo trono está nas alturas [...]? Ele ergue do pó o desvalido e do monturo, o necessitado. SALMO 113:5,7

Esta é uma profecia notável e abençoada sobre o reino de Cristo e sua extensão desde o nascer até o pôr do Sol, passando por todos os reinos da Terra. Ela conclama todas as nações a louvar e magnificar a Deus e a proclamar as riquezas de Sua graça; isto é, a remissão dos pecados pelos méritos de Cristo. Pois Cristo é o Deus dos humildes, o Deus dos aflitos e o Deus dos que o invocam e clamam a Ele. Nosso Senhor é o Salvador e Deus totalmente amoroso e terno, que está assentado à direita da Majestade nas alturas, e ama e tem consideração pelos humildes, aflitos, oprimidos e compungidos e contritos de coração. O ofício peculiar e manifesto de Cristo, e a obra de Seu reino, é derrubar os soberbos, envergonhar os sábios e condenar os hipócritas e falsos santos; por outro lado, Sua obra é levantar e exaltar os humildes, iluminar e instruir os simples, santificar os pecadores e impuros, tornar frutíferos os estéreis, consolar os órfãos; isto é, Ele quer abençoar todos os que estão, de alguma forma, aflitos ou angustiados.

Eu sei que o meu Redentor me socorrerá na minha angústia.

NÃO SE EXALTE DIANTE DE DEUS

[Deus] não poupou o mundo antigo, mas protegeu Noé, pregador da justiça, e mais sete pessoas, quando fez vir o dilúvio sobre o mundo de ímpios. 2 PEDRO 2:5

É terrível pensar que toda a humanidade tenha sido destruída, exceto oito pessoas, pelo fato de aquela ter sido verdadeiramente a era de ouro, pois as eras posteriores não se igualam àqueles dias anteriores ao Dilúvio em glória, grandeza e majestade. E, se Deus visitou com destruição a Sua própria criação perfeita e a glória da raça humana, certamente temos motivos para temer. Ao infligir esse castigo, Deus seguiu Sua maneira peculiar. Tudo o que se exalta Ele derruba e humilha. Deus não poupou as criaturas mais sublimes, os anjos, nem os reis desse mundo, nem os primogênitos daquela era de ouro da humanidade. Quanto mais dádivas receberam, mais severamente Deus os puniu quando começaram a fazer mau uso dessas dádivas. Assim como Deus não pode deixar de nos agraciar e nos dar várias dádivas, pois é de Sua natureza ser muito bondoso, também não conseguimos deixar de nos orgulhar delas e de ostentá-las, tal é a corrupção causada pelo pecado original. Este foi o pecado do mundo primitivo. Entre os descendentes de Caim, havia homens bons e sábios, que, no entanto, eram maus diante de Deus, pois se orgulhavam de suas dádivas e desprezavam a Deus, que lhes concedera tais dádivas. Como resultado da impiedade, seguiu-se a corrupção moral de que fala Moisés, com a qual as pessoas se contaminaram com toda espécie de concupiscências e, depois, encheram o mundo de opressão e derramamento de sangue. Por isso, Deus veio para julgá-lo, pois Ele é fogo consumidor e Deus zeloso.

Não me exaltarei diante de Deus por causa de Suas preciosas dádivas.

Martinho Lutero

SEJA APERFEIÇOADO EM AMOR

Sede, pois, imitadores de Deus, como filhos amados;
e andai em amor, como também Cristo nos amou e
se entregou a si mesmo por nós... EFÉSIOS 5:1-2

Paulo nos exorta a sermos seguidores do Pai, como filhos amados. Ele emprega os termos mais afetuosos — "filhos amados" — para nos persuadir, com o amor do Pai, a amar. Que tipo de amor Deus manifestou a nós? Não é simplesmente aquele amor com que Ele nos sustenta, seres indignos, junto com todos os ímpios deste mundo, mas aquele que o levou a entregar Seu Filho por nós. Além de derramar sobre nós bênçãos temporais e eternas, Cristo se entregou completamente por nós. Aquele que despreza tal demonstração de amor, capaz de encher o Céu e a Terra e que está além de toda compreensão, aquele que não permite que esse amor acenda e estimule nele o amor pelo próximo (seja amigo ou inimigo) provavelmente nunca se tornará piedoso ou amoroso por meio de leis e mandamentos. "Andai em amor", aconselha o apóstolo, mas não com o amor do mundo — aquele amor que busca apenas seu próprio interesse e ama apenas enquanto ganha com isso. Devemos amar como Cristo amou: sem buscar prazer nem ganho, mas se entregando por nós como sacrifício e oferta para nos reconciliar com Deus, para que nos tornássemos Seus filhos. Devemos estar prontos para dar nossa vida tanto por nossos amigos quanto por nossos inimigos; devemos estar ocupados com o pensamento de como podemos servir aos outros e como nossa vida e posses podem ser usadas para ministrar a eles nesta vida, e isso porque sabemos que Cristo é nosso e nos deu todas as coisas.

Quero amar a todos e ser imitador de Cristo.

Martinho Lutero

SIGA O EXEMPLO DE CRISTO

*Leais são as feridas feitas pelo que ama,
porém os beijos de quem odeia são enganosos.*
PROVÉRBIOS 27:6

Foi o amor e a sinceridade de coração que levaram Cristo, em Seu ministério, a censurar e reprovar muitos que o seguiram. Seu motivo era afastar os transgressores de sua cegueira e malícia e resgatá-los da perdição. Mas, tendo cumprido Seus deveres ministeriais e tendo chegado a hora de Seu sofrimento, Ele padeceu pacientemente, permitindo que Seus inimigos lançassem sobre Ele todo o mal possível, em retribuição ao amor e bênção que Ele manifestava. Em vez de injuriar e execrar Seus perseguidores, enquanto estava pregado na cruz, Ele orou: "Pai, perdoa-lhes..." (LUCAS 23:34). Era, de fato, um coração tomado por um amor insondável que, em meio a sofrimentos extremos, podia ter compaixão de Seus perseguidores e abençoá-los em maior medida do que um pai pode abençoar um filho, ou um homem abençoar o próximo. Temos aqui um exemplo perfeito e singular de paciência do mais elevado tipo. Em Cristo, podemos contemplar de forma transparente o que ainda temos de aprender sobre a calma resistência.

*Preciso aprender com Cristo a suportar a afronta,
por meio do amor.*

Martinho Lutero

VEJA CRISTO PELA FÉ

De fato, a vontade de meu Pai é que todo
homem que vir o Filho e nele crer tenha a vida eterna;
e eu o ressuscitarei no último dia. JOÃO 6:40

Com estas palavras, Cristo declara a vontade do Pai, ou seja, que venhamos a Cristo, que o vejamos e creiamos nele, para que não sejamos condenados. É a vontade do Pai que alcancemos a vida eterna, portanto, Ele quer que todos os que foram dados a Cristo sejam salvos por meio de Cristo eternamente. Estas são palavras muito importantes, visto que a fé em Cristo é suficiente para alcançarmos a vida eterna. Ele não diz: "Jejuarás e orarás e farás isto e aquilo", mas, "Se creres no Filho, serás salvo. Esta é a vontade do Pai". Mas não devemos fazer boas obras? Sim, elas devem seguir a fé, pois a fé deve ter boas obras; porém, a vida eterna não é alcançada pelas boas obras. Fé é uma palavra fácil de dizer, mas ninguém sabe o que ela realmente significa. Ter fé é uma grande arte e doutrina, na qual nenhum santo jamais se formou ou foi capaz de compreender, a menos que estivesse mergulhado em desespero ou lançado em agonia e perigo de morte. O poder e o efeito da fé são especialmente vistos nas tentações, quando o pecado, a morte, o diabo e o inferno são vencidos. Quando o diabo e a morte chegam, ninguém pode nos ajudar, a não ser Aquele que disse: "carregar-vos-ei" (ISAÍAS 46:4). Sob esta condição, aprendemos o que é fé. E Ele acrescenta: "…e eu o ressuscitarei no último dia".

Permanecerei firme em Cristo pela fé,
até que alcance a vida eterna.

Martinho Lutero

RECONHEÇA SUA CULPA DIANTE DE DEUS

Certamente, ele tomou sobre si as nossas enfermidades e as nossas dores levou sobre si; e nós o reputávamos por aflito, ferido de Deus e oprimido. ISAÍAS 53:4

Atribui-se a Alberto Magno o entendimento de que pensar uma vez e apenas superficialmente nos sofrimentos de Cristo é melhor do que jejuar um ano inteiro ou recitar os Salmos todos os dias. Há também aqueles que se compadecem tanto de Cristo que choram e lamentam por Ele como as mulheres que o seguiram em Jerusalém, a quem Ele disse que era melhor chorarem por si mesmas e por seus filhos (LUCAS 23:28). Essas pessoas ficam com o coração aterrorizado e imediatamente entram em desespero, quando, na verdade, esse terror deveria vir ao entendermos a ira severa e o zelo imutável de Deus em relação ao pecado e ao pecador, no sentido de que Ele não queria que Seu único e amado Filho libertasse os pecadores, a menos que este alto preço fosse pago pelo resgate deles. Devemos considerar a seriedade inexprimível e insuportável do fato de um Ser tão grandioso ir ao encontro dos pecadores, sofrer e morrer por eles. Se você pensar que o próprio Filho de Deus, a sabedoria eterna do Pai, sofreu, você realmente ficará aterrorizado; e quanto mais refletir acerca disso, mais profunda será essa sensação. Você deve realmente crer e nunca duvidar de que foi você quem martirizou Cristo. Foram os seus pecados que o feriram. Assim, Pedro atingiu e aterrorizou os judeus, quando disse a todos eles: "...vós o matastes" (ATOS 2:23), de modo que três mil judeus ficaram aterrorizados e, tremendo, clamaram aos apóstolos: "Que faremos, irmãos?" (v.37). Enquanto o homem não chega a esse entendimento, os sofrimentos de Cristo não lhe trazem qualquer benefício verdadeiro.

Eu reconheço que foram os meus pecados que levaram Cristo ao Calvário!

Martinho Lutero

CONFIE NA MISERICÓRDIA DIVINA

Nossos pais, no Egito, não atentaram
às tuas maravilhas; não se lembraram da multidão
das tuas misericórdias e foram rebeldes junto
ao mar, o mar Vermelho. SALMO 106:7

Este é um salmo de reconhecimento, de confissão e de ação de graças. Nele, o salmista confessa todos aqueles pecados de murmuração e incredulidade e as outras numerosas transgressões contra o primeiro mandamento do Decálogo, pelas quais o povo de Israel provocou a Deus e se tornou totalmente indigno de todas as Suas misericórdias. Na conclusão, o salmista proclama a inigualável grandeza da misericórdia de Deus, pela qual Ele continuou atento ao Seu conselho e à Sua aliança e não derramou toda a Sua ira, mas foi misericordioso com o Seu povo por causa do Seu próprio nome. Como Moisés também diz: "Sabe, pois, que não é por causa da tua justiça que o SENHOR, teu Deus, te dá esta boa terra para possuí-la, pois tu és povo de dura cerviz" (DEUTERONÔMIO 9:6). Portanto, assim como os israelitas, o povo de Deus, não podiam gloriar-se em nada, a não ser no fato de terem sido salvos pela misericórdia e graça de Deus, assim também nós não nos podemos nos gloriar em nenhuma obra ou mérito nosso, apenas na misericórdia de Deus por nós!

Eu sei que as Tuas misericórdias sobre
a minha vida não têm fim.

Martinho Lutero

NÃO TEMA AS PERSEGUIÇÕES E SOFRIMENTOS

*E, para que não me ensoberbecesse
com a grandeza das revelações, foi-me posto
um espinho na carne, mensageiro de Satanás,
para me esbofetear...* 2 CORÍNTIOS 12:7

Ó Deus misericordioso, deveria o poderoso apóstolo Paulo estar sujeito a provações para não se exaltar por causa de suas grandes revelações? Como seres fracos como nós poderiam estar livres da autoexaltação? Podemos imaginar Paulo dizendo: "Como uma coleira no pescoço de um cachorro, uma argola no nariz de um urso, um freio na boca de um cavalo, ou uma mordaça na boca de um porco, assim é esse espinho em meu corpo, para que eu não me exalte". Ele próprio explica a natureza desse impedimento, ou espinho. Ele o chama de "mensageiro de Satanás", um demônio enviado para "esbofeteá-lo", ou para acompanhá-lo. A explicação que me ocorre é que as perseguições e os sofrimentos que o apóstolo relata são a esfola do diabo. O texto parece indicar alguma obra peculiar do diabo sobre o corpo de Paulo, pois diz que o espinho, ou impedimento, é o mensageiro que Satanás emprega para o agredir. Como Paulo não especifica a aflição, devemos deixá-la como uma angústia conhecida apenas por ele. É suficiente sabermos que, embora Deus lhe tenha dado grandes revelações, para além da compreensão humana, Ele também lhe deu um impedimento, um espinho em seu corpo, para impedir a autoexaltação; e o conhecimento das bofetadas e esfolamentos causados por esse impedimento, ou demônio, também estão além da compreensão humana.

*Senhor, não permitas que eu me exalte
quando Tu me usares.*

Martinho Lutero

VOCÊ TEM A VIDA DE CRISTO

A vida estava nele e a vida era a luz dos homens.
JOÃO 1:4

Assim como interpretamos as palavras de Cristo, quando Ele diz: "Eu sou a vida", também devemos interpretar estas palavras e nada dizer filosoficamente sobre a vida das criaturas em Deus; pelo contrário, devemos considerar como Deus vive em nós e nos torna participantes de Sua vida, para que vivamos por meio dele, nele e com Ele. Pois não se pode negar que por meio dele também existe a vida natural, que até os incrédulos recebem. A vida natural faz parte da vida eterna, é o seu começo, mas, por causa da morte, ela tem um fim quando não se reconhece e honra Aquele de quem ela vem. Por outro lado, aqueles que creem nele e reconhecem Aquele de quem nascem nunca morrerão; sua vida natural será transformada em vida eterna, e eles nunca provarão a morte. Quando o evangelista diz: "a vida estava nele" e não "a vida está nele", como se falasse de coisas passadas, não devemos interpretar como significando o tempo antes da criação, ou o tempo do início, mas o tempo da vida ou permanência de Cristo na Terra, quando a Palavra de Deus veio aos homens e esteve entre os homens, uma vez que o evangelista se propõe a escrever sobre Cristo e aquela vida na qual Ele realizou todas as coisas necessárias para que tivéssemos vida. Aqui Cristo foi feito nossa vida, luz e salvação.

Em Cristo, eu recebo a vida que tenho
e a vida eterna que tanto espero.

Martinho Lutero

O PODER DA CONFISSÃO

*Confessei-te o meu pecado e a minha
iniquidade não mais ocultei. Disse: confessarei
ao Senhor as minhas transgressões; e tu
perdoaste a iniquidade do meu pecado.* SALMO 32:5

O primeiro tipo de confissão é aquele que é feito a Deus e nos ensina que somos todos igualmente pecadores e ímpios. Se alguém tem alguma graça especial, agradeça a Deus e evite se vangloriar. Se alguém caiu em pecado, é por causa da sua carne, e ninguém caiu tão baixo a ponto de ser impossível que outro, que agora está de pé, caia ainda mais baixo. Esse tipo de confissão é tão necessário que não ousa cessar por um momento para que o cristão louve a graça de Deus todo o tempo e reprove a sua própria vida na Sua presença. O segundo tipo de confissão é aquele que é feito ao próximo e é chamado de confissão que brota do amor, assim como a primeira é chamada confissão que brota da fé. Sobre este tipo de confissão lemos: "Confessai, pois, os vossos pecados uns aos outros..." (TIAGO 5:16). Assim como o anterior, esse tipo de confissão é necessário e obrigatório, porque Deus não terá misericórdia de ninguém nem perdoará os seus pecados, a menos que também perdoe o seu próximo. Além disso, a fé não pode ser verdadeira a menos que produza esse fruto (a confissão e o perdão mútuos); caso contrário, um homem não poderia comparecer diante de Deus. Se esse fruto não existir, a fé e o primeiro tipo de confissão não são honestos. Esta é a maneira como Deus colocou Sua Palavra em todos os cantos do mundo. Portanto, você não deve desprezá-la, mas recebê-la com desejo sincero e com verdadeira fé.

*Confessarei os meus pecados e alcançarei misericórdia
de Deus e do meu próximo.*

Martinho Lutero

NOSSA VITÓRIA ESTÁ EM CRISTO

*Cantai ao Senhor, bendizei
o seu nome; proclamai a sua salvação,
dia após dia.* SALMO 96:2

Esta é uma profecia relativa ao reino de Cristo e à propagação do evangelho por todo o mundo e a toda a criatura. Esse evangelho será uma palavra de alegria e ação de graças, de paz, de regozijo e de um contínuo sacrifício de louvor: como o texto evidente do próprio salmo claramente mostra. Aqui, o mandamento é dado a todas as nações, reinos, povos, bosques, rios, fontes, árvores etc., para que louvem e engrandeçam o Senhor e celebrem o Seu nome com júbilo, porque Ele julga o mundo com justiça e verdade. Isto é, porque, por meio de Cristo, a semente prometida, Ele livra e livrará Seu povo do pecado, do poder do diabo, da ira de Deus e da morte eterna; e porque, em vez do reino da morte e das trevas, Ele estabelece o reino da luz, da remissão dos pecados e da vida eterna, diante de todos os homens. Este é o mais alegre grito de vitória, um cântico singular, a canção mais doce do Novo Testamento a respeito do reino e da graça de Cristo. Neste reino, nascem novos homens e novas criaturas; não pela Lei ou pelas obras, mas pela fé, pelo Espírito de Deus por intermédio de Cristo, de modo que cada crente é uma nova criatura e uma obra maravilhosa de Deus; e todos fazem diariamente obras maravilhosas e são monumentos maravilhosos, à medida que continuam na vida espiritual e finalmente se tornam vencedores sobre os poderes do pecado e do diabo.

Em Cristo, eu sou mais do que vencedor.

Martinho Lutero

NÃO DESANIME NEM SE DESESPERE

Um pouco, e não mais me vereis;
outra vez um pouco, e ver-me-eis.
JOÃO 16:16

Neste versículo nos é dado um exemplo que devemos viver diligentemente; no sofrimento, na ansiedade e na angústia, devemos ser fortes e de nos alegrar porque veremos a Cristo novamente. Sabemos que Ele ressuscitou, mas os discípulos não entendiam o que Ele queria dizer quando falava sobre ressurreição, por isso ficaram tão tristes e aflitos. Eles ouviram do próprio Cristo que voltariam a vê-lo, mas não entenderam o que isso significava nem como isso aconteceria. Ficaram tão perplexos que a tristeza e a angústia os dominaram, e eles se desesperaram. Porém, se eles não conseguiram compreendê-lo, por que Cristo nos deixou estas palavras? Para que nós não nos desesperemos, mas nos apeguemos à Palavra de Deus, certos de que realmente Cristo ressuscitou, embora não pareça. Devemos levar isso a sério e nos apegar firmemente a essas palavras. Devemos tê-las em mente quando estivermos tristes e angustiados, porque não demorará muito para que tenhamos uma alegria plena, pois, assim como Cristo e Seus eleitos tiveram que esperar "um pouco", você, eu e todos os crentes também temos. Pilatos e Herodes não crucificarão você, mas, da mesma maneira que o diabo os usou, ele também usará outros para o perseguir. Quando suas provações chegarem, não se preocupe sobre como será liberto delas. Deus o ajudará no devido tempo. Apenas espere. É só por "um pouco", pois Ele não tardará.

Ficarei firme em minhas tribulações,
pois Cristo me socorrerá.

Martinho Lutero

NÃO DUVIDE DO PERDÃO DOS SEUS PECADOS

Por meio de seu nome, todo aquele que nele crê recebe remissão de pecados. ATOS 10:43

Este versículo é o tema principal de um dos sermões de Pedro. É um dos mais importantes escritos dos apóstolos, pois contém o elemento vital da mensagem do evangelho. Por ele, entendemos como podemos nos apropriar das bênçãos das boas-novas, isto é, por meio da fé. Pela fé, nos apoderamos daquilo que nos é oferecido no evangelho. A mensagem é pregada para que possamos recebê-la e retê-la. A bênção é-nos oferecida por intermédio da Palavra de Deus, mas é pela fé que a recebemos e a tornamos nossa, permitindo que ela atue em nós. Este poder que é operado pela fé em nós é chamado por Pedro de "remissão de pecados", que é conferida por meio da pregação da doutrina de Cristo. O significado dessa nova mensagem é que Cristo, por Sua ressurreição, venceu em si mesmo o nosso pecado e a morte, desviou a ira de Deus e obteve graça e salvação. Ele ordenou que o perdão fosse pregado a nós, desejando que acreditemos que o receberemos por meio da fé. A fé deve ser de tal natureza que possa apreender e reter firmemente a verdade que Pedro declara neste versículo. Devemos crer que recebemos o perdão não por nosso próprio mérito, mas somente por amor de Cristo; devemos crer que, em virtude da ressurreição de Cristo, obtemos a remissão dos pecados, sendo completamente excluído qualquer outro elemento que não venha de Cristo, e a honra seja dada somente a Ele. Deveríamos ter vergonha de duvidar do perdão dos pecados e da justificação diante de Deus somente por meio de Cristo, como testemunham as Escrituras.

Nunca duvidarei do perdão que recebi de Cristo pela fé em Seu nome.

Martinho Lutero

GLORIE-SE APENAS NO SENHOR

Ingloriamente o confesso, como se fôramos fracos.
Mas, naquilo em que qualquer tem ousadia
(com insensatez o afirmo), também eu a tenho.
2 CORÍNTIOS 11:21

"Em tudo o que os falsos apóstolos podem se orgulhar", diz Paulo, "eu também posso me gloriar". Veja como, mesmo na época de Paulo, grandes homens erraram quanto ao verdadeiro sentido do evangelho, e muitos pregadores nobres teriam avaliado a vida cristã apenas pela aparência. Os verdadeiros pregadores espirituais devem ter sido poucos. Não deveríamos nos admirar que, em nossa época, os pregadores sinceros não sejam numerosos e que a maioria dos ministros se exalte por causa do que eles aparentam ser e pelo que fazem. Eles são propensos a tumultos, então, deixe-os tumultuar! Resistiremos ao máximo de nossas forças, confiando este assunto a Deus. Nossos adversários não continuarão com suas perseguições por muito tempo, pois, como Paulo diz logo antes desse versículo, eles, eventualmente, receberão o que merecem. Paulo se orgulha de certas aflições deste mundo nas quais supera os falsos apóstolos, que nada sofrem por causa da Palavra ou dos homens, mas apenas se vangloriam de seu nome e de suas obras. Entre tais aflições, ele cita ter passado uma noite e um dia na voragem do mar. De outras aflições, que não afetam a sua própria pessoa, mas angustiam os outros, ele menciona duas: enfraquecer e escandalizar-se. Assim, ele retrata claramente o profundo amor do seu coração, ou seja, as imperfeições e tristezas dos outros o machucam como se fossem seus.

Que as minhas cargas sejam as que o Senhor
quer que eu carregue.

Martinho Lutero

PREGUE CRISTO

*...e todos beberam da mesma água espiritual,
pois beberam da rocha espiritual que os acompanhava,
e essa rocha era Cristo.* 1 CORÍNTIOS 10:4 NVT

Cristo foi tipificado de várias maneiras no Antigo Testamento, e a rocha é uma delas. Observe, primeiro, que a rocha material, de que o texto fala, tinha um lugar à parte das labutas e do domínio do homem, no deserto. Por isso, Cristo é verdadeiramente insignificante para o mundo, desconsiderado e despercebido. A água que flui é contrária à natureza da rocha; é puramente milagrosa. A água tipifica o Espírito vivificador de Deus, que procede do Cristo condenado, crucificado e morto. Assim a vida é extraída da morte, e isto pelo poder de Deus. A morte de Cristo é a nossa vida, por isso, se quisermos viver, devemos morrer com Ele. Moisés golpeia a rocha por ordem de Deus e aponta para ela, prefigurando assim o ofício ministerial que, pela palavra, arranca da rocha espiritual o Espírito. Deus não dará o Seu Espírito a ninguém sem a instrumentalidade da Palavra e sem o ofício ministerial instituído por Ele para este propósito, acrescentando a ordem de que nada seja pregado senão Cristo. Se Moisés não tivesse obedecido à ordem de Deus de ferir a rocha com sua vara, nenhuma água teria fluído dela. Sua vara representa a vara da boca da qual fala Isaías: "...ferirá a terra com a vara de sua boca e com o sopro dos seus lábios matará o perverso" (ISAÍAS 11:4). Com esta afirmação sobre a rocha, o apóstolo faz com que todas as figuras e sinais concedidos ao povo de Israel pela Palavra de Deus se refiram a Cristo, pois, onde está a Palavra de Deus, aí está Cristo. Todas as palavras e promessas de Deus dizem respeito a Cristo.

*Pregarei Cristo, pois esta é a ordem
de Deus para mim.*

Martinho Lutero

QUAL É A QUALIDADE DE SUA FÉ?

*Havia, naquela mesma região, pastores
que viviam nos campos e guardavam o seu rebanho
durante as vigílias da noite.* LUCAS 2:8

Os pastores estavam no campo, sob o dossel celeste e não sob o teto de suas casas, mostrando que não se apegavam às coisas temporais. Eram desconhecidos do mundo que dorme à noite e se deleita em ser notado durante o dia. Esses pastores representam os humildes que vivem nesta Terra, muitas vezes desprezados e despercebidos, que habitam apenas sob a proteção do céu e desejam ardentemente o evangelho. O fato de serem "pastores" demonstra que ninguém deve ter o evangelho só para si, mas cada um deve anunciá-lo aos que ainda não o ouviram, pois aquele que crê tem o suficiente e deve esforçar-se para levar outros à fé e ao conhecimento de Deus, agindo como verdadeiro pastor que conduz este mundo às pastagens do evangelho durante o período noturno desta vida terrena. Que cada um se examine à luz do evangelho para saber o quanto está longe de Cristo, qual é a qualidade de sua fé e de seu amor. Muitos estão entusiasmados com uma devoção sonhadora, mas não olham ao seu lado para ver quantos dos seus semelhantes precisam de ajuda, permitindo que continuem em sua miséria, sem os ajudar. É um grande erro vocês pensarem que fizeram muito por Cristo, quando nada fizeram pelos necessitados. Se estivessem em Belém, vocês teriam prestado tão pouca atenção a Cristo quanto os moradores de Belém; contudo, como agora sabem quem Ele é, dizem que são Seus servos, mas dificilmente teriam feito isso lá.

*Que eu atente para a necessidade do meu próximo
e possa servi-lo em amor.*

Martinho Lutero

LEVE AS PESSOAS A CRISTO

Então, lhe perguntaram: Quem és, pois? És tu Elias? Ele disse: Não sou. És tu o profeta? Respondeu: Não. JOÃO 1:21

Eis a questão: João realmente confessou a verdade quando negou ser Elias ou o profeta, quando o próprio Cristo o chamou de Elias e mais que um profeta? O próprio João sabia que viera no espírito e no poder de Elias, e as Escrituras o chamavam assim. A verdade é que ele simplesmente confessou a verdade de maneira direta, ou seja, que ele não era aquele Elias sobre quem eles perguntaram nem um profeta. Os profetas geralmente lideravam e ensinavam o povo, que buscava conselho e ajuda deles. João não era e não seria assim, pois o Senhor estava presente, a quem eles deveriam professar e seguir. Ele não desejava atrair o povo para si, mas conduzi-lo a Cristo, o que era necessário antes da vinda do próprio Cristo. Um profeta prediz a vinda de Cristo. João, porém, revelava-o enquanto estava com Ele, o que não é tarefa de profeta. João direciona o povo a Cristo, e este é um ofício mais elevado do que o de um profeta, porém não é por causa de seu mérito, mas por causa da presença de seu Mestre. Portanto, de maneira simples e direta, João negou ser profeta, embora abundassem nele todas as qualidades de um profeta. Ele fez isso por causa do povo, para que eles não aceitassem seu testemunho como a predição de um profeta e esperassem o Cristo para um tempo futuro, mas pudessem reconhecê-lo como um precursor e guia que apontava para o Senhor, que estava presente. O evangelho por meio do qual Cristo veio ao mundo é a última mensagem que precede o dia do julgamento.

Não atrairei as pessoas a mim, mas a Cristo, a quem eu anuncio.

Martinho Lutero

VIVA SOB A LUZ DO EVANGELHO

Vai alta a noite, e vem chegando o dia...
ROMANOS 13:12

Isto equivale a dizer: "a salvação está perto". A palavra "dia" para Paulo é o evangelho, que ilumina o coração ou a alma. Cristo e Sua graça, prometidos a Abraão, são revelados e pregados a todo o mundo, iluminando a humanidade, despertando-a do sono e manifestando as verdadeiras e eternas bênçãos, para que possamos desfrutar do evangelho de Cristo e andar honradamente durante o dia. Pela palavra "noite", devemos entender todas as doutrinas estranhas ao evangelho, pois não existe outra doutrina salvadora; tudo mais é noite e trevas. Paulo designa a hora mais bela e vivificante do dia — o amanhecer encantador e alegre, o nascer do sol. Ao amanhecer, quando vemos o arrebol no céu ao leste, o mundo é aparentemente novo e tudo é reanimado. Em muitos lugares das Escrituras, a pregação reconfortante e vivificante do evangelho é comparada ao amanhecer; o dia do evangelho é produzido pelo glorioso Sol que é Jesus Cristo. Malaquias o chama de Sol da Justiça, que traz salvação em Suas asas (4:2). Seu brilho ilumina todo o mundo. Assim como os céus naturais trazem o Sol e o dia, os apóstolos em sua pregação nos trazem o verdadeiro Sol, Cristo. As Escrituras exaltam de forma sublime o dia do evangelho, pois ele é fonte de vida, alegria, prazer e energia, que traz todo o bem ao mundo. Daí o nome "evangelho", que significa boas notícias. Quem pode enumerar as coisas que nos são reveladas neste dia do evangelho?

Louvo a Deus por Suas infinitas bênçãos,
reveladas a mim por Seu evangelho.

Martinho Lutero

ESPERE PELA REDENÇÃO EM CRISTO

*Ora, ao começarem estas coisas
a suceder, exultai e erguei a vossa cabeça; porque
a vossa redenção se aproxima.* LUCAS 21:28

Como devemos manifestar alegria e anseio por esses sinais? Os verdadeiros cristãos são tão afligidos por todo tipo de tentações e perseguições que eles esperam, anseiam e oram pela redenção do pecado e do mal, como dizemos na oração do Pai Nosso: "Venha o teu reino" e "Livra-nos do mal". Se formos verdadeiros cristãos, nos uniremos sinceramente a esta oração. Se não orarmos assim, é porque ainda não somos verdadeiramente cristãos. Cristo adverte: ...ao começarem estas coisas a suceder, exultai e erguei a vossa cabeça...". Ele não diz: "Fiquem cheios de medo ou baixem a cabeça", pois está se aproximando de nós aquilo pelo que temos orado sinceramente. Se realmente desejamos ser libertos do pecado, da morte e do inferno, devemos aguardar a vinda do Senhor com alegria e satisfação. Para os que creem, esse dia será reconfortante e precioso; será a maior alegria e segurança, pois, nesta vida, as verdades do evangelho são extremamente doces para os piedosos enquanto são extremamente detestáveis para os ímpios. Por que o crente deveria temer e não se alegrar, uma vez que ele confia em Cristo, que vem como Juiz para redimi-lo e ser sua porção eterna?

*Quero ser liberto do pecado e aguardar
com esperança o dia da minha redenção.*

Martinho Lutero

TOME POSSE DA LIBERDADE CONQUISTADA POR CRISTO

Vindo, porém, a plenitude do tempo, Deus enviou seu Filho, nascido de mulher, nascido sob a lei, para resgatar os que estavam sob a lei... GÁLATAS 4:4-5

Quando dizemos que o Filho de Deus se fez homem para que pudesse nos redimir do pecado e da morte e nos dar a vida eterna sem qualquer mérito ou dignidade nossa, a razão humana especula o seguinte: Deus é único e Todo-poderoso Senhor de todos, que criou o homem e deu-lhe a Lei segundo a qual deveria viver; consequentemente, segue-se que Ele é misericordioso com os bons e obedientes, mas condenará e punirá os maus e desobedientes. Portanto, aquele que pratica boas obras e se guarda do pecado, Deus o recompensará. Na verdade, quem não tem esta revelação e Palavra de Deus não pode crer nem ensinar outra coisa senão a doutrina deste mundo, pois a razão humana não conhece nada melhor. E como poderia sem a revelação divina? Mas, para nós, foi revelado e declarado o conselho e a sabedoria de Deus: entregar Seu Filho para tomar sobre si a nossa carne. Pela Palavra de Deus, temos o conhecimento de que nenhum homem por si mesmo pode ser justo diante de Deus; que toda a nossa vida e todas as nossas obras estão sob a ira e a condenação divinas, porque nascemos em pecado e, por natureza, somos desobedientes a Deus. E, se quisermos ser libertos do pecado e salvos, devemos crer neste Mediador, o Filho de Deus, que tomou sobre si o nosso pecado e a nossa morte pelo Seu próprio sangue e, pela Sua ressurreição, nos libertou.

Sou livre do pecado e da morte pela obra sacrificial de Jesus, o Cristo.

Martinho Lutero

NÃO OLHE PARA A SUA FRAQUEZA

Da boca de pequeninos e crianças de peito suscitaste força, por causa dos teus adversários, para fazeres emudecer o inimigo e o vingador. SALMO 8:2

Esta é uma profecia sobre Cristo, sobre Seu sofrimento, Sua ressurreição e Seu governo sobre todas as criaturas. É por esta razão que o apóstolo Paulo o cita em Efésios 1 como referência ao reino de Cristo. Este salmo prediz que o poder e a força de Seu reino serão invencíveis contra todos os inimigos, por mais violentos que sejam em sua determinação de exigir sua vingança; isto é, que Ele será vitorioso e poderoso contra todos os sábios e poderosos. Este salmo prediz que Cristo será imbatível e vitorioso, não por intermédio de armas, de forças poderosas de cavalos e infantaria, mas por meio da Palavra do Seu evangelho, que será pregada por "pequeninos e crianças de peito", isto é, por homens simples e fracos, desprezados aos olhos do mundo, e que será recebida por Sua Igreja pobre, aflita e que clama. Esta mensagem do evangelho, repito, embora recebida e pregada por criaturas tão fracas, desafiará todo o conhecimento humano, quebrará e esmagará toda a força humana sob si, e nenhum poder de criatura, seja ele qual for, se interporá no seu caminho; pelo contrário, esse Reino será mais firme do que o céu, o Sol e a Lua e durará para sempre! Assim como o Salmo 2, este salmo se refere ao primeiro mandamento, no qual Deus anuncia que será o nosso Deus, e também à segunda petição da Oração do Pai Nosso.

Mesmo sendo fraco, sempre anunciarei as maravilhas de Deus ao mundo.

Martinho Lutero

CONFIE NO SEU REI

*Não temas, filha de Sião, eis que
o teu Rei aí vem, montado em um filho
de jumenta.* JOÃO 12:15

Direcionaremos nossa atenção para o motivo pelo qual o evangelista cita as claras, belas e maravilhosas palavras, com as quais o profeta descreve antecipadamente a entrada pública e a manifestação de nosso Senhor Jesus Cristo ao povo de Sião ou Jerusalém. O profeta queria mostrar ao seu povo e ao mundo inteiro quem é o Messias e de que forma Ele viria e se manifestaria. Ora, como havia coisas tão gloriosas ditas e escritas sobre Cristo e Seu reino, os judeus acreditavam que Ele se manifestaria em grande pompa e glória deste mundo, como um rei que vem contra seus inimigos (especialmente os romanos, aos quais os judeus estavam sujeitos e esperavam que o Cristo vencesse). Assim, eles esperavam do Cristo prometido apenas um reino deste mundo e libertação de seu cativeiro físico. Mas os estimados profetas predisseram claramente que não deveríamos pensar em tal reino terreno nem na salvação física, mas na promessa de um reino espiritual e de uma redenção da queda perniciosa da humanidade no Éden. Esta é uma salvação diferente daquela que eles esperavam, cujo fim é a morte. Portanto, o evangelista cita esta frase do profeta Zacarias para corrigir a cegueira e as noções equivocadas daqueles que buscam bênçãos corporais e temporais em Cristo e em Seu evangelho e para convencê-los, pelo testemunho do profeta, que tipo de rei Cristo era e o que eles deveriam buscar nele.

Minha confiança está em Cristo Jesus, o meu Rei.

Martinho Lutero

O DIA DO SENHOR VIRÁ

Haverá homens que desmaiarão de terror e pela expectativa das coisas que sobrevirão ao mundo; pois os poderes dos céus serão abalados. LUCAS 21:26

Os sinais que precedem o dia do julgamento são muitos e são tremendos. Todos se cumprirão, ainda que poucos os notem ou os considerem como tal. Duas coisas devem acontecer, conforme a Palavra de Cristo e dos apóstolos: primeiro, muitos e grandes sinais se manifestarão; em segundo lugar, o último dia virá repentinamente, e o mundo não estará esperando, mesmo que esse dia esteja às portas. Alguns, de fato, verão tudo isso e serão aqueles que menos esperam. Se não houvesse tal segurança e negligência, aquele dia não surgiria repentinamente, mas Ele diz que isso acontecerá como uma armadilha, pela qual pássaros e animais são capturados quando estão mais preocupados com sua alimentação do que esperando serem apanhados. Com esta ilustração, Cristo nos mostra claramente que o mundo continuará a farrear, a comer e a beber, a construir e a plantar, e a buscar diligentemente as coisas deste mundo, e olhará para o dia do julgamento como se estivesse a mil anos ou mais, quando, num piscar de olhos, eles poderão estar diante do terrível tribunal de julgamento de Deus. Quaisquer que sejam os outros sinais que possam aparecer antes da vinda de Cristo, sei que, de acordo com as Suas palavras, a fartura e a embriaguez, a construção e o plantio, a compra e a venda, o casamento e outros cuidados desta vida serão evidentes.

Estarei sempre atento para o dia da vinda do meu Senhor.

Martinho Lutero

ENCONTRE CONSOLO NAS ESCRITURAS

Pois tudo quanto, outrora, foi escrito para o nosso ensino foi escrito, a fim de que, pela paciência e pela consolação das Escrituras, tenhamos esperança. ROMANOS 15:4

O apóstolo nos adverte que toda a Escritura foi escrita para nosso ensino. O registo das palavras e obras de Cristo é para nossa edificação, como o modelo a ser seguido. Embora as palavras sejam sobre Cristo, elas são dirigidas a nós, para nosso ensino, por isso devemos nos comportar como as Escrituras nos dizem que Cristo e os santos se comportaram. Então, se a nossa doutrina pode ser encontrada na Bíblia, certamente não devemos procurá-la em outro lugar; todos os cristãos devem fazer uso diário deste Livro, pois nenhum outro traz o título aqui dado por Paulo — livro das consolações —, que pode amparar a alma em todas as tribulações, ajudando-a a não se desesperar, mas a manter a esperança. Pois assim a alma recebe a Palavra de Deus e, aprendendo sobre Sua vontade graciosa, se apega a ela e permanece firme na vida e na morte. Visto que a vida eterna não é evidente aos sentidos naturais, a alma precisa de algo a que possa se agarrar, e esse algo é a Palavra de Deus. Paulo menciona "paciência" antes de "consolação" para indicar que aquele que não está disposto a suportar o sofrimento e busca consolo em outro lugar não pode saborear o consolo da Palavra. É competência exclusiva da Palavra consolar. Devemos, portanto, primeiro, ser pacientes sob as provações, consolando-nos com aquelas porções das Escrituras que apontam para o exemplo de Cristo. Assim a esperança da alma será inabalável.

Minha alma sempre encontrará consolo nas Sagradas Escrituras.

Martinho Lutero

NOSSA ALIANÇA COM DEUS

E agora, por que te demoras?
Levanta-te, recebe o batismo e lava os teus pecados,
invocando o nome dele. ATOS 22:16

O benefício do batismo é que nele Deus se une a você e se torna um com você em uma aliança graciosa e reconfortante. De acordo com a finalidade e o significado do batismo, você deseja morrer para os seus pecados e ser renovado no último dia. Pela força desse desejo, Deus o recebe pelo batismo. Você se compromete a permanecer neste estado e, durante toda a sua vida, até o momento da morte, se separar do pecado cada vez mais. Deus aceita o seu compromisso e o exercita durante toda a sua vida com boas obras e não poucos sofrimentos. Visto que tal é o seu compromisso, Deus, por Sua vez, mostra-lhe graça e alianças com você de que Ele não lhe imputará os pecados remanescentes em sua natureza após o batismo e não os considerará nem o condenará por causa deles. Ele se satisfaz com o seu esforço para abandonar seus pecados e com o seu desejo de se livrar deles. Embora maus pensamentos e desejos possam surgir, embora às vezes você peque e caia, ainda assim, se você se levantar e renovar sua aliança, seus pecados serão perdoados em virtude da aliança que está representada pelo batismo. Se não fosse esta aliança, todo pecado, por menor que fosse, nos condenaria. Portanto, não há maior conforto neste mundo do que o batismo, pelo qual passamos para jurisdição da graça e da misericórdia de Deus.

Minha alma está livre do jugo do pecado e da morte,
pois estou em aliança com Deus.

Martinho Lutero

ADORE A CRISTO

*Disse o Senhor ao meu Senhor: Assenta-te
à minha direita, até que eu ponha os teus inimigos
debaixo dos teus pés?* MATEUS 22:44

Cristo não explica, apenas diz que Davi chamou Cristo de seu Senhor. Como então Davi, no Espírito, o chama de Senhor? É contrário à natureza um pai chamar seu filho de senhor, estar sujeito a ele e servi-lo, mas Davi chama Cristo de seu Senhor, e o próprio Senhor diz: "Assenta-te à minha direita", isto é, "seja como eu, reconhecido e adorado como o Deus verdadeiro"; porque não convém a nenhum outro sentar-se à Sua direita. Ele é de fato tão zeloso que não permite que ninguém se assemelhe a Ele, quando diz: "...a minha glória, pois, não a darei a outrem..." (ISAÍAS 42:8). Ele propõe aos judeus uma grande questão sem a resolver; pois eles não o entendiam e ainda não havia chegado o momento de tornar essa verdade conhecida. Mas o significado é, tal como os nossos artigos de fé nos ensinam, que Cristo era tanto o verdadeiro descendente natural de Davi quanto o Senhor de Davi, a quem o próprio Davi deveria adorar e considerar como Deus. No entanto, era impossível harmonizar essas afirmações, como ainda é impossível à razão humana, se o Espírito Santo não o revelar. Cristo é o único homem que foi capaz de guardar e cumprir a Lei. Ele deve interceder em nosso favor diante de Deus e ser nossa destra e proteção, em quem temos o perdão dos pecados e a libertação da ira de Deus e do inferno. Ele também nos dá o Espírito Santo para segui-lo até que cheguemos a Ele e sejamos como Ele, sem nenhum pecado e em perfeita justiça.

*Eu adoro a Cristo, meu Senhor e meu Mestre,
como Davi também adorou.*

Martinho Lutero

VIVA PARA GLORIFICAR A DEUS

*Assim brilhe também a vossa luz diante dos homens,
para que vejam as vossas boas obras e glorifiquem
a vosso Pai que está nos céus.* MATEUS 5:16

Todo cristão precisa saber que sua vida terrena não lhe pertence nem é para seu próprio bem, mas pertence a Cristo, seu Senhor. Por isso, sua caminhada deve contribuir para a honra e glória de seu Mestre, a quem ele deve servir de tal maneira que possa dizer com Paulo, não apenas com respeito à vida espiritual — a vida de fé e justiça pela graça —, mas também no que diz respeito aos seus frutos: "já não sou eu quem vive, mas Cristo vive em mim..." (GÁLATAS 2:20). O mundo reconhecerá a Cristo pelo Seu brilho em nós. O mundo está mergulhado em trevas espessas e não dá ouvidos à Palavra de Deus nem ao Seu plano para a nossa vida diária. Se pregarmos fé na Palavra de Deus, o mundo a estranhará. Viver uma vida cristã simples na própria família, ou cumprir fielmente os deveres de um trabalhador, não tem valor algum. As Escrituras não ensinam outras boas obras além das que Deus ordena a todos os homens no Decálogo, que pertencem às condições comuns da vida. É verdade que estas obras não apresentam um espetáculo tão grande aos olhos do mundo como os cerimoniais dos cultos, mas são obras verdadeiras, dignas, boas e proveitosas aos olhos de Deus e dos homens. O que pode ser mais aceitável para Deus e vantajoso para o homem do que viver em sua própria vocação, contribuindo para a honra de Deus e, pelo seu exemplo, influenciar outros a amarem a Palavra de Deus e a louvarem o Seu nome? Portanto, influencie as pessoas, por meio de sua caminhada piedosa, a crerem em Cristo e a glorificá-lo.

*Quero glorificar a Cristo no meu dia a dia, sendo fiel
e dando testemunho da Sua graça.*

Martinho Lutero

O PERDÃO ESTÁ APENAS EM CRISTO

Pois tu, Senhor, és bom e compassivo;
abundante em benignidade para com todos
os que te invocam. SALMO 86:5

Se quisermos que o reino de Cristo se desenvolva, devemos manter a Lei fora dele e não nos preocupar com obras, pois não está de acordo com o reino de Cristo dizer: "Corra de um lado para outro para expiar seus pecados; observe e faça isso e aquilo se quiser ser livre do pecado". Seus pecados são perdoados somente pela graça, sem qualquer obra ou lei. Os extremistas afirmam ter um espírito superior; eles encorajam e insistem em que realizemos algo antes de recebermos graça enquanto ignoram a fé e o amor. É claro que isso não vem do Espírito Santo. Cristo primeiro toma posse da consciência e, quando ela está correta na fé em Deus, então Ele também nos orienta a fazer obras para o próximo. Ele começa exaltando a fé e mantém as obras em segundo plano. Os fanáticos não conseguem entender isso. No entanto, Cristo provará a Sua Palavra e verá quem a recebeu e quem não a recebeu. Portanto, permaneçamos no caminho certo para o reino de Cristo, com as palavras do evangelho que confortam a consciência: "Filho, os teus pecados estão perdoados" (MARCOS 2:5).

Eu recebo o perdão dos meus pecados
pela graça de Cristo.

Martinho Lutero

ONDE ESTÁ A VERDADEIRA FELICIDADE

Bem-aventurado o homem que não anda no conselho dos ímpios [...] Antes, o seu prazer está na lei do Senhor, e na sua lei medita de dia e de noite. SALMO 1:1-2

Não há uma única pessoa que não anseie que tudo vá bem para ela e que não tenha medo de que as coisas lhe sucedam mal. No entanto, todos aqueles que se aventuraram a aprofundar esta investigação se afastaram do verdadeiro entendimento sobre o que, de fato, é a bem-aventurança. No entanto, foram aqueles que investigaram com a maior diligência, os filósofos de todas as épocas, que mais se desviaram. Foram eles que, colocando a autêntica bem-aventurança no âmbito da virtude e dedicando-se à sua busca, se tornaram mais miseráveis do que os seus contemporâneos. Dessa maneira, eles se privaram involuntariamente não apenas das felicidades da existência nesta vida presente, como também daquelas que nos aguardam na eternidade. Por outro lado, as pessoas comuns, embora acreditassem que a felicidade residia na entrega aos prazeres mundanos, pelo menos desfrutavam dos benefícios desta vida. Por outro lado, o salmista, guiado pela sabedoria divina e rejeitando todos os esforços humanos, nos oferece a verdadeira definição de felicidade, que permanece desconhecida para a maioria das pessoas, afirmando que o indivíduo realmente abençoado é aquele que ama a lei de Deus. Pode ser uma definição concisa, mas tem uma profundidade que vai contra as noções humanas convencionais, especialmente aquelas enraizadas na sabedoria mundana.

Sempre me deleitarei na lei do Senhor
para encontrar a verdadeira felicidade.

Martinho Lutero

SEJA HUMILDE DIANTE DE DEUS

*Então, o servo, prostrando-se reverente, rogou:
Sê paciente comigo, e tudo te pagarei.* MATEUS 18:26

Aquele servo acreditou tolamente que poderia pagar sua dívida, mas caiu e implorou ao seu senhor por paciência. Este é o tormento que toda consciência enfrenta quando o pecado a atinge profundamente, fazendo-a perceber o triste estado em que se encontra diante de Deus. Não há descanso; ela procura freneticamente por ajuda, pensando que pode fazer o suficiente para retribuir o que deve a Deus. Esta presunção leva as pessoas a inúmeras peregrinações, sacrifícios e outras tolices. Tudo isso acontece porque nos empenhamos em começar a viver e realizar muitas obras, as quais Deus deveria levar em consideração e se permitir ser pago por elas. Desse modo, achamos aquietar a consciência e apaziguá-la com Deus. Agimos de forma tão tola quanto aquele servo. Já uma consciência tocada pela lei de Deus sente seu impacto e verdadeiramente se humilha. Ela cai diante do Senhor buscando Sua graça, mas ainda tenta erroneamente ajudar a si mesma, pois essa é uma falha arraigada em nossa natureza. O que mais nossa pobre alma poderia fazer? Mas o Senhor vem e se compadece dessa angústia porque o servo está cativo e preso em seus pecados e é tolo o suficiente para tentar ajudar a si mesmo. Ele não busca misericórdia, não sabe nada sobre a graça e não sente nada além do peso dos seus pecados, sem ninguém para ajudá-lo. Então, seu senhor mostra-lhe misericórdia e o liberta. É assim que Deus faz conosco. Ele perdoa as nossas dívidas porque ouve o nosso clamor e vê a nossa humildade.

*Confessarei sempre os meus pecados ao Senhor,
pois Ele é misericordioso.*

Martinho Lutero

NOSSA RECOMPENSA ESTÁ PRÓXIMA

*Então, dirá o Rei aos que estiverem
à sua direita: Vinde, benditos de meu Pai!
Entrai na posse do reino que vos está preparado
desde a fundação do mundo.* MATEUS 25:34

Isto acontecerá na presença de todos os anjos, homens e demais criaturas, e diante de da turba de um mundo ímpio, para atestar quem são os cristãos piedosos e honestos e quem são os hipócritas. Tal separação não pode ocorrer antes desse dia nem mesmo na Igreja. Os bons e os maus devem permanecer juntos neste mundo, como aprendemos na parábola dos convidados do casamento, ou na forma como Cristo teve de tolerar Judas entre os Seus apóstolos. É triste para os cristãos terem de permanecer no meio de um povo corrupto, perverso e ímpio, que pertence ao reino de Satanás. Contudo, embora os cristãos tenham seus sofrimentos aqui neste mundo, eles terão seu conforto no dia do julgamento, quando Cristo os separará, para que, depois daquele dia, nenhum homem falso e ímpio, nem a morte, nem o diabo possam jamais tocá-los ou ofendê-los. Portanto, certifique-se de que você esteja entre aqueles que são gentis e misericordiosos neste mundo, por causa de Cristo, e sofrem por causa dele, então poderá aguardar com alegria o último dia e não temerá o julgamento, pois Ele já o escolheu e colocou entre aqueles que estarão à Sua direita. Nós, que somos cristãos, devemos esperar a vinda deste julgamento e desejá-lo de todo o coração, enquanto oramos com as palavras: "Venha o teu reino; seja feita a tua vontade; livra-nos do mal"; para que também possamos ouvir as palavras alegres e tão esperadas: "Vinde, benditos de meu Pai".

*Naquele dia, eu estarei entre os que
triunfaram com Cristo.*

Martinho Lutero

ESTEJA ALERTA E CONTINUE MARCHANDO PELA FÉ

Revesti-vos de toda a armadura de Deus,
para poderdes ficar firmes contra as ciladas do diabo.
EFÉSIOS 6:11

O diabo está sempre ativo e constantemente procura prejudicar os cristãos. Por isso, devemos estar vigilantes e nos fortalecer contra o seu poder. Afinal, ele é conhecido como o príncipe deste mundo por uma razão: ele quer controlar e dominar tudo. O diabo governa o mundo e se opõe ferozmente a qualquer progresso feito pelos cristãos. Ele não quer que seu reino seja perturbado ou que sua influência seja enfraquecida, por isso, quando ele sente o fogo da fé ardendo dentro de nós, ataca com astúcia, sabendo que o seu reino está em jogo. Ele tenta nos prender, nos cercar e nos atacar de todos os lados, pois não suporta a ideia de alguém deixar seu reino. É perigoso viver descuidadamente, porque o diabo pode nos atacar como aconteceu com grandes homens de Deus como Moisés, Arão e os príncipes de Judá. Eles tiveram uma fé excelente para conduzir o povo para fora do Egito, e todo o povo atravessou com fé o mar Vermelho, o deserto e passou por muitas experiências maravilhosas nas quais provou a sua fé; porém, chegaram a um ponto em que temeram morrer de fome e sede no deserto. Não é triste ver que, depois de manifestarem sua fé em tantas provações, lutando e superando-as, eles tenham sido vencidos por seu ventre e murmurado contra Deus? Veja que ninguém está seguro, a menos que a sua fé continue crescendo e fique cada vez mais forte.

Não permitirei que o meu inimigo roube a minha fé.

Martinho Lutero

SOU RICO EM CRISTO

Porque, em tudo, fostes enriquecidos nele, em toda a palavra e em todo o conhecimento.
1 CORÍNTIOS 1:5

A consolação da fé em Cristo, da invocação e da oração é aquilo a que Paulo chama de enriquecimento "em toda a palavra", o que, no sublime significado espiritual das palavras, aponta para a vida eterna. Ser enriquecido "em todo o conhecimento" se refere a ter uma concepção correta e um bom discernimento em todos os aspectos da nossa vida cotidiana e das nossas relações com as outras pessoas. Esses dois conceitos englobam tudo o que um cristão deve saber e possuir. Essas bênçãos são dádivas e riquezas insondavelmente maravilhosas. Quem as comparar com a miséria da nossa situação anterior não poderá deixar de ficar grato e satisfeito. De fato, o cristão possui riquezas incomensuráveis. A Bíblia é a palavra de eterna graça e consolação. Além disso, ele tem a segurança que vem da promessa de Deus de nos salvar de quaisquer dificuldades que possamos enfrentar e de nos conceder, como prometeu por meio do profeta Zacarias, o Espírito de graça e de súplicas (12:10). Anteriormente, não tínhamos esse conhecimento saudável. Não sabíamos em que acreditávamos ou como orar e viver. Verdadeiramente, devemos agora render a Deus sinceros agradecimentos pelo grande favor e bênção da luz e compreensão restauradas nas Escrituras e pela concepção correta dos assuntos doutrinários.

Agradeço a Deus pela dádiva da sabedoria que nos enriquece.

Martinho Lutero

NÃO SE DESESPERE DIANTE DA PERSEGUIÇÃO

A boca, ele a tem cheia de maldição, enganos e opressão; debaixo da língua, insulto e iniquidade. SALMO 10:7

Este salmo é uma oração fervorosa que contém queixas contra o Anticristo, esse terrível adversário de Deus e do evangelho, que sempre atacará e prejudicará a Igreja. Ele faz isso não apenas por meio da força e da tirania, mas também por meio de toda a astúcia de Satanás, de todas as suas falsificações e dissimulações, e de uma infinita variedade de hipocrisias. Este "Homem do Pecado" é retratado descritivamente neste salmo. Ele se enfurece contra nós com a espada, arruína e destrói almas com sua hipocrisia infinita e astuta e com seu doce veneno de falsas doutrinas e formas imponentes de falsa adoração. Porém, ele não se preocupa em ensinar a ninguém com bondade e gentileza nem em instruir seriamente sobre a piedade ou o verdadeiro conforto, mas tem a boca sempre cheia de maldição e de engano. A sua "arte" e mentiras são de uma variedade infinita e inexplicável de hipocrisia e tradições humanas; junto com aquela cal de aparente santidade e suas formas enganosas de adoração, ele nunca deixa de recorrer ao lucro perverso em todas as coisas, humanas e divinas, sob a capa blasfema e o alegado uso do nome de Deus. No final, o salmista afirma que tal abominação será revelada no fim dos tempos e será erradicada depois de se tornar manifesta pela ira de Deus. Este salmo faz referência ao segundo mandamento e à segunda petição do Pai Nosso.

O Senhor virá em meu consolo, e o inimigo da minha alma não prevalecerá.

Martinho Lutero

REVISTA-SE DE DEUS

E vos renoveis no espírito do vosso entendimento, e vos revistais do novo homem, criado segundo Deus, em justiça e retidão procedentes da verdade. EFÉSIOS 4:23-24

O novo homem tem o Espírito e a verdade, pelos quais o coração é iluminado para a justiça e a santidade, a fim de seguir a orientação da Palavra de Deus, desejar andar piedosamente e viver uma vida boa. Este novo homem é criado segundo Deus, à imagem de Deus, e deve necessariamente se distinguir daqueles que vivem no erro e na cobiça, sem conhecimento de Deus e desobedientes a Ele. Pois, se a imagem de Deus está no homem, este deve ter o conhecimento correto de Deus e concepções e ideias corretas, vivendo de modo agradável a Deus, correspondente à santidade e à justiça, que se encontram no próprio Deus. A essa imagem de Deus era Adão quando foi criado. Ele era, no que diz respeito à alma, verdadeiro, livre de erros, possuidor da verdadeira fé e do verdadeiro conhecimento de Deus; e, no que diz respeito ao corpo, santo e puro, isto é, sem desejos impuros como avareza, lascívia, inveja, ódio e assim por diante. Assim, a vida humana era um belo reflexo de Deus, um espelho no qual o próprio Deus se refletia, como a vida e a natureza de Seus santos e anjos estão revestidas por Deus e representam pensamentos e obras completamente puros e santos de acordo com a vontade de Deus. Os cristãos, pela graça e pelo Espírito de Deus, têm em si renovada a imagem de Deus e, assim, entram no paraíso da perfeita harmonia com Deus e da perfeita justificação. Nisso somos consolados pela Sua graça.

Estou revestido e protegido pela graça misericordiosa de Deus, nosso Pai.

Martinho Lutero

SEMPRE DÊ GLÓRIA A DEUS

*Então, Jesus lhe perguntou: Não eram dez
os que foram curados? Onde estão os nove? Não houve,
porventura, quem voltasse para dar glória a Deus,
senão este estrangeiro?* LUCAS 17:17-18

O estrangeiro foi o único que realmente deu toda a glória a Deus. Ó, que exemplo terrível! Entre dez, apenas um, e ele estava entre os menores e mais indignos. Como Deus ignora o que é grande, sábio, espiritual e honrado! Mesmo assim, tais indivíduos perdem todo o temor e desenvolvem uma disposição endurecida e petrificada. Também é horrível que o Senhor saiba que dez pessoas foram purificadas, mas que elas sequer pensam nisso. "Onde estão os nove?", pergunta Jesus procurando por eles. Que situação terrível para eles ter que dizer para onde foram e admitir que não deram glória a Deus. Pode ser que digam: "Ora, nós, porém, louvamos e agradecemos a Deus, como nos ensinaram os sacerdotes", pois é isso que faz aquele que adota ensinamentos humanos e rejeita a doutrina e a vontade de Deus. Todavia, no evangelho, recebemos avisos suficientes de que, se nos permitirmos ser enganados, não haverá defesa que possa ajudar, porque, no batismo, assumimos o compromisso de seguir Cristo e Sua doutrina, e não os homens. Cristo rejeitou e proibiu completamente as doutrinas humanas. Cristo consola Seus samaritanos, que arriscam sua vida por Ele, e fortalece a esperança deles de que Deus susterá a sua causa e condenará os que fazem o mal, quer eles sejam importantes e grandiosos. Antes de elogiar o samaritano, Cristo condena os outros nove a fim de que tomemos cuidado para não nos apressarmos ou desejarmos vingança, mas sim deixarmos isso com Ele e seguirmos em frente. Ele é extremamente correto ao defender o que estava certo e punir os que erraram.

*Não serei ingrato a Deus esquecendo-me
de louvá-lo por Suas bênçãos.*

Martinho Lutero

RECEBA A GRAÇA DE DEUS

*Se confessarmos os nossos pecados,
ele é fiel e justo para nos perdoar os pecados e
nos purificar de toda injustiça.* 1 JOÃO 1:9

Todos ouvem o evangelho, mas nem todos são transformados por ele, uma vez que não têm consciência dos seus pecados. No entanto, o evangelho declara que somos tomados por eles e, por isso, também oferece consolo e perdão dos pecados. Porém, temos de estar conscientes deles para sermos justificados. A totalidade do reino de Cristo pode ser resumida em apenas três palavras: perdão dos pecados. Os pecados existem e, se estivermos conscientes deles, precisamos confessá-los. Depois disso, a graça e o perdão estão imediatamente disponíveis. O perdão de Deus é muito diferente do perdão do homem. Quando um homem perdoa, ele volta a refletir sobre os pecados do outro ou até mesmo os expõe. Deus lança fora toda a Sua ira e já não considera o pecado. O inferno, a morte, o diabo e todos os infortúnios que ele possa trazer consigo também desaparecem quando esta ira se vai. Deus também oferece graça, consolação, salvação e tudo de bom que Ele próprio é. Grande é a majestade divina e grande é também aquilo que ela perdoa. Este é o reino de Cristo. Nele, tudo o que é necessário é que reconheçamos a nossa miséria e aceitemos todas as dádivas de Deus; não há mérito nosso envolvido. Este é o evangelho do qual a fé depende. Perante Deus, não preciso fazer nada; basta-me confessar corretamente os meus pecados. O Espírito Santo trabalha em mim para alcançar o perdão dos pecados e a unidade com Deus.

Quero viver para Deus e ser um com Ele.

Martinho Lutero

VOCÊ TEM UM LAR ETERNO

*Pai, a minha vontade é que onde eu estou,
estejam também comigo os que me deste, para que vejam
a minha glória que me conferiste...* JOÃO 17:24

Estas palavras são a última petição desta oração, mas a mais reconfortante para todos aqueles que se apegam a Cristo. Nessas palavras, nos é assegurado o que receberemos, onde encontraremos descanso e morada, já que neste mundo somos miseráveis, desprezados e não temos um lugar seguro para chamar de lar. Portanto, como um Salvador bondoso e fiel, Cristo nos encoraja prometendo-nos preparar um lugar onde estaremos com Ele e seremos tão felizes quanto Ele é com Seu Pai. É como se Ele dissesse: "Não se preocupem com o lugar onde habitarão; deixem que o mundo e o diabo se agitem e se enfureçam; vocês serão atendidos e chegarão ao lugar que desejam, onde poderão descansar e permanecer, apesar do mundo e do diabo". Estas palavras deveriam ser como um travesseiro e uma cama macia para a nossa alma; e, quando chegar a última hora e formos libertos do pecado, do mundo, do poder do diabo e de todo mal e formos levados ao nosso descanso e alegria eternos, devemos ir para lá com o nosso coração alegre.

*Descanso a minha alma na certeza
de que tenho um lar eterno.*

Martinho Lutero

PERMANEÇA FIRME NA GRAÇA DE CRISTO

...Vendo-lhes a fé, Jesus disse ao paralítico: Tem bom ânimo, filho; estão perdoados os teus pecados.
MATEUS 9:2

Estas poucas palavras resumem o que é o reino de Cristo, ou seja, a adorável voz que penetra o mais íntimo do nosso ser e diz: "estão perdoados os teus pecados". Não há outra maneira de compreender o reino de Cristo senão sabendo como estamos diante de Deus. Como resultado, o reino de Cristo está onde imperam a consolação e o perdão dos pecados — não apenas na pregação, o que é certamente vital, mas onde elas reinam de verdade. Cristo não só falou estas palavras ao ouvido daquele homem paralisado, mas também perdoou os seus pecados e o confortou. É importante que entendamos isso. Essas declarações são, de fato, facilmente ditas e ouvidas; no entanto, quando postas à prova, a luz se apaga imediatamente, e Satanás começa a nos desviar do caminho. Devemos tomar cuidado e aprender adequadamente o caráter e a natureza do reino de Cristo. Você sabe como a razão tende a cair da fé para as obras. Mas não há obras, nem mérito, nem ordem aqui; há apenas a oferta da assistência de Cristo, Seu conforto e graça.

Não me deixarei levar pela acusação do meu inimigo.

Martinho Lutero

SEJA SEMPRE AGRADECIDO A DEUS

*Dou graças ao meu Deus por tudo que recordo
de vós, [...] pela vossa cooperação no evangelho, desde
o primeiro dia até agora.* FILIPENSES 1:3-5

Paulo se regozija no evangelho com toda a sua alma e agradece a Deus porque outros foram recebidos nesta comunhão. Ele tem confiança em relação a alguns novos convertidos e se mostra tão interessado na salvação deles que se regozija nela tanto quanto na sua própria, aparentemente não sendo capaz de agradecer suficientemente a Deus. Ele ora incessantemente para ver muitos entrarem na comunhão do evangelho com ele e serem preservados até o dia do Senhor Jesus Cristo. Ele ora para que esses novos convertidos possam progredir na fé e na esperança até aquele dia feliz. Paulo é um exemplo de gratidão para nós. Cabe ao cristão que reconhece a graça e a bondade de Deus, expressas no evangelho, antes de tudo manifestar sua gratidão a Deus e também aos homens. Como cristãos que abandonaram os falsos cultos e sacrifícios que outrora praticamos zelosamente em nossa cegueira espiritual passada, lembremo-nos de nossa obrigação de sermos mais fervorosos em oferecer o culto verdadeiro e sacrifícios corretos a Deus. Não podemos lhe prestar melhor serviço do que a oferta de ação de graças, como as Escrituras a chamam. Isto é, receber e honrar a graça de Deus e a pregação e o escutar da Sua Palavra, bem como promover a sua operação, não apenas em palavras, mas sinceramente em nosso coração e com todas as nossas forças físicas e espirituais. Esta é a mais verdadeira gratidão. Não sejamos ingratos, esquecendo-nos da infinita bondade de Deus.

*Sempre darei graças a Deus por Sua bondade
e graça maravilhosa.*

Martinho Lutero

DEUS OUVIRÁ OS AFLITOS

Porque eis aí os ímpios, armam o arco, dispõem a sua flecha na corda, para, às ocultas, dispararem contra os retos de coração. SALMO 11:2

Este salmo é uma queixa contra aqueles enganadores e fanáticos que desviam os homens da pura e verdadeira doutrina da fé e da verdadeira adoração a Deus (que se baseia na verdadeira fé e no temor de Deus no coração) para a hipocrisia, a qual constantemente exibe algo admirável e agradável por fora. Estes enganadores e fanáticos, que atraem os homens como se fossem pássaros espantados para as montanhas, fazem com que eles se entreguem facilmente à hipocrisia e à falsa santidade, que aparenta ser algo grande e maravilhoso, uma rocha firme, enquanto não passa de algo inútil. Davi atribui a essas pessoas o que é característica particular dos hipócritas, a saber, que eles desprezam e ridicularizam aqueles que são genuinamente piedosos com arrogância, orgulho e aparência altiva. Eles dizem: "O que pode fazer aquele que é justo, aquele que é um bom cristão, aquela pobre criatura miserável?". Finalmente, temos a certeza de que Deus certamente ouvirá e atentará os aflitos; Ele estará presente com eles e lhes mostrará, por meio de sinais manifestos de Sua boa mão, que não os abandonará e se vingará de escarnecedores desse tipo, esses fariseus e inimigos de Davi, por meio de um julgamento terrível. Este salmo faz referência ao segundo preceito do Decálogo e à primeira petição da Oração do Pai Nosso.

Sei que o Senhor nunca me abandonará e sempre me consolará quando eu estiver em aflição.

Martinho Lutero

OBEDEÇA À LEI DO AMOR

*O amor não pratica o mal contra
o próximo; de sorte que o cumprimento da lei
é o amor.* ROMANOS 13:10

Todas as obras da Lei têm por objetivo demonstrar o nosso amor a Deus. É este o amor que a Lei exige e exigirá acima de tudo. Devemos ter em mente que todas as obras da Lei não foram ordenadas simplesmente para serem cumpridas. Mesmo que Deus nos tivesse dado mais mandamentos, Ele não gostaria que os guardássemos em detrimento do amor. Moisés tirou os filhos de Israel do Egito e, durante 40 anos, os conduziu pelo deserto, mas nenhum deles foi circuncidado, embora isso lhes tivesse sido ordenado. Deus ficou zangado com eles porque desobedeceram ao Seu mandamento? Não. Havia um mandamento maior em vigor: eles deveriam obedecer a Deus e sair do Egito e chegar à Terra Prometida o mais rápido possível. Tanto a necessidade como o amor estavam presentes, e teria sido terrível enfrentar tanto a dor da circuncisão como o peso da viagem. Como resultado, o amor assumiu o papel de mandamento. Assim, Davi pôde entrar no templo de Deus e comer o pão da proposição, que não era permitido a ele ou aos que estavam com ele, mas apenas aos sacerdotes. Davi comeu o pão apesar de não ser sacerdote porque a fome o obrigou a fazê-lo. Aimeleque, o sacerdote, não violou o mandamento ao dar a comida a Davi, pois o amor estava presente e o convenceu a fazê-lo.

*Senhor, dá-me um coração sábio para obedecer
aos Teus mandamentos.*

Martinho Lutero

TENHA UMA FÉ VIVA E EFICAZ

Porque, assim como o corpo
sem espírito é morto, assim também a fé
sem obras é morta. TIAGO 2:26

A fé é algo vivo e dinâmico. Porém, para que as pessoas não se enganem e creiam que têm fé quando não têm, elas devem avaliar suas obras para ver se também amam o próximo e fazem o bem a ele. Nisso encontrarão uma indicação de que têm a fé verdadeira. Se não o fazem, têm apenas o barulho da fé e são como quem se vê em um espelho e depois se esquece do que viu. Enganadores e mestres cegos têm usado este versículo para destruir a fé e estabelecer apenas as boas obras, como se a justiça e a salvação não estivessem baseadas na fé, mas nas obras. Contudo, Tiago indica que a vida cristã nada mais é do que fé e amor. Amor é ser útil e gentil com toda a humanidade, incluindo amigos e inimigos. Onde a fé é correta, ela leva a amar os outros com o amor que Cristo nos amou. Portanto, cuidado, pois, se a sua vida não está a serviço do próximo e você vive apenas para si mesmo, então a sua fé não é nada, pois não faz o que Cristo fez por você. Assim, cada um deve se perguntar se não tem em seu coração um sonho ou uma fantasia em vez de fé, e assim engana a si mesmo. Nada mais nos ajudará a aprender sobre fé e amor quanto a prática de obras de bondade. A vida cristã deve abranger e nunca separar a fé e o amor.

Que a minha fé seja demonstrada em atos
de justiça e amor ao meu próximo.

Martinho Lutero

VIVA A VERDADE GENUÍNA

*Irmãos, sede imitadores meus
e observai os que andam segundo o modelo
que tendes em nós.* FILIPENSES 3:17

Paulo, que pensa na Igreja dos filipenses com particular interesse e alegria, é levado, por uma preocupação paternal, a adverti-los para que se apeguem com firmeza ao que receberam, não procurando nada mais e não se supondo perfeitos, com total compreensão em tudo. Ele os adverte particularmente a imitarem-no e a observar os ministros que seguiam suas pegadas, bem como para moldarem as suas crenças e condutas pelo padrão que receberam dele. Ele não apenas dá exemplo de si mesmo, mas apresenta aqueles que andam de maneira semelhante, vários dos quais ele menciona nesta carta. Mas é essa doutrina em particular que o apóstolo queria que os filipenses seguissem como exemplo. Portanto, defender a integridade do ministério e a veracidade da fé devem ser as nossas principais prioridades. A doutrina será precisa e as boas obras serão naturalmente motivadas quando estes forem preservados. Ele encoraja os filipenses a aderirem à verdade genuína que ele ensinou desde o início, como fazia em outros lugares, pois muitos mestres daquela época começaram a perverter os ensinos de Paulo, alegando ensinar algo muito superior e afastando as pessoas de Cristo.

*Sempre seguirei a Palavra de Deus
e darei testemunho do evangelho.*

Martinho Lutero

A ORAÇÃO QUE DEUS ACEITA

Por esta causa, me ponho de joelhos diante do Pai.
EFÉSIOS 3:14

O apóstolo faz referência à sua oração, descrevendo a sua manifestação visível: dobrar os joelhos. No entanto, se não houver nada mais, a postura exterior é pura hipocrisia. Quando a fé na Palavra de Deus e nas Suas promessas revive e a oração é genuína — possuindo o fogo pelo qual é acesa e é movida por um coração sincero, que reconhece a sua necessidade e também as bênçãos proclamadas na Palavra —, então a pessoa é possuída por um fervor que a fará cair de joelhos e orar pelo poder do Espírito. O corpo assume naturalmente a postura apropriada quando o Espírito de oração está aceso e arde dentro do coração; os joelhos se dobram automaticamente e as mãos e os olhos se erguem. Pense nos exemplos de Moisés, Davi e até mesmo de Jesus. Aqui, Paulo estabelece a doutrina de que ninguém deveria se aproximar de Deus e pedir-lhe alguma dádiva, a menos que o fizesse em nome do Pai de nosso Senhor Jesus Cristo, como ele faz. Cristo é o único mediador para nós, por isso ninguém deve esperar ser ouvido até que se dirija ao Pai em nome desse Mediador e o declare como Senhor, que Ele foi designado por Deus como nosso intercessor. A oração de acordo com essas condições é aceita. Mas, para nos apegarmos à Palavra consoladora, precisamos de uma fé forte que retrate Deus no nosso coração como o Pai de nosso Senhor Jesus Cristo.

Quero orar de acordo com a Palavra de Deus
para que eu possa ser atendido.

Martinho Lutero

CONHEÇA A CRISTO E SUA GLÓRIA

Aquele que tem o Filho tem a vida;
aquele que não tem o Filho de Deus
não tem a vida. 1 JOÃO 5:12

Não só devemos estar com Jesus, mas também devemos chegar a uma compreensão cristalina de Sua grandeza. Aqui neste mundo nós a temos e a reconhecemos somente pela fé, por meio da Palavra, como que por um espelho e não diretamente. Nosso conhecimento ainda é limitado, como quando uma nuvem escura ofusca a luz radiante do Sol. O coração humano não pode compreender a grandeza da glória de Cristo, visto que Ele parecia tão pequeno enquanto andou por esta Terra. Mas, no mundo vindouro, Sua luz brilhará mais intensamente em nossa presença, e nós a contemplaremos com alegria indescritível. Que mal nos pode fazer o mundo, ainda que nos prive de bens, honra e vida, se com isso formos levados a Cristo e pudermos contemplar a Sua glória? Mas nós somos demasiado frios e preguiçosos para acreditar nisso. Está além da compreensão humana o entendimento de que nossos pobres e decadentes corpos devem alcançar tal posição de honra que sejam capazes de ver esta excelente glória divina para sempre. Sim, os nossos corpos serão mais brilhantes e gloriosos que o Sol e as estrelas.

Quero conhecer a glória de Cristo
a cada dia pela fé e pela Palavra.

Martinho Lutero

SUA FAMÍLIA É UMA BÊNÇÃO DE DEUS

*Abençoou Deus a Noé e a seus filhos
e lhes disse: Sede fecundos, multiplicai-vos
e enchei a terra.* GÊNESIS 9:1

Esta consolação foi necessária depois que o dilúvio quase exterminou a raça humana e apenas oito vidas foram salvas. Quando Deus repetiu esta bênção, que já tinha dado quando o mundo foi criado, Noé percebeu que Deus era verdadeiramente misericordioso e que ele não tinha razão para se preocupar com o crescimento de sua linhagem no futuro. Como resultado da garantia explícita de Deus de nunca mais castigar a humanidade tão severamente, a alegria gerada por esta promessa foi muito maior. Em primeiro lugar, este capítulo renova o estabelecimento do casamento por Deus, que, por Sua Palavra e ordem, une homens e mulheres com o propósito de repovoar a Terra. Uma vez que Deus havia sido despertado para a ira antes do dilúvio pelo desejo pecaminoso do homem, agora era necessário demonstrar que Ele não abomina a coabitação legal do homem e da mulher, mas que é Sua vontade aumentar a humanidade por esse meio. O Salmo 127:3 e esta passagem nos ensinam que os filhos são uma bênção de Deus e um presente para nós. Os pagãos, que desconhecem a Palavra de Deus, atribuem parte do incremento da humanidade ao acaso (uma vez que muitos dos que são obviamente mais aptos para a procriação frequentemente ficam sem descendência) e parte à natureza. Como resultado, eles não expressam gratidão a Deus por esta bênção nem consideram os seus filhos uma dádiva de Deus.

*Minha família é uma grande bênção
de Deus em minha vida.*

Martinho Lutero

VOCÊ PERTENCE A DEUS

*Porque todo o que é nascido de Deus
vence o mundo; e esta é a vitória que vence
o mundo: a nossa fé.* 1 JOÃO 5:4

Embora a linguagem de João seja sempre clara e simples, pode parecer estranha e ininteligível para a maioria das pessoas. Para o mundo, ela pode se assemelhar à tagarelice infantil ou tola. Que sentido pode ter a afirmação "todo o que é nascido de Deus vence o mundo" para quem é do mundo? Um não convertido interpretaria isso como "sujeitar a si mesmo todas as coisas terrenas e assumir uma posição de soberano do mundo". A noção de que temos de nascer de Deus parece ainda mais ridícula a essa classe. Eles podem perguntar: "Alguém já ouviu falar de filhos nascidos de Deus?". Seria menos absurdo dizer que devemos nascer das pedras, conforme a ideia dos poetas pagãos. Para o mundo, não há outro nascimento, senão apenas o nascimento físico. Por isso, a doutrina apresentada nesta lição de João parecerá sempre estranha, confusa e incompreensível para os não cristãos, pois os cristãos falam em novas línguas, como Cristo disse que fariam em Marcos 16:17, uma vez que receberam instrução e iluminação do Espírito Santo.

*A minha vitória está em ser nascido de Deus
e não pertencer mais ao mundo.*

Martinho Lutero

NÃO PERCA A SUA COROA

Todo atleta em tudo se domina;
aqueles, para alcançar uma coroa corruptível; nós,
porém, a incorruptível. 1 CORÍNTIOS 9:25

Se um atleta, ao mesmo tempo, tentasse fazer outras coisas ou ter sucesso em outros assuntos, não teria muito êxito; pelo contrário, logo seria derrotado, perderia a corrida e tudo mais. O competidor deve concentrar seus esforços exclusivamente no seu principal objetivo se quiser progredir. Todo o resto deve ser deixado de lado e a competição deve ser seu único foco. Mesmo assim, o vencedor ainda precisa de uma parcela de sorte, porque nem todos os que correm ganham o prêmio. De forma semelhante (embora em um nível muito mais elevando), é vital na corrida cristã renunciar a tudo e se dedicar apenas à competição. O que uma pessoa pode esperar ganhar se ela busca sua própria glória e lucro na Palavra e no Espírito de Deus, à maneira dos dissidentes e cismáticos? Ela será completamente enredada pela glória deste mundo e pelo dinheiro e será acorrentada da cabeça aos pés como um escravo. A corrida dessa pessoa é apenas um mero sonho de alguém que se deita no sofá, como um cativo preguiçoso. Paulo nos aconselha a correr com empenho, enquanto estivermos na corrida, para que possamos ganhar a coroa e não perdê-la devido a tropeços. A corrida é prejudicada quando um objetivo falso é estabelecido ou o verdadeiro é removido. Uma vida negligente e omissa acabará por causar a perda do prêmio. Enquanto as pessoas dormem, o inimigo rapidamente lança o joio no meio do trigo.

Senhor, dá-me disciplina e vigilância
para não perder o meu alvo.

Martinho Lutero

LUTE CORRETAMENTE DIANTE DE DEUS

Assim corro também eu, não sem meta;
assim luto, não como desferindo golpes no ar.

1 CORÍNTIOS 9:26

Paulo usa a si mesmo como exemplo e sugere que a razão do nosso fracasso é a falta de amor e o uso da Palavra de Deus com um espírito obstinado, ambicioso e cobiçoso, enquanto há uma deficiência na fé que se baseia no amor. Sob estas circunstâncias, os cristãos falsos e preguiçosos realmente correm alegremente, mas a Palavra de Deus e as maneiras pelas quais eles são tão alertas e rápidos é mera exibição, porque forçam os filhos de Deus a servir a sua própria glória e interesse. No entanto, eles não conseguem perceber que lutam de forma irregular e golpeiam o ar. Eles nunca fazem uma tentativa séria de atingir o alvo. Embora seja sua responsabilidade mortificar a ambição, controlar a vontade própria e servir o próximo, eles nunca o fazem. Em vez disso, até tomam medidas para reforçar a sua ambição e obstinação antes de jurarem mil vezes que estão apenas interessados na honra de Deus, no bem-estar do próximo, e não no seu próprio. Por eles falharem em tornar sua vocação eficaz por meio das boas obras, Pedro afirma que essa classe de gente é cega, incapaz de ver longe, esquecida de que foi purificada dos seus pecados de outrora (VEJA 2 PEDRO 1:9-10). O coração deles é instável e vacilante diante de Deus, inconstante em todos os seus caminhos (VEJA TIAGO 1:8). Como resultado, erram o alvo ou abandonam-no completamente, e só conseguem se desviar do caminho verdadeiro e aprovado.

Não me dispersarei nem me afastarei da Palavra de Deus
e do caminho da verdade.

Martinho Lutero

COMO RECEBER A APROVAÇÃO DE DEUS

Ora, irmãos, não quero que ignoreis que nossos pais estiveram todos sob a nuvem, e todos passaram pelo mar [...] e beberam da mesma fonte espiritual [...] Entretanto, Deus não se agradou da maioria deles... 1 CORÍNTIOS 10:1,4-5

Para demonstrar que nem todo que corre receberá o prêmio, Paulo usa um exemplo terrível da Bíblia. Havia cerca de 600 mil israelitas e todos seguiam as instruções de Deus, confiavam nele completamente e foram assim protegidos pela nuvem e milagrosamente atravessaram o mar. Apesar desse grande número de pessoas naquele momento, apenas Josué e Calebe ganharam o prêmio. De todas aquelas pessoas, apenas dois conseguiram chegar à Terra Prometida. No versículo 11, Paulo explica que "Estas coisas lhes sobrevieram como exemplos e foram escritas para advertência nossa...", isto é, o objetivo do tratamento de Deus é confrontar a vaidade, a falsa sabedoria e a obstinação; impedir que as pessoas se desprezem umas às outras e tentem usar a Bíblia para promover a sua própria honra ou ganho financeiro, em detrimento da honra e do ganho do próximo. Quantos grandes homens havia entre os 600 mil? Entre eles, estavam os 12 príncipes das 12 tribos, um dos quais, Naasom, é mencionado, em Mateus 1:4, como parte da linhagem santa de Cristo. Também havia os 70 anciãos que compartilhavam do espírito de Moisés, e todos os outros grandiosos. Todos eles se esforçaram na corrida e sofreram muito. Testemunharam muitos milagres de Deus e ajudaram a erigir o tabernáculo e a instituir a adoração ao Senhor. Tinham muitas boas obras, mas falharam e morreram no deserto. Bem é dito: "Aquele, pois, que pensa estar em pé veja que não caia" (1 CORÍNTIOS 10:12).

Não me entregarei à obstinação e à falsa sabedoria.

Martinho Lutero

DEUS SEMPRE NOS GUIA

A longanimidade de Deus aguardava nos dias de Noé, enquanto se preparava a arca, na qual poucos, a saber, oito pessoas, foram salvos, através da água, a qual, figurando o batismo, agora também vos salva, [...] por meio da ressurreição de Jesus Cristo. 1 PEDRO 3:20-21

Pedro quer que compreendamos a verdade frequentemente declarada de que Deus sempre guiou, resgatou e salvou os Seus santos por dois meios: a Sua palavra e os sinais que Ele manifestou. Adão foi salvo pela promessa de que a semente da mulher feriria a cabeça da serpente (VEJA GÊNESIS 3:15), ou seja, de que Cristo virá para vencer o pecado, a morte e Satanás por nós. Deus acrescentou a essa promessa o sinal do sacrifício, aceso com fogo do Céu, como ocorreu no caso de Abel (VEJA GÊNESIS 4:4). A palavra da promessa foi o evangelho de Adão até o tempo de Noé e de Abraão. Todos os santos, até o tempo de Abraão, confiaram nesta promessa e foram redimidos. O fogo do Céu, unindo-se à palavra de Deus, atuou como um sinal para eles, assim como acontece com o batismo para nós. Estes sinais foram transmitidos repetidamente e em momentos diferentes, sendo o último sinal dado por Cristo, em Sua própria pessoa: o evangelho com o batismo. A título de ilustração, Deus prometeu a Noé que ele sobreviveria ao dilúvio e lhe deu um sinal, que foi a arca que ele construiu. Noé e sua família foram justificados e salvos pela fé na promessa e no sinal que receberam. Deus então lhe deu outra promessa e o arco nas nuvens como sinal. Depois, Deus fez uma promessa a Abraão e lhe deu como sinal a circuncisão. Encontramos a palavra e o sinal de Deus em todos os lugares, e somos desafiados a confiar neles para sermos salvos do pecado e da morte pela fé.

Confiarei na promessa de Deus e em Cristo e serei salvo.

Martinho Lutero

DESPOJE-SE DO VELHO HOMEM

> ...quanto ao trato passado, vos despojeis
> do velho homem, que se corrompe segundo as
> concupiscências do engano. EFÉSIOS 4:22

A natureza humana, como descendentes de Adão após sua queda no paraíso, é o que Paulo chama de "o velho homem" em seus escritos. Ele a retrata como entregue ao erro, distante da verdade, sem a verdadeira compreensão de Cristo e da fé que há nele, indiferente à ira e à graça de Deus, enganando-se com a ideia de que suas trevas são luz. Outra corrupção — as concupiscências do corpo, que são subprodutos da incredulidade — são fruto dessa natureza. Homens que não têm fé andam em segurança pecaminosa e cedem a todos os desejos da sua carne. Estes não desejam o que é certo ou desejam promover a virtude, a honra ou a ordem. Eles buscam desesperadamente satisfazer suas inclinações carnais e, ao mesmo tempo, evitar o castigo. Este era o seu modo de vida quando você ainda não era cristão. Perseguir o pecado, continuar na vida anterior e se envolver em erros e concupiscências enganosas são inconsistentes com o gloriar-se na graça de Deus e no perdão dos pecados. Então, você deve fazer tudo o que estiver ao seu alcance para se despojar do velho homem, caso contrário, não conseguirá ser cristão. Tal comportamento não é próprio de um cristão, que é um modo de vida totalmente diferente do que você tinha antes. O cristão deve ter cuidado para não enganar a si mesmo; ele deve ser diferente do hipócrita, que "honra" a Palavra e o evangelho, mas, na verdade, permanece o mesmo velho homem de antes. O verdadeiro cristão tem um estilo de vida que mostra que ele realmente crê no evangelho e mantém Deus sempre diante de seus olhos.

*Quero viver a verdadeira fé e o verdadeiro novo
nascimento em Cristo Jesus.*

Martinho Lutero

APERFEIÇOE A SUA FÉ

*Ora, a fé é a certeza de coisas
que se esperam, a convicção de fatos que
se não veem.* HEBREUS 11:1

A fé é o meio pelo qual alguém confia naquilo que não consegue ver. Se eu fosse um homem com esposa e filhos, não tivesse nada para eles e ninguém me oferecesse ajuda, eu deveria crer e esperar que Deus proveria para mim. Mas o que aconteceria se eu descobrisse que tudo foi em vão e não me deram comida e roupas? Como um tolo incrédulo, eu começaria a duvidar e pegaria tudo o que está à mão; roubaria, mentiria e enganaria as pessoas para sobreviver da melhor maneira possível. A incredulidade descarada leva a isso. Contudo, se tenho fé, fecho os olhos e digo: "Ó Deus, sou Tua criatura e Tua obra. Dependerei inteiramente de ti, já que estás mais preocupado com meu bem-estar do que eu. Tu me nutrirás, alimentarás, vestirás e me ajudarás conforme necessário, quando e onde achares melhor". A fé é um fundamento seguro por meio do qual espero aquilo que não vejo. Por isso, ela sempre é suficiente. O Céu e a Terra teriam de deixar de existir antes que Deus permitisse que Seus servos ficassem sem roupas e outras necessidades vitais. A fé é o princípio pelo qual me convenço das coisas que não posso ver e por ela confio plenamente que Deus me dará, em virtude da Sua promessa, vida e salvação.

*Que a minha fé seja aperfeiçoada
em Deus a cada dia.*

Martinho Lutero

NÃO FAÇA DA RIQUEZA O SEU DEUS

Não podeis servir a Deus e às riquezas.
MATEUS 6:24

Mamom significa bens ou riquezas de que não se necessita, mas que se guarda como um tesouro. Dinheiro e bens não são proibidos, porque não podemos sobreviver sem eles. Abraão, Ló, Davi, Salomão e outros possuíam grandes posses e muito ouro, assim como hoje há muitas pessoas ricas que permanecem piedosas, apesar da sua riqueza. Uma coisa é ter bens, e outra é servi-los; ter riqueza, e torná-la um deus. Jó era rico, tinha muitos bens e era mais poderoso do que todos no Oriente; no entanto, ele diz: "Se no ouro pus a minha esperança ou disse ao ouro fino: em ti confio; se me alegrei por serem grandes os meus bens e por ter a minha mão alcançado muito [...] também isto seria delito à punição de juízes; pois assim negaria eu ao Deus lá de cima" (JÓ 31:24-25,28). Quem possui riquezas deve ser senhor delas; se as serve, é escravo delas. Ele não as possui e não pode servir a outros com elas. Mas, se é senhor das riquezas, elas o servem; ele tem coragem de usá-las e lança seu cuidado exclusivamente em Deus; ajuda os necessitados e dá aos que não têm nada. Há, por toda parte, muita pobreza entre os piedosos aqui no mundo, com o único propósito de que os ricos os ajudem e os sirvam com sua riqueza. A conclusão é que Deus não pode permitir que tenhamos outro senhor além dele. Ele é um Deus zeloso e não permitirá que sirvamos a Ele e ao Seu adversário ao mesmo tempo. É Sua intenção que não sirvamos riquezas e que não nos preocupemos excessivamente com nossa vida, mas que trabalhemos e submetamos nossas preocupações a Ele.

Somente Deus será o meu Senhor,
independentemente de eu prosperar, ou não.

Martinho Lutero

FORTALEÇA-SE NO SENHOR

O Senhor é a minha luz e a minha salvação; de quem terei medo? O Senhor é a fortaleza da minha vida; a quem temerei? SALMO 27:1

Davi foi ensinado e exercitado por tantas aflições, por tantos perigos e tristezas e por conflitos tão ardentes por causa da Palavra que agora encontra uma verdade maior e confiança em Deus, além de estar mais encorajado e fortalecido contra todos os seus inimigos. "O Senhor é a minha luz e a minha salvação; de quem terei medo?" Isto é, o Senhor me confortou e me salvou de inúmeras trevas e tempestades de tentações, tão frequentemente e tão magnificamente que Ele não me abandonará no futuro. Quem pode estar contra mim se Deus é por mim? Que força ou violência do inimigo pode me derrubar, ou quem pode me prejudicar, se Deus me sustenta? Não terei medo de milhares de inimigos, mesmo que eles façam guerra contra mim. Só me importa uma coisa: que eu possa continuar e habitar na casa do Senhor, ou seja, na Igreja verdadeira, e entre pessoas que ensinam e aprendem a Palavra de Deus com honestidade e sinceridade. Serei rico se conseguir manter seguro este diamante. Pois, se eu me apegar firmemente à Palavra de Deus, nenhum terror, por mais severo que seja, nem mesmo a própria morte, poderá destruir a minha luz e a minha vida; isto é, meu conforto certo e eterno. Mas, se não amo a Palavra, nenhuma consolação humana, por mais maravilhosa que seja, será capaz de me proporcionar essa luz e essa vida. Este salmo se relaciona com o primeiro e o segundo mandamentos do Decálogo, bem como ao primeiro e ao segundo pedidos da Oração do Pai Nosso.

Deus sempre será a força que eu preciso para vencer.

Martinho Lutero

NADA É IMPOSSÍVEL PARA DEUS

*Como se aproximasse da porta da cidade,
eis que saía o enterro do filho único de uma viúva; e
grande multidão da cidade ia com ela.* LUCAS 7:12

Esta foi uma situação terrível na vida daquela viúva. Seu marido havia morrido e, agora, seu único filho, a quem ela amava, também morreu. Sua tristeza era grande, pois ela não tinha mais nada neste mundo. Ela certamente pensou: "Devo ser alguém que Deus amaldiçoou e detesta tanto que condenou a passar por esta vida sem deixar descendência". Se alguém lhe tivesse dito: "Seu filho viverá novamente diante de seus olhos", ela certamente teria respondido: "Ai de mim! Não zombe da minha terrível angústia. Permita-me pelo menos lamentar minha imensa dor sem a aumentar com sua zombaria". Deus muitas vezes permite que o infortúnio caia tanto sobre justos quanto sobre ímpios. Sim, muitas vezes Deus permite que os ímpios fiquem bem e tenham sucesso em tudo o que fazem, enquanto parece estar irado e descontente com os piedosos. Assim aconteceu com o piedoso Jó, cujos filhos tragicamente morreram num só dia, que perdeu seus animais e terras e seu corpo foi horrivelmente atormentado por uma doença. Ele foi um homem inocente que precisou passar por um sofrimento que ninguém jamais havia suportado. Mas tudo isso é retratado aqui para que possamos aprender que nada é impossível para Deus, mesmo que passemos por infortúnios, tragédias, ódio ou o que quer que seja.

Sempre confiarei na graça e misericórdia de Deus.

Martinho Lutero

CRISTO SEMPRE NOS AJUDARÁ

*Certo homem descia de Jerusalém para Jericó
e veio a cair em mãos de salteadores, os quais, depois
de tudo lhe roubarem e lhe causarem muitos ferimentos,
retiraram-se, deixando-o semimorto.* LUCAS 10:30

Adão e toda a humanidade estão representados neste homem que jaz semimorto, ferido e nu. Os assassinos são os demônios que nos saquearam e feriram, deixando-nos prostrados e semimortos. Se o pobre ferido tivesse tentado se levantar, ele apenas teria se machucado e agravado seus ferimentos, e, ficando em silêncio, continuava sofrendo. Esta parábola nos retrata perfeitamente. Quando estamos por conta própria, estamos sempre perdidos, não importa onde nos firmemos. O ser humano tem idealizado diversas formas e estratégias para emendar sua vida e ter acesso ao Céu, mas todas as suas tentativas apenas pioraram sua situação. Mas nosso Senhor Jesus Cristo, o nosso Bom Samaritano, cumpriu a Lei e está totalmente saudável e bem. Ele faz o que o sacerdote e o levita não fizeram. Assim como o samaritano, Cristo não exige que o homem ferido faça algo por si mesmo, mas vai até ele, e, por pura graça e misericórdia, trata de suas feridas com azeite e vinho. Este é o evangelho pleno, do começo ao fim. Apegue-se a este Bom Samaritano que é Cristo, o Salvador; Ele o ajudará como nada e ninguém no Céu ou na Terra poderá ajudar.

*Confiarei plenamente no evangelho de Cristo,
que é a cura para minhas feridas.*

Martinho Lutero

13 DE NOVEMBRO

APRENDA A CONFIAR EM DEUS

*Porei nas nuvens o meu arco; será por sinal
da aliança entre mim e a terra.* GÊNESIS 9:13

Ao olhar para este sinal, sempre devemos louvar a Deus, pois ele proclama em voz alta ao mundo a história da ira de Deus, que uma vez resultou num dilúvio que eliminou toda a vida da Terra. Ele traz conforto, levando-nos a acreditar que Deus será misericordioso conosco desde aquele dia e nunca mais nos visitará com um castigo tão terrível. Também nos ensina as virtudes mais elevadas — o amor e o temor a Deus —, que a filosofia ignora completamente. A filosofia debate apenas causas formais e substanciais das coisas, mas desconhece a causa última de toda a criação tão bela. Contudo, essa causa última é-nos explicada pela teologia. Deus colocou as cores desta forma por uma razão específica. O tom flamejante deve servir como uma metáfora para o julgamento vindouro, enquanto o azul deve servir como uma lembrança da ira passada. Como resultado, enquanto o primeiro mundo foi destruído pelo dilúvio, a ira de Deus terminou. Um remanescente foi preservado e um segundo mundo surgiu, mas foram estabelecidos limites para ele. Quando Deus destruir o mundo pelo fogo, esta vida corporal nunca será restaurada. Os ímpios sofrerão o castigo eterno da morte no fogo, enquanto os santos serão ressuscitados para uma vida nova e eterna, que, embora no corpo, não será do corpo, mas do espírito. Que este sinal do Céu nos ensine a temer a Deus e a confiar nele, pois assim poderemos escapar do castigo do fogo. Pensar nisso será mais útil do que pensar em assuntos filosóficos.

*Que os meus olhos contemplem os sinais de Deus
e que eu possa confiar nele.*

Martinho Lutero

NÃO DESANIME DIANTE DAS TRIBULAÇÕES

Portanto, vos peço que não desfaleçais nas minhas tribulações por vós, pois nisso está a vossa glória. EFÉSIOS 3:13

Depois de ser preso em Roma por ordem do imperador, Paulo consola seus amados irmãos de Éfeso, exortando-os a se apegarem à mensagem que aprenderam dele e a não desanimarem por causa do destino que lhe aguardava. Ele os lembra daquilo para que Deus os chamou, bem como do que eles receberam por meio de sua pregação. Tal instrução é, ainda hoje (e sempre será), necessária para a comunidade cristã. Os fracos devem enfrentar enormes dificuldades como resultado das aflições que o evangelho inevitavelmente envolve. A provação era especialmente difícil quando perdiam os seus líderes e mestres, ao mesmo tempo em que ouviam os comentários vergonhosos e duros de seus caluniadores. Hoje em dia, devemos esperar que algumas pessoas fiquem aborrecidas quando nossos mestres também forem atacados. Como eu poderia me consolar e permanecer firme, a menos que pudesse dizer: "Mesmo que dez mundos e tudo que é grande, elevado, sábio e prudente, bem como todos os meus amigos e irmãos se afaste de mim, a Palavra de Deus permanece verdadeira. Permanecerei fiel a ela, aconteça o que acontecer"? Como verdadeiro apóstolo, Paulo não cessou de repreender e advertir seus irmãos com toda a força de suas habilidades. Para os consolar e fortalecer, ele fala de suas provações e tristezas de maneira peculiar e amável.

Nunca desfalecerei diante da perseguição por causa do evangelho.

Martinho Lutero

CONFIE EM JESUS PELA FÉ

Pela lei vem o pleno conhecimento do pecado [...]
pois todos pecaram e carecem da glória de Deus, sendo
justificados gratuitamente, por sua graça, mediante
a redenção que há em Cristo Jesus. ROMANOS 3:20,23-24

Conheço a Lei quando aprendo com ela que sou pecador e condenado, que não há esperança ou consolo para mim em parte alguma e que não posso ajudar a mim mesmo, mas devo confiar em outra pessoa para me libertar. Então procuro quem possa me ajudar, e essa pessoa é Cristo Jesus, que se fez homem como nós, para nos ajudar a sair do lamaçal em que mergulhamos. Por meio da Sua morte, Cristo nos deu a garantia do Espírito Santo, pois o Espírito, que Deus coloca em seu coração por causa de Seu Filho, cria em você um homem totalmente novo, que cumpre, com prazer e amor sincero, tudo o que a Lei pede — o que, antes, era impossível para você fazer. Esse novo homem se entrega completamente à vontade de Deus. Você não merece receber esse Espírito por si mesmo; é Cristo quem O garante! Quando creio de coração no que Cristo fez por mim, recebo o mesmo Espírito Santo, que me transforma em uma pessoa completamente nova. Então, tudo o que Deus ordena se torna belo, maravilhoso e agradável para mim, e eu cumpro o que Ele quer de mim, não pela minha própria força, mas pela força daquele que está em mim, como Paulo diz: "...tudo posso naquele que me fortalece..." (FILIPENSES 4:13). Mas tenha cuidado para não tentar estabelecer essa confiança em Jesus Cristo por meio de suas próprias obras ou poder. O Espírito Santo deve realizá-lo, e somente a fé é suficiente para isso. Nossas boas obras têm outra função, que é revelar a nossa fé.

Minha confiança estará sempre firmada
no poder do Espírito Santo em mim.

Martinho Lutero

AME A DEUS DE TODO CORAÇÃO

*Respondeu-lhe Jesus: Amarás o Senhor,
teu Deus, de todo o teu coração, de toda a tua alma
e de todo o teu entendimento.* MATEUS 22:37

A natureza humana nunca será capaz de cumprir o que Deus pede neste mandamento, a saber, que entreguemos a nossa vontade à vontade de Deus, renunciemos à nossa razão, vontade, força e poder e digamos com o coração: "Seja feita a Tua vontade!". Considere o quão longe você pode estar de obedecer ao mandamento de amar o Senhor, seu Deus, de todo o seu coração, visto que ainda não começou a sofrer e a cumprir tudo o que Deus exige de você. Quando Deus cumpre os nossos desejos, declaramos facilmente: "Como eu amo a Deus porque Ele é meu Pai! Como Ele é gracioso comigo!". Mas, quando Ele nos permite passar por infortúnios e adversidades, deixamos de vê-lo como nosso Deus ou nosso Pai. Quem verdadeiramente ama a Deus, no entanto, pensa em seu coração e diz com os seus lábios: "Senhor Deus, eu sou Tua criação; faz comigo o que quiseres. Se desejares, sofrerei qualquer infortúnio ou morrerei alegremente". Contudo, você nunca encontrará alguém que sempre se comporte de acordo com este mandamento, pois nos sentimos desamparados quando estamos em meio a medos e angústias. Isso nunca acontecerá a menos que o homem nasça de novo pelo Espírito Santo. Quando você percebe isso, a Lei realizou o trabalho dela.

*Dependo de ti, Espírito Santo, para viver
essa verdade plenamente.*

Martinho Lutero

ENTREGUE TUDO A DEUS

*Bem-aventurado aquele cuja
iniquidade é perdoada, cujo pecado é coberto.*

SALMO 32:1

Este salmo é de grande significado e valor. Paulo o cita em Romanos 4 ao ensinar sobre a remissão dos pecados e sobre nossa justificação diante de Deus. Os hipócritas se equivocam profundamente neste assunto, porque a razão humana não pode entender que o pecado é acompanhado por uma culpa tão grande e infinita diante de Deus que nenhum poder ou obra humana pode eliminar. Por isso, Davi afirma sem rodeios: "Sendo assim, todo homem piedoso te fará súplicas em tempo de poder encontrar-te…" (SALMO 32:6). Além disso, ele afirma que ninguém pode ser justificado ou santificado diante de Deus até que reconheça seus pecados e entenda que Deus os perdoará por pura misericórdia e graça, não por quaisquer obras ou méritos seus. Este salmo de Davi deixa claro que todos os crentes em Cristo ainda são pecadores e que eles são justificados e santificados por Deus, que, por misericórdia, tem prazer em perdoá-los, encobrir as suas faltas e esquecê-las por causa de Cristo. Como os pecados dos ímpios lhes são imputados e eles estão sujeitos à terrível ira de Deus, suas feridas não são curadas; mas as feridas dos crentes são tratadas com óleo e curadas.

*Eu entrego a Deus todos os meus pecados
e recebo cura para as minhas feridas.*

Martinho Lutero

CRISTO TRANSFORMA A MORTE EM VIDA

*Chegando-se, tocou o esquife e, parando os que
o conduziam, disse: Jovem, eu te mando: levanta-te!
Sentou-se o que estivera morto e passou a falar;
e Jesus o restituiu a sua mãe.* LUCAS 7:14-15

Com uma palavra, Cristo transformou o triste e doloroso cortejo fúnebre numa alegre e bela caminhada para dentro da cidade, na qual tanto o jovem que estava sendo levado para ser sepultado quanto a sua mãe seguiram alegremente o Senhor Jesus, acompanhados pela multidão. Eles deixaram para trás a morte, o esquife e o túmulo para falar apenas sobre a vida. A glória e a honra desta obra pertencem ao Senhor Jesus, que tem poder e autoridade para expulsar a morte e devolver a vida. O evangelho registra que a fama e a notícia acerca de Cristo se espalharam por todo o país, chegando até nós, para nosso conforto e alegria diante da morte e para que possamos saber que tipo de Salvador temos em Cristo. Ele se manifestou em Seu ministério como servo e foi reconhecido como Senhor da morte e da vida, destruindo a morte para manifestar a vida. Ele encontrou a morte e lutou contra ela, como no caso da filha de Jairo, depois na situação de Lázaro e, finalmente, em Seu próprio viver, quando a derrotou e aniquilou definitivamente. Devemos aprender a confiar nessa verdade e encontrar consolo em todos os momentos de adversidade e na hora da morte. Devemos ter certeza de que em Cristo obtivemos a vitória sobre a morte e recebemos a vida. Sim, quanto mais miséria e morte estiverem em nós, mais ricamente encontraremos nele paz e vida, se nos apegarmos a Ele pela fé, à qual Ele nos exorta por intermédio de Sua Palavra e por exemplos como este.

*Minha confiança está em Cristo,
que me deu a vitória sobre a morte.*

Martinho Lutero

LUTE COM FÉ RESOLUTA

*Ora, se somos filhos, somos também herdeiros,
herdeiros de Deus e coerdeiros com Cristo;
se com ele sofremos, também com ele seremos
glorificados.* ROMANOS 8:17

Nisso estão a honra e a glória do cristão, pois, como pode um pobre e miserável pecador ter tal dignidade diante de Deus, a ponto de ser chamado filho e herdeiro de Deus? Quem pode exaltar adequadamente a graça de Deus? Todavia, o apóstolo acrescenta: "se com ele sofremos", para nos ensinar que, enquanto estivermos neste mundo, devemos viver de tal maneira que sejamos aprovados como filhos bons e obedientes, que não vivem segundo a carne, mas suportam tudo o que causa dor à carne por causa deste reino. Quão nobre é para um homem lutar contra suas concupiscências com fé resoluta, mesmo que para isso tenha que sofrer! Ser filho de um rei ou imperador poderoso e conhecido significa ter nobreza, honra e glória neste mundo, mas quão mais glorioso seria se um homem pudesse realmente afirmar ser filho de um dos anjos mais elevados! No entanto, o que é tudo isso comparado a ser reconhecido e escolhido pelo próprio Deus e ser chamado de Seu filho, o herdeiro do Deus majestoso e Todo-poderoso? Tal filiação e herança devem implicar em imensas e insondáveis glória, riqueza, poder e honra acima de tudo no Céu ou na Terra. Essa condição deve nos tornar inimigos desta vida pecaminosa e a lutar contra ela com toda a nossa força, entregando tudo por causa dessa condição e sofrendo tudo o que um ser humano possa sofrer.

*Sempre estarei pronto a honrar minha
condição de filho de Deus.*

Martinho Lutero

TENHA AS PRIORIDADES CERTAS

*Buscai, pois, em primeiro lugar,
o seu reino e a sua justiça, e todas estas coisas
vos serão acrescentadas.* MATEUS 6:33

Este é o ponto principal do Sermão do Monte, pois explica como devemos proceder para obter a dádiva divina ou eterna, bem como o que precisamos para esta vida. Se você olhar corretamente para aquilo que lhe cabe cuidar, fará deste o seu primeiro, ou melhor, o seu único cuidado na vida: esforçar-se, de acordo com a Palavra de Deus, para servir a Deus em Seu reino, como a Sua Palavra lhe ensina, pois nisso consiste a justiça do reino, e valorizar a Sua Palavra mais do que tudo nesta vida passageira. Se você faz isso, não precisa carregar mais nenhum fardo sobre si nem ter qualquer fardo sobre seu coração; na verdade, você não deveria mais se preocupar com qualquer questão pequena, como a necessidade do seu pão de cada dia e, assim, se afligir. Em vez disso, faça tudo para a honra de Deus e para seu próprio benefício, lutando pelo bem grandioso e eterno. Se conseguir agir assim e perseverar, o restante definitivamente se ajustará. Você não pode obter o que precisa de Deus de nenhuma outra maneira a não ser, primeiro, buscando e solicitando grandes coisas dele. Pedimos-lhe grandes coisas porque sabemos que isso é do Seu agrado, e Ele tem prazer em concedê-las. Por isso, Ele certamente não nos negará também as pequenas coisas, mas as oferecerá graciosamente. Muitas pessoas piedosas que ajudaram a construir o reino de Deus, serviram a Igreja e espalharam a Sua Palavra tiveram essa experiência. Deus as abençoou ricamente com bens e honra.

*Sempre buscarei o reino de Deus em minha vida,
acima de qualquer outra coisa.*

Martinho Lutero

CONFIE NA MISERICÓRDIA DE DEUS

*O publicano, estando em pé, longe,
não ousava nem ainda levantar os olhos ao céu,
mas batia no peito, dizendo: Ó Deus,
sê propício a mim, pecador!* LUCAS 18:13

A razão não pode explicar como este publicano reuniu palavras completamente opostas para fazer sua oração. Não era nada apropriado que tal pecador ousasse comparecer diante de Deus e orar assim, pois, como o fogo e a água são completamente incompatíveis, assim também são o pecado e a misericórdia. Onde o pecado prevalece, a misericórdia não tem lugar; apenas a ira e o castigo. Como então esse homem entendeu que poderia clamar pelo perdão dos seus pecados? Isso é mais do que simplesmente conhecer a Lei e os Dez Mandamentos — é algo que faltava ao fariseu. Esta é a bela mensagem do precioso evangelho da graça e misericórdia de Deus em Cristo, oferecida aos pecadores condenados, que nada fizeram para merecê-la. O publicano deve ter ouvido falar disso, e o Espírito Santo deve ter tocado e movido seu coração, à medida que ele sentia seus pecados por intermédio da Lei. Então, ele ora, crendo que Deus será misericordioso e perdoará os seus pecados, conforme a Palavra de Deus, e que Ele afastará a Sua ira e a morte eterna por causa de Seu Filho, o Messias prometido. A fé uniu esses dois aspectos opostos nessa oração. Temos um magnífico exemplo de autêntico arrependimento cristão e confiança nesse publicano. Vemos nesta passagem uma obra-prima de sabedoria espiritual e os frutos adequados que acompanham a fé.

*Sempre confiarei em Deus pela fé, certo de que
Sua misericórdia me alcançará.*

Martinho Lutero

NÃO DÊ LUGAR À IRA

*Irai-vos e não pequeis; não se ponha
o sol sobre a vossa ira, nem deis lugar ao diabo.*
EFÉSIOS 4:26-27

Este versículo parece conceder permissão para ficarmos irados, mas Paulo está pensando na forma como o mundo funciona. As pessoas são tentadas e provocadas à ira. O coração se enche de ira diante de uma provocação inesperada, enquanto o diabo atiça vigorosamente a chama; ele está sempre alerta para nos colocar seu selo e nos tornar semelhantes a ele, por meio do erro e da falsa doutrina, por meio da ira e do assassinato em oposição ao amor e à paciência. Você encontrará esses dois tipos de males, especialmente se você se esforçar para ser um cristão piedoso, para defender a verdade e viver de forma correta aos olhos dos outros. Você encontrará todo tipo de malícia e engano premeditados, bem como falta de fé e malignidade por parte das pessoas que você beneficiou. Isso o ofenderá e o levará à fúria. Frequentemente encontrará aquilo que o irrita em seu próprio lar e entre seus irmãos cristãos. Esta vida é de tal forma que essas situações sempre existirão. Por isso, o apóstolo ensina que é preciso ter cuidado para não pecar nem ceder aos impulsos e sugestões da raiva. Tome cuidado para não fazer o que sua ira quer que você faça; se você for dominado e levado à imprudência, não a abrigue, mas controle-a e contenha-a o mais rápido possível. Não espere que ela crie raízes ou permaneça com você por toda a noite. Se você a seguir, pecará contra Deus e contra seu próximo. Quando ela o atacar, retire-se para o seu quarto, ore e confie em Deus. Ele defenderá o seu direito.

*Estarei sempre vigilante para não me irar
e pecar contra Deus.*

Martinho Lutero

AME AO SENHOR

Amarás o Senhor, teu Deus, de todo o teu coração, de toda a tua alma, de todas as tuas forças e de todo o teu entendimento. LUCAS 10:27

Deus não nos permitirá amar nada mais do que a Ele mesmo. Posso amar todas as coisas que são atraentes e belas por natureza, mas se agarrar à criatura e amá-la com o mesmo carinho que amo a Deus, o Criador, Ele não pode permitir. Nossa afeição pela criação deveria estar muito abaixo do nosso amor por Ele, e, como Deus é o bem maior, Sua vontade deve ser amada acima de qualquer outro bem. Amar a Deus de todo o coração é amá-lo acima de toda a criação; significa entregar toda a sua vida a Ele. Você deve ser capaz de declarar: "Desistirei de tudo, mas não abandonarei meu Deus". Amar a Deus com todas as nossas forças significa dedicar todos os nossos membros e tudo o que podemos fazer por meio do nosso corpo ao amor de Deus, sacrificar tudo e não fazer nada que se oponha à Sua vontade. Amar a Deus de todo o nosso entendimento significa se dedicar inteiramente ao que agrada a Deus. Ninguém neste mundo cumpre a Lei, de forma que ela coloca todos debaixo do pecado, porque nem mesmo a pessoa mais piedosa do mundo pode cumprir plenamente esse mandamento. Ninguém consegue se apegar a Deus com tanto zelo a ponto de poder abandonar tudo por amor a Deus. O que faríamos se tivéssemos que dar nossa vida pela causa de Deus e de Cristo? No entanto, a Lei exige isso. Portanto, é melhor admitir que somos pecadores do que valorizar as nossas obras e nossa vida bela e deslumbrante.

Deus, ajuda-me a te amar como Tu és digno de ser amado.

Martinho Lutero

DESCANSE SOB AS ASAS DE CRISTO

No dia seguinte, viu João a Jesus, que vinha para ele, e disse: Eis o Cordeiro de Deus, que tira o pecado do mundo! JOÃO 1:29

Em relação ao perdão de pecados, você precisa entender que não encontrará nada em seu coração que possa pagá-los, nem será capaz de levantar qualquer recurso financeiro que Deus reconhecerá e cancelará sua dívida do livro de devedores. Mas, se você reconhecer Cristo como seu substituto, que tomou sobre Si o seu pecado e se sacrificou com todo o Seu mérito e dignidade por você, nenhum pecado terá poder contra você. Embora eu seja pecador, Ele é santo e Senhor sobre o pecado, sobre a morte, sobre Satanás e sobre o inferno; portanto, nenhum pecado poderá me prejudicar, uma vez que Ele me foi dado como justiça e redenção. Pela graça, temos, de fato, o perdão de todos os pecados, mas somente por Cristo e por intermédio de Cristo. Os demais caminhos e formas são condenados como doutrinas de demônios, como quando os homens são conduzidos e direcionados às suas próprias obras, ou à santidade e méritos de outros homens. Quem ousa oferecer qualquer outra obra pelo pecado nega e desonra o Senhor Jesus Cristo, como se o sangue de Cristo não tivesse mais poder do que o nosso arrependimento ou fosse insuficiente para tirar todos os pecados do mundo. Se você quiser ser liberto dos seus pecados, não precisa se castigar por causa deles; simplesmente descanse sob as asas de Cristo, pois foi Ele quem tirou seus pecados de sobre você e os colocou sobre Si mesmo.

Descansarei sob a poderosa obra redentora que Cristo realizou por mim.

Martinho Lutero

NÃO SE ENTREGUE À COBIÇA

*Está escrito: A minha casa será
casa de oração. Mas vós a transformastes
em covil de salteadores.* LUCAS 19:46

Vemos, pela experiência diária, que vício vergonhoso e amaldiçoado é a cobiça e o mal que ele causa, especialmente em posições de poder, sejam religiosas ou seculares! Se a cobiça pelo dinheiro tomou conta do coração de um pastor ou pregador, de modo que ele, como o resto do mundo, deseja assegurar para si muitas riquezas, então, como Judas, o traidor, ele já caiu nas garras do diabo e está disposto a trair Cristo, Sua Palavra e Sua Igreja por algumas moedas de prata. Quão prejudicial é para o governo civil quando senhores e príncipes são governados por este mal vergonhoso, e se esforçam para tomar tudo para si! Por esta razão, eles deixam de exercer o seu cargo público para o qual foram nomeados e perdem a honra e o amor que deveriam receber como pais de seu povo e nação. Eles elaboram as suas listas de impostos, pensando apenas em como poderão arrecadar dinheiro suficiente para cobrir os seus gastos excessivos e a pompa na qual vivem. Hoje em dia, aquele que detém o poder do dinheiro empobrece o próximo, deixando de lado Deus e a consciência. Tais atos ímpios serão punidos com a temível ira e o julgamento de Deus. Ele os expulsará de Sua casa; visto que não damos ouvidos à Sua Palavra e exortação, Ele mesmo porá fim a essa prática ímpia. O cristão que vive com temor a Deus evita esse mal e está contente com o que Deus lhe dá.

*Não me entregarei à cobiça. Conservarei
meu coração simples e puro diante de Deus.*

Martinho Lutero

VOCÊ NÃO É MAIS ESCRAVO

*Porque não recebestes o espírito de escravidão,
para viverdes, outra vez, atemorizados,
mas recebestes o espírito de adoção, baseados
no qual clamamos: Aba, Pai.* ROMANOS 8:15

Este é um texto maravilhoso e reconfortante, que deveria estar escrito em letras douradas. Por você ter o Espírito Santo e ser guiado por Ele por meio da fé, você não é mais escravo como era sob a Lei; não precisa mais ter medo, como se Deus fosse condená-lo e rejeitá-lo por causa da sua indignidade e da enfermidade da sua carne. No entanto, você pode se consolar em saber que tem o favor de Deus garantido por sua fé, que permite a você se dirigir a Deus como seu Pai. Segundo as tradições da sua época, Paulo refere-se ao "espírito de adoção" e ao "espírito de escravidão". Antigamente, o senhor da casa possuía seus servos e servas da mesma forma que possuía um animal de criação. Ele os comprava e os tratava como bem entendia. Eles temiam seu senhor e sabiam que enfrentariam açoites, encarceramento e talvez a morte. Mas você não tem espírito servil, cativo, assustado ou duvidoso, declara o apóstolo. Você não está obrigado a viver com medo constante da ira e do julgamento, como acontecia com aqueles que estavam sujeitos à Lei. Pelo contrário, tem um espírito alegre e livre, confiante e satisfeito, como um filho pequeno diante de seu pai, e não precisa se preocupar se Deus está furioso com você ou se Ele o rejeitará e condenará. Você tem o Espírito do Seu Filho em seu coração e sabe que permanecerá em Sua casa e receberá a Sua herança.

*Desfrutarei da minha condição de filho de Deus
pela graça que há em Cristo Jesus.*

Martinho Lutero

CREIA NA BOA-NOVA DO EVANGELHO

*Então, lhe trouxeram um surdo
e gago e lhe suplicaram que impusesse
as mãos sobre ele.* MARCOS 7:32

Tanto a fé quanto o amor nos são apresentados nesta passagem. Fé no fato de que essas pessoas já tinham ouvido falar da bondade, compaixão e assistência de Jesus para com aqueles que o procuravam. Mesmo que o texto não afirme isso, podemos concluir que eles devem ter ouvido previamente as boas-novas acerca de Cristo, o Senhor, nas quais creram. A Palavra deve primeiro ser ouvida e depois penetrar no coração, revelando a misericórdia de Deus de modo a gerar a fé. Eles, portanto, apegaram-se a essas boas-novas, confiaram nelas, foram para perto de Jesus e esperaram receber dele o que tinham ouvido. Desta forma, a fé cresceu por meio da Palavra de Deus. Então, para colocarmos o fundamento, devemos investigar diligentemente o evangelho. A Palavra revela primeiro a misericórdia e a bondade de Deus para conosco; então, a fé se apega firmemente à Palavra com confiança, e nos submetemos a ela. Tornamo-nos conscientes disso em nosso coração e ficamos contentes, porque, no momento em que cremos, somos justificados e nos tornamos herdeiros com Cristo. O fato de estes indivíduos terem ido ajudar aquele pobre homem mostra o quanto eram amorosos, tal como Cristo fez quando lhes transmitiu a boa-nova, demonstrando Sua bondade e misericórdia sem qualquer mérito ou esforço deles. Depois de se apegarem a essa misericórdia e beberem dela, eles imediatamente a transmitiram gratuitamente ao próximo.

*Que a Palavra de Deus me baste
e gere fé em meu coração.*

Martinho Lutero

28 DE NOVEMBRO

NÃO SE RENDA DIANTE DO SOFRIMENTO

Tomem cuidado com seu grande inimigo, o diabo [...]. Lembrem-se de que seus irmãos em Cristo em todo o mundo estão passando pelos mesmos sofrimentos. 1 PEDRO 5:8-9 NVT

Esta é uma passagem preciosa e reconfortante, cuja verdade Pedro aprendeu não apenas pela inspiração do Espírito Santo, mas também por experiência, como quando ele negou seu Senhor três vezes e logo depois mergulhou em tamanho desespero que poderia ter se juntado ao traidor Judas, se Cristo não o tivesse socorrido. Aqueles que são mais fracos sofrem muito porque são continuamente atormentados e assediados pelo diabo. Suas aflições os oprimem tão profundamente que eles imaginam que ninguém sofra tanto quanto eles. Isso parece ser especialmente verdadeiro nas grandes tentações espirituais que atingem pessoas abençoadas com dons incomuns, que são chamadas a ocupar posições de destaque na Igreja, como Paulo, que frequentemente lamentava pelas severas tentações que sofria, as quais pessoas comuns não compreendem e não podem suportar. Pedro consola os cristãos que lutam em meio a tais tentações, assegurando-lhes que eles não são os primeiros nem os únicos a serem submetidos a elas. Eles devem estar cientes de que todos os cristãos, ao longo da história, dispersos por todo o mundo, devem suportar o mesmo sofrimento. Saber que não está sofrendo sozinho, mas sim com uma grande multidão, dá ao sofredor muito alívio e conforto.

Não me abalarei no sofrimento, pois ele é parte da trajetória do verdadeiro povo de Deus.

Martinho Lutero

FAÇA A VONTADE DO SENHOR

Nem todo o que me diz: Senhor, Senhor!
entrará no reino dos céus, mas aquele que faz a vontade
de meu Pai, que está nos céus. MATEUS 7:21

Para cumprir a vontade de Deus, devemos, primeiro, ter certeza do que ela é e de como realizá-la. Por isso, devemos ouvir apenas a Palavra de Deus, que nos deixa claro qual é o desejo do Pai. Primeiro, Ele proclamou, pelo evangelho, que enviou Seu Filho unigênito ao mundo para expiar nossos pecados ao morrer na cruz, a fim de nos purificar e santificar pelo Seu sangue sem qualquer mérito nosso. Você deve crer e aceitar isso. Então, depois de recebermos essa graça e salvação, sermos batizados em Cristo e passarmos a crer, é a vontade de Deus que vivamos e obedeçamos a Deus e observemos os Dez Mandamentos; que cada pessoa em seu chamado confesse, honre e sustente a Palavra de Deus; que evite e fuja do pecado; que seja bom, paciente, casto, modesto, gentil, fiel e verdadeiro. Se você cumprir fielmente a vontade de Deus, ouvir e crer com alegria na Sua Palavra, honrar ao Senhor e mostrar bondade para com os outros, você será capaz de proferir, ousada e alegremente, as palavras: "Senhor, Senhor" diante de Deus. Você não deve se preocupar se o mundo o despreza e condena por causa disso, pois está ciente de que, quando pronuncia essas palavras, Deus não quer que você busque glória e honra, mas que realize as obras daquele que faz a vontade de Deus. Então, honre a Deus, avaliando cada doutrina e ação por esta norma, e você não será enganado.

Buscarei a cada dia andar de acordo com
a vontade de Deus para a minha vida.

Martinho Lutero

SEJA UM INSTRUMENTO DE DEUS

E, tomando os sete pães, partiu-os, após ter dado graças, e os deu a seus discípulos, para que estes os distribuíssem, repartindo entre o povo. MARCOS 8:6

Cristo ordena aos discípulos que coloquem os pães diante da multidão, dando a entender que Suas obras e Seus dons seriam realizados por meio de Seus servos. Assim, Ele encoraja aqueles que ocupam um cargo ou ofício, bem como aqueles que se apresentam diante dos outros de maneira respeitosa e honesta, a servir o povo em obediência a Cristo, transmitindo aos outros o que Deus lhes confiou. Ele os instrui especificamente a serem úteis e consolarem o pobre rebanho de Deus, dando um bom exemplo de fé e de amor. Aprendamos também que os dons e as coisas boas de Deus não são profanados se forem usados para ajudar os pobres em atos de caridade, como Cristo promete: "Dai, e dar-se-vos-á; boa medida, recalcada, sacudida, transbordante, generosamente vos darão..." (LUCAS 6:38). Isso tem sido experimentado por muitas pessoas piedosas em todo o mundo antes do nosso tempo, que generosamente doaram para apoiar de ministérios, escolas, para os empobrecidos, e assim por diante. Deus os abençoou com momentos maravilhosos, serenidade e tranquilidade por seus esforços. Porém, o resto do mundo não acreditará no que digo; continua a acumular riqueza e não permitirá que ninguém seja feliz com o que tem, roubando e atormentando os pobres. Vemos, assim, que tais riquezas não trazem bênçãos, mas simplesmente a maldição de Deus, infelicidade, aflição e sofrimento. Como resultado, um cristão deveria valorizar cada moeda que Deus lhe dá muito mais do que todos os grandes tesouros dos ricos deste mundo. Ele tem em sua casa um lindo tesouro conhecido como piedade — um coração sereno e tranquilo em Deus.

*Quero ser usado por Deus com tudo
aquilo que Ele me deu.*

Martinho Lutero

VOCÊ É BEM-AVENTURADO?

*Bem-aventurados, porém, os vossos olhos,
porque veem; e os vossos ouvidos, porque ouvem.*

MATEUS 13:16

Cristo dirigiu estas palavras aos Seus seguidores movido pelo deleite espiritual e louvou Seu Pai celestial por nos revelar o evangelho. Ele estava muito ansioso para conversar com eles, pois essa revelação era crucial para sua libertação do pecado e da miséria ao mundo. Os preciosos profetas anunciaram gloriosamente este dia e ansiavam por ele grandemente. Como resultado — diria Jesus —, vocês são mais que abençoados, pois agora estão desfrutando desse tempo bendito, do reino da graça; então, tenham o cuidado de guardá-lo e fazer bom uso dele. Infelizmente, há muitos que escolhem não ver e não ouvir, mesmo que esteja diante deles. Este é um tesouro grande e superabundante, mas a maioria das pessoas o despreza e até o persegue. Este tesouro precioso depende verdadeiramente de ver e ouvir corretamente, pois assim ele é revelado e fica à vista dos olhos. Grande parte das pessoas não consegue ver ou compreender isso. Ora, o fato de o próprio Cristo ter apresentado o evangelho aos fariseus de nada os ajudou; então, que diferença faria se o perdão dos pecados fosse proclamado duas vezes mais claramente do que é agora? Eles não conseguem ver ou ouvir nada porque estão completamente entorpecidos por pensamentos sobre suas próprias vaidades e prazeres. Mas são bem-aventurados os que têm olhos e ouvidos abençoados, capazes de fazer uso adequado do abençoado tempo ou dispensação do evangelho e de compreender o que Deus lhes concedeu.

*Senhor, ajuda-me a ver e ouvir
claramente o Seu evangelho.*

Martinho Lutero

AFASTE-SE DE TODA IDOLATRIA

Não terás outros deuses diante de mim.
ÊXODO 20:3

Os judeus evitavam a idolatria apenas superficialmente, mas a alma deles estava distante de Deus, cheia de desconfiança e incredulidade. Pareciam sinceros por fora, porém, por dentro, estavam cheios de idolatria. Eles interpretaram que este mandamento não implicava nada mais do que não erguer ídolos e imagens para adorar e sentiram que tinham obedecido a essa lei quando declararam com seus lábios que tinham apenas um Deus e não honravam outros deuses. Mas a lei se refere ao coração, à alma e a todas as forças do ser. Não fala da boca, das mãos ou dos joelhos; antes, fala de todo o corpo e de tudo o que você tem e é. Se não quiser ter outro Deus, então devo possuir o único Deus em meu coração; devo amá-lo, apegar-me a Ele, confiar nele, depender dele, ter meu desejo, amor e deleite nele e pensar continuamente nele. Você deve amar a Deus de todo o coração, para que todo o seu corpo, por dentro e por fora, do topo da cabeça às solas dos pés, flua em amor, regozijo e louvor a Deus. Tente encontrar um homem naturalmente casto e piedoso, com devoção e amor ardentes — não há ninguém assim no mundo. Somos muito mais propensos à ira, ao ódio, à inveja e aos prazeres mundanos. Como resultado, Cristo vem e nos oferece misericórdia, dizendo: "Você deveria amar a Deus de todo o seu coração, mas não o fez; agora creia em mim". E, quando chegarmos diante de Deus Pai, Cristo dirá sobre nós: "Pai, embora eles não tenham cumprido completamente a Tua lei, fiz isso em benefício deles, porque eles creram em mim".

Cristo Jesus, ajuda-me a permanecer
firme em adoração ao Pai.

Martinho Lutero

RECONHEÇA A GRAÇA DE DEUS

*O qual nos habilitou para sermos ministros
de uma nova aliança, não da letra,
mas do espírito; porque a letra mata, mas
o espírito vivifica.* 2 CORÍNTIOS 3:6

"Letra" refere-se a toda a Lei de Moisés, ou à doutrina dos Dez Mandamentos, que nos ensinam como obedecer a Deus, honrar aos pais, amar o próximo, e assim por diante. Outra mensagem é a que Paulo chama de "nova aliança […] do espírito". Essa doutrina não ensina quais obras são exigidas do homem, mas lhe revela o que Deus faria por ele e concederia a ele, ou melhor, o que Deus já fez ao oferecer Seu Filho por nós; porque estávamos sob a ira e a condenação divinas por causa da nossa desobediência à Lei, que nenhum homem cumpre. O apóstolo propositalmente não chama as duas dispensações de "lei" e "evangelho", mas, antes, as identifica de acordo com os efeitos que geram. Pois é impossível guardar a Lei sem Cristo, e tudo o que se consegue é fingir santidade exterior. O coração que não reconhece a graça de Deus em Cristo não pode responder a Deus nem confiar nele; não pode amar e ter prazer em Seus mandamentos. Portanto, Deus deseja que a mensagem do evangelho seja incessantemente enfatizada como o meio de despertar o coração do homem para discernir o seu estado e recordar a graça e a bondade de Deus, com o resultado de que o poder do Espírito Santo é continuamente aumentado. Não há influência da Lei ou obra do homem presente aqui. O poder do Espírito Santo é a força nova e celestial. Ele grava Cristo e as Suas obras no coração, transformando-o em um verdadeiro livro, não de meras letras e palavras, mas de verdadeira vida e ação.

*Quero mais e mais da graça de Deus
sobre a minha vida.*

Martinho Lutero

NÃO DESPERDICE AS BÊNÇÃOS DE DEUS

*Todos comeram à vontade. Depois,
os discípulos recolheram sete cestos grandes
com as sobras.* MARCOS 8:8 NVT

É desejo de Deus que não desperdicemos Suas dádivas, mas que usemos diligentemente a abundância que Ele envia para suprir nossas necessidades e que as preservemos para o futuro. Isso é honrar o alimento precioso e não deixar que as migalhas caiam debaixo da mesa, como o provérbio antigo nos ensina: "Quem poupar quando tem, encontrará quando precisar". É um pecado vergonhoso e um profundo desdém pelas dádivas de Deus que o mundo tenha sido tomado por pompa e gastos extravagantes para tudo que está muito além das suas possibilidades de pagar. Como resultado, o roubo, a usura, o entesouramento e a extorsão aumentam, destruindo o país e o seu povo, governantes e súditos. Se gastarmos e destruirmos aquilo que temos em abundância de uma maneira não cristã, os pobres não só terão o seu pouco arrancado deles pela nossa ganância, mas também nós merecemos que Deus não nos permita desfrutar daquilo que ganhamos e guardamos. Há príncipes que têm mais dinheiro para bancos, esportes e moda do que seu povo e seu país podem pagar. Como resultado, há escassez em todos os lugares dos bens de que necessitamos para a Igreja e a escola, para o governo e o bem comum, para o nosso sustento e necessidades. As pessoas não pensam em guardar nada para a posteridade, mas todos vivem como se gostassem de destruir tudo o que têm de uma só vez. Contudo, apesar de todos esses males, Deus nos ajudará porque não temos este desejo.

*Deus, ajuda-me a ser sábio e generoso
para com o meu próximo.*

Martinho Lutero

HONRE A DEUS EM SUA VIDA

Rogo-vos, pois, eu, o prisioneiro
no Senhor, que andeis de modo digno da vocação
a que fostes chamados. EFÉSIOS 4:1

Lembrar-se do seu chamado e nomeação por Deus deveria ser o principal fator que influencia a caminhada de um cristão. Ele precisa ter em mente por que é chamado de "cristão" e viver de forma consistente. Deve ser uma luz para o mundo, magnificando o nome e a Palavra de Cristo, o Senhor, por meio da sua vida e da obra de Deus. De acordo com Paulo, você é abençoado, pois recebeu o favor de Deus e Sua Palavra. Todas as suas necessidades são supridas em Cristo. Esteja ciente disso e tenha em mente que você é chamado a uma vida bem diferente e muito mais elevada do que a que os outros vivem. Mostre, pela maneira como você vive, que valoriza coisas maiores do que o mundo e que foi abençoado com muito mais. Deixe que suas ações louvem e exaltem ao Senhor, que tanto lhe tem abençoado. Quem se chama cristão, mas não honra Cristo, provoca Iavé. De acordo com Paulo: "O nome de Deus é blasfemado entre os gentios por vossa causa" (ROMANOS 2:24). Por isso, um cristão deve fazer todo esforço possível para preservar a glória de Deus em sua vida. Ele precisa ter cuidado para evitar cometer más ações e profanar Seu nome, pois o diabo e o mundo usam cada ação para macular Deus, Sua honra e glória. Lembrem-se de que manter santo o nome e a honra de Deus é essencial para a sua posição diante do Senhor e dos homens. Disse Deus: "...aos que me honram, honrarei..." (1 SAMUEL 2:30).

Honrarei a Deus com minhas palavras e obras.

Martinho Lutero

NÃO SE AFASTE DA CASA DO SENHOR

*Como suspira a corça pelas correntes das
águas, assim, por ti, ó Deus, suspira a minha alma
[...] enquanto me dizem continuamente:
O teu Deus, onde está?* SALMO 42:1-3

Este salmo é uma oração apaixonada a Deus, que demonstra uma extraordinária profundidade de sentimento espiritual e um gemido inexprimível do Espírito. O salmista retrata seus sentimentos na hora da tentação, quando estava completamente submerso em angústia e tomado pelas lágrimas. Naquela hora de escuridão, o Deus da vida, da paz, da luz e do conforto parecia não estar presente, como se a luz reconfortante do Sol estivesse escondida atrás de uma espessa nuvem. A isso são frequentemente acrescentadas as blasfêmias daqueles que zombam dos sofredores e os insultam dizendo: "O teu Deus, onde está?". Quando o mundo e os ímpios veem os santos em calamidade, eles não conseguem deixar de insultá-los e ridicularizá-los. O salmista deseja entrar na casa do Senhor e na congregação daqueles que cantam e se alegram; santificar o Shabat, celebrar o nome do Senhor e ver a face do Senhor; isto é, ele anseia por ouvir a Palavra do Senhor, para que possa ser elevado e revigorado quando está quase consumido por um calor ardente de tentação e angústia. Isso porque a Palavra de Deus e a promessa da graça são pregadas na casa do Senhor.

*Quero sempre habitar na casa do Senhor
para ouvir Sua Palavra e ser fortalecido.*

Martinho Lutero

SEJA GUIADO PELO ESPÍRITO SANTO

Pois todos os que são guiados pelo Espírito de Deus são filhos de Deus. ROMANOS 8:14

Ao governar e guiar o homem e ao convencê-lo a obedecer e seguir às Suas orientações, o Espírito Santo comprova a Sua presença. Ser guiado pelo Espírito de Deus implica ter um coração que recebe, com alegria, a Palavra de Deus e acredita que, por meio de Cristo, tem a graça e o perdão dos pecados; implica ter um coração que também confessa e prova a sua fé perante o mundo; implica ter um coração que dá glória a Deus acima de tudo e se esforça para viver sem ofender os outros, para servir os outros e ser obediente, paciente, puro e casto, manso e gentil; implica ter um coração que, apesar de ocasionalmente cair em falta e tropeçar, rapidamente se levanta pelo arrependimento e deixa de pecar. Se uma pessoa ouve e recebe a Palavra e não se opõe ativamente ao Espírito, o Espírito Santo o ensinará todas essas coisas. O diabo — ele próprio um espírito — conquista o coração das pessoas deste mundo, mas é evidente que a sua obra não é a de um espírito bom ou divino. Ele faz com que as pessoas ajam em oposição ao que o Espírito Santo de Deus deseja que façam e, assim, elas se tornam arrogantes e orgulhosas, avarentas e impiedosas, em vez de amarem a Deus e seguirem Sua Palavra. Portanto, devemos ter cuidado para não nos enganarmos, pois muitas pessoas que se identificam como cristãs, na verdade, não são. Percebemos isso pelo fato de que nem todos são guiados pelo Espírito de Deus.

Não serei enganado pelo diabo, mas serei sempre guiado pelo Espírito de Deus.

Martinho Lutero

CONFESSE A DEUS OS SEUS PECADOS

*Vendo isto, Simão Pedro prostrou-se
aos pés de Jesus, dizendo: Senhor, retira-te de mim,
porque sou pecador.* LUCAS 5:8

Uma consciência pecaminosa provavelmente dirá como Pedro nesta passagem: "Ó Deus, não sou digno de ser salvo e me sentar entre os Teus santos e anjos", e fugirá de seu Salvador. No entanto, fazer isso é tolice, porque, se você se firmar em sua própria santidade, estará construindo sua casa sobre a areia. Pedro não se tornou verdadeiramente digno até assumir que não o era. Você deve ter ainda mais fé em Deus, já que é um pecador. Precisa abrir e expandir consideravelmente seu coração neste assunto para que a graça possa entrar prontamente nele. A boa notícia é que, se a sua consciência o perturba e ameaça levá-lo ao desespero, você encontrará conforto na pergunta de Miqueias: "Quem, ó Deus, é semelhante a ti, que perdoas a iniquidade […] e lançará todos os nossos pecados nas profundezas do mar"? (MIQUEIAS 7:18-19). Portanto, você não deve se desesperar quando Deus vier até você e a sua consciência estiver ciente dos seus pecados. Quanto mais você sente sua vergonha, mais rápido Deus concede graça. As Escrituras exaltam Deus por tirar nossos pecados e lançá-los nas profundezas do mar. Somos incapazes de superar nossas falhas com boas obras ou alcançar a justiça por qualquer poder que possuímos. Deus fará isso apenas por Sua graça, sem nossas obras. Aproxime-se de Deus quanto mais se sentir pecador e mais desejar fugir dele. Não desista! Em vez disso, apegue-se firmemente a Ele.

Não esconderei de Deus os meus pecados e faltas.

Martinho Lutero

SEJA MISERICORDIOSO COM O SEU PRÓXIMO

Sede misericordiosos, como também é misericordioso vosso Pai. LUCAS 6:36

Como Deus, nosso Pai celestial, é misericordioso! Ele gratuita e bondosamente nos concede todas as coisas, naturais e espirituais, temporárias e eternas. Se Ele nos recompensasse com base nos nossos méritos, receberíamos apenas a condenação eterna. Ele é misericordioso e nos concede a vida, pois somos prisioneiros da morte. Ele é gracioso e nos concede o Céu, apesar de ver que somos filhos do inferno. Por isso, Cristo exorta que sejamos misericordiosos como Deus é. Não uma misericórdia comum e como aquela ensinada pela razão humana, porque essa misericórdia dá aos grandes e sábios, ama quem é bonito, dá àqueles de quem recebe alguma vantagem ou benefício; é uma misericórdia política, miserável e parcial. Mas o cristão deve olhar para todos como o nosso Pai celestial faz e não apenas para aqueles que são seus amigos. Onde não existe essa misericórdia, também não existe fé verdadeira. Se você crê que o seu Deus se revelou a você como bom e misericordioso, enquanto você ainda era inimigo de Deus e filho da ira, sem qualquer mérito, você não pode deixar de exercer a mesma misericórdia e de fazer todo o possível pelo bem-estar do seu próximo, por amor a Deus. Portanto, não faça distinção entre amigos e inimigos, entre os que merecem e os que não merecem a sua misericórdia, pois somos justos diante de Deus e dos homens porque reverenciamos a Deus, olhamos diretamente para Ele, cremos em Sua Palavra e fazemos tudo o que podemos pelo nosso próximo por amor.

Deus, ajuda-me a ser misericordioso assim como Tu és.

Martinho Lutero

DESCANSE NA PAZ DE DEUS

*E a paz de Deus, que excede todo
o entendimento, guardará o vosso coração e a vossa
mente em Cristo Jesus.* FILIPENSES 4:7

Esta é a verdadeira paz que satisfaz e acalma o coração não apenas em tempos sem dificuldades, mas em meio a elas, quando não há nada além de luta do lado de fora. Esta é a distinção entre a paz do mundo e a paz de Deus. A paz do mundo consiste em erradicar o mal externo que perturba a paz, como no caso da pobreza e da doença. Você fica aflito enquanto elas o atormentam; contudo, quando são eliminadas e há saúde e abundância, há serenidade e descanso novamente. A paz de Deus, ou paz espiritual, por outro lado, inverte a situação de tal forma que o mal permanece do lado de fora por meio de inimigos, doenças, pobreza, pecado, morte e do diabo, que estão sempre presentes por todos os lados; mas interiormente há serenidade, força e conforto, para que o coração não se importe com o mal e seja verdadeiramente mais ousado e alegre na presença do mal do que em sua ausência. Como resultado, temos a paz que excede todo entendimento e transcende todos os sentidos. A razão só pode compreender a paz do mundo (ou externa) e não pode consolar ou satisfazer uma pessoa em momentos de angústia. Mas, quando o Espírito Santo vem, Ele permite que as adversidades exteriores continuem, ao mesmo tempo que fortalece o indivíduo, tornando o tímido corajoso e o perturbado em sereno e tomado pela paz. Se você olhar para Cristo e crer nele, nada que venha a acontecer de ruim com você poderá prejudicá-lo ou levá-lo ao desespero. É impossível que o fruto da paz esteja ausente onde há fé.

*Permanecerei firme na fé que produz
a paz de Deus em meu coração.*

Martinho Lutero

LUTE CONTRA O PECADO

*Porque, se viverem de acordo com
as exigências dela, morrerão. Se, contudo,
pelo poder do Espírito, fizerem morrer
as obras do corpo, viverão.* ROMANOS 8:13 NVT

O apóstolo admite aqui que, mesmo nos cristãos, permanece um resquício da carne que deve ser morto, composto por tentações e concupiscências que são contrárias aos mandamentos de Deus e fazem com que o pecado seja cometido. Elas são chamadas de "obras do corpo" neste versículo. Pensamentos de incredulidade e desconfiança, frieza e indolência para com a Palavra de Deus e a oração, segurança carnal e presunção em vez de temor a Deus, impaciência e murmurações diante do sofrimento, raiva e vingança, inveja e ódio contra o próximo, avareza, impureza e outras obras similares são dessa natureza. Tais desejos existem na carne e nunca deixam de incitar e seduzir o homem. Às vezes, eles o dominam devido à fragilidade humana, quando o homem não é suficientemente cauteloso em relação à transgressão. Eles sem dúvida o dominarão, a menos que ele se levante e faça morrer essas "obras do corpo". Essa é uma luta difícil, uma batalha interminável enquanto vivermos. O cristão nunca deve se tornar negligente ou irresponsável nesse assunto, mas deve continuamente matar a carne, ou será morto por ela. Isso distingue os indivíduos que são cristãos e santificados daqueles que carecem de fé e do Espírito Santo, ou que sofrem e perdem o Espírito. Tendo recebido o Espírito Santo, o cristão deve se confortar com o fato de ter ajuda e força para resistir e mortificar o pecado.

*Preciso ser forte na luta contra as obras
do corpo em minha vida.*

Martinho Lutero

12 DE DEZEMBRO

SOMOS INSTRUMENTOS DE DEUS

...a nossa suficiência vem de Deus.
2 CORÍNTIOS 3:5

Estas palavras são um golpe contra os falsos apóstolos e falsos pregadores. Paulo afirma que *não confiamos em nós mesmos ou em nossa sabedoria e habilidade; ou seja, não pregamos algo que nós mesmos inventamos. Temos o orgulho e a confiança em Cristo, diante de Deus, de que fizemos de vocês uma epístola divina; escrevemos em seu coração a Palavra de Deus, não nossas ideias. Não exaltamos nosso próprio poder, mas sim as obras e o poder daquele que nos chamou e nos preparou para tal encargo, de quem procede tudo o que vocês ouviram e confiaram.* Esta é uma glória que qualquer pregador pode reivindicar e declarar com total segurança. Se alguém tentasse ensinar e exercer autoridade na Igreja sem essa glória, "melhor fora que se lhe pendurasse ao pescoço uma pedra de moinho, e fosse atirado no mar" (LUCAS 17:2). Pois o diabo ensina mentiras, e é a morte que ele provoca. Deus coloca o que devemos falar em nosso coração e boca e imprime isso em nosso coração por meio do Espírito Santo. Não podemos nos elogiar nem buscar nossa própria glória como fazem aqueles que são orgulhosos e autoinstruídos; devemos dar a Deus honra e glória pelo fato de que Ele opera em nós para a salvação por meio do ofício que nos foi confiado por Sua graça e poder. Nada além da inquestionável Palavra de Deus deve ser ensinado e praticado na Igreja.

*Quero ser instrumento nas mãos de Deus para
o anúncio do verdadeiro evangelho.*

Martinho Lutero

NÃO CONFIE EM SUAS PRÓPRIAS OBRAS

Faze-te ao largo, e lançai as vossas redes para pescar.
LUCAS 5:4

Quando Cristo quis abençoar Pedro e seus companheiros, Ele não fez com que os peixes saltassem para o barco sem necessidade de esforço e das redes, como poderia ter feito. Ele ordenou que fossem ao mar alto e lançassem suas redes, ou seja, que realizassem o seu ofício. Cristo se mantém distante dos preguiçosos e ociosos infiéis que não fazem o que lhes é ordenado e não evitam que suas mãos e pés se desviem. Assim, Ele nos ensina uma dupla lição: que não nos dará nada até que trabalhemos e que aquilo que recebemos é resultado da ajuda e da bênção de Deus, não dos nossos esforços. Você deve trabalhar, mas não deve confiar nos resultados desse esforço como se fossem conquistados pela sua ação. Nada é produzido ou concedido pelo nosso esforço, no entanto, ele é necessário como caminho pelo qual recebemos o que Deus envia. Os discípulos precisavam entender que os seus esforços não produziram o resultado desejado; caso contrário, eles teriam tido sucesso sem Cristo. Jesus nos ensina por meio da experiência cotidiana em todos os tipos de empreendimentos e atividades deste mundo. Ele frequentemente nos permite trabalhar longa e arduamente sem resultados, até que isso se torne terrivelmente desconfortável para nós e comecemos a protestar como Pedro: "Mestre, havendo trabalhado toda a noite, nada apanhamos…"(LUCAS 5:5)! Ele faz isso para que não confiemos em nossos próprios esforços, mas percebamos que *Ele* nos concede sucesso, e não nossos próprios esforços, talento ou devoção. Todo crescimento vem de Deus.

Deus é quem me traz o sucesso.

Martinho Lutero

CUIDADO COM A AVAREZA

Mas aqueles que desejam enriquecer caem em tentações e armadilhas e em muitos desejos tolos e nocivos, que os levam à ruína e destruição. 1 TIMÓTEO 6:9 NVT

Aqueles que se plantam entre os espinhos da avareza e procuram grandes posses devem sofrer as consequências, não só em numerosas tentações e perigos, mas também em armadilhas das quais não poderão escapar. Mesmo entre indivíduos que se gabam do evangelho e do cristianismo, vemos isso regularmente. Vemos roubo, opressão e usura em todos os lugares, a tal ponto que Deus e a própria consciência são abandonados por causa de uns trocados. Então, como se isso não fosse suficiente, eles continuam seu curso até se fazerem inimigos da Palavra de Deus, tão amaldiçoados que se tornam inúteis em qualquer ramo de trabalho e incapazes de fazer qualquer coisa que seja salutar, boa ou útil para a alegria e o aperfeiçoamento dos outros. Tudo isso decorre do empenho dos homens de serem ricos. Tais cobiça e preocupações são, sem dúvida, acompanhadas de um orgulho que leva os homens a quererem ser grandes e poderosos. O coração humano ferve com inúmeras concupiscências e desejos insaciáveis que não têm outro propósito senão a sua própria destruição, e não brota de nenhuma outra fonte senão a queda da fé, e depois de uma tentação e armadilha para outra. É uma praga terrível que tomou o controle da humanidade, a ponto de não conseguirem mais realizar nada de bom e não desejarem servir a Deus ou ao próximo.

Não buscarei grandezas que possam me afastar de Deus e do meu próximo.

Martinho Lutero

CRISTO É O BOM PASTOR

*E, indo para casa, reúne os amigos e vizinhos,
dizendo-lhes: Alegrai-vos comigo, porque já achei
a minha ovelha perdida.* LUCAS 15:6

Nosso grande e maravilhoso Pastor não se contenta em buscar compassivamente Sua ovelha perdida e levá-la alegremente para casa; Ele faz uma festa especial e designa um tempo para que Seus amigos e vizinhos se alegrem com Ele. Assim também faz Deus no Céu com todas as hostes celestiais e todas as criaturas quando um pecador se arrepende. Cristo é um Pastor que procura por Suas ovelhas avidamente; e quando as encontra, Ele as leva para casa com toda alegria, e faz festa de tão grande júbilo que todos os anjos no Céu e toda a criação se regozijam e sorriem tão benignamente que até o Sol brilha mais adoravelmente. Quem crê que Cristo é este bom Pastor encontrará a verdadeira consolação e alegria nele, porque tem a promessa de que, caso se apegue a Cristo e se deixe levar em Seus ombros, será recebido amorosamente no reino do Céu, com grande regozijo. Então, se você deseja paz e alegria genuínas, grave essa linda imagem em seu coração. Em Cristo, você encontra todas as coisas, se permanecer sob Seu abrigo e repousar tranquilamente sobre Seus ombros. Você não precisa se preocupar com o pecado, com a morte ou com a vida, pois você tem todas as coisas em Cristo, que o carrega e o protege.

*Repousarei sempre sobre os ombros de Cristo
e serei salvo da morte e do pecado.*

Martinho Lutero

O SENHOR É O SEU SOCORRO

*Muitas são as aflições do justo,
mas o Senhor de todas o livra.* SALMO 34:19

Este salmo é uma ação de graças notável. Davi se apresenta como exemplo de que Deus sempre ouve as orações e as súplicas dos piedosos e não despreza os gemidos dos aflitos. Davi requer, antes de tudo, o temor do Senhor e a obediência ao primeiro mandamento; que evitemos a hipocrisia e os ensinamentos enganosos, apegando-nos à verdade, e que acreditemos sinceramente em Deus, cumpramos Sua vontade e não resistamos ou murmuremos contra Ele. E, dessa forma, devemos viver em paz com o nosso próximo; não devemos retribuir o mal com o mal, mas abençoar até os nossos adversários e inimigos, vivendo em paz com todos os homens, sejam bons ou maus. Pois assim permanece o conselho de Deus, que não pode ser modificado, de que os santos devem passar por aflições nesta vida. Portanto, se você for um homem piedoso, se quiser se apegar a Deus, prepare seu espírito (como Davi diz neste salmo) para as tentações, a cruz e as aflições, visto que assim é imutavelmente determinado por Deus, como ele diz: "Muitas são as aflições do justo". E novamente, permanece imutável o conselho firme e eterno de Deus: que é a Sua vontade libertar os santos de todos esses males, e tão completa e fielmente que nem mesmo o menor osso deles pereça. O que é então esta tribulação leve e momentânea, em comparação com aquele peso eterno de glória (VEJA 2 CORÍNTIOS 4:17), que será revelado em nós?

*Não desfalecerei quando as aflições me cobrirem,
pois sei que meu Senhor me socorrerá.*

Martinho Lutero

O TESTEMUNHO DA FÉ

Nós sabemos que já passamos da morte para a vida, porque amamos os irmãos; aquele que não ama permanece na morte. 1 JOÃO 3:14

Como sabemos que passamos da morte para a vida? A resposta é: se amamos nossos irmãos e irmãs. Quando cremos verdadeiramente no amor do nosso Salvador, o nosso coração responde com amor a Deus e ao próximo. Esta epístola foi escrita especificamente contra os falsos cristãos, pois há muitos que louvam Cristo, porém não produzem os frutos da fé. Não basta se vangloriar de ter passado da morte para a vida; é preciso dar testemunho disso. A fé não é inativa e sem vida. Quando temos fé em nosso coração, seu poder se manifesta, mas, se esse poder não está presente, toda ostentação é falsa e vã. Quando o coração humano se enche de conforto espiritual na sua confiança na misericórdia e no amor de Deus e também se aquece na bondade, na amizade, na humildade e na paciência para com o próximo, não invejando nem desprezando ninguém, mas servindo alegremente a todos em suas necessidades, mesmo que isso signifique colocar a vida em perigo, então os frutos da fé se manifestam. Estes frutos são a prova de que o cristão passou efetivamente da morte para a vida. Se ele não tivesse a verdadeira fé e negasse a graça e o amor de Deus, seu coração não seria movido a demonstrar amor ao próximo, que é consequência do seu amor e gratidão a Deus. A fé é o primeiro elemento da doutrina cristã. A presença do amor atesta a realidade da vida interior, que, por sua vez, atesta a presença da fé no coração.

Minha fé se manifestará no amor a Deus e ao meu próximo todos os dias.

Martinho Lutero

NÃO SEJA INCRÉDULO

*Se eu não vir nas suas mãos o sinal dos cravos,
e ali não puser o dedo, e não puser a mão no seu lado,
de modo algum acreditarei.* JOÃO 20:25

Aqui percebemos como é terrível o coração humano quando fraqueja. Os discípulos e Tomé não apenas ouviram o Senhor ensinar ao povo com grande autoridade, mas também como Ele confirmou Sua doutrina com os grandes milagres que realizou e ainda como ressuscitou três pessoas dentre os mortos, uma das quais estava na sepultura havia quatro dias. Os seguidores de Cristo, especialmente Tomé, eram tão fracos que não podiam crer que o Senhor havia ressuscitado e estava vivo. Vemos pelo exemplo dos apóstolos que, quando Cristo se afasta e somos deixados à nossa própria sorte, não somos absolutamente nada. As mulheres e os discípulos haviam anunciado ter visto o Senhor ressuscitado, mas Tomé foi teimoso e não quis acreditar, a não ser que colocasse seus dedos nas marcas das mãos e no lado do corpo de Jesus. Como resultado, aquele precioso discípulo estaria perdido e condenado, pois não pode haver perdão dos pecados ou salvação se alguém não crer. Assim, o Espírito Santo demonstra, por esse exemplo, que somos simplesmente cegos e totalmente endurecidos quando não temos fé, pois vemos, ao longo das Sagradas Escrituras, que o coração humano é o que há de mais duro neste mundo. Se Cristo não salvasse Tomé de sua incredulidade, ele teria perecido e sido condenado.

*Senhor, salva-me da minha incredulidade
e desperta a minha fé!*

Martinho Lutero

MANTENHA-SE FIRME NA LUTA CONTRA O PECADO

*Sabendo isto: que foi crucificado com ele
o nosso velho homem, para que o corpo do pecado
seja destruído, e não sirvamos o pecado
como escravos.* ROMANOS 6:6

O homem é aqui chamado de "velho" não por causa da idade, pois um homem pode ser jovem, forte e vigoroso, e ainda assim não ter fé, desprezar a Deus, ser ganancioso e arrogante, ou viver no orgulho ou na presunção de sua própria sabedoria e força. Ele é "velho" porque não é convertido e permanece em seu estado natural como um descendente pecaminoso de Adão. Quanto mais pecados um homem comete, mais velho e mais inapto ele se torna diante de Deus, por isso ele deve ser crucificado, segundo Paulo. O velho homem permanece em seus pecados, afogado sob a ira de Deus, perturbado por uma má consciência que o condena e o mantém fora do reino de Deus. Já o novo homem é aquele que se voltou para Deus em arrependimento, tem um novo coração e entendimento e vive de acordo com a Palavra e a vontade de Deus por intermédio do poder do Espírito Santo. Pelo poder do Espírito Santo, ele resiste e subjuga o velho homem e as suas concupiscências malignas. Embora o velho homem tenha sido crucificado no novo homem, "o corpo do pecado" permanece por meio das concupiscências remanescentes, que ainda são ativas na carne e lutam contra o Espírito. Mas, à medida que a vida do pecado é destruída, essas concupiscências não podem mais prejudicar o cristão. O novo homem deve manter o seu domínio; as concupiscências devem ser enfraquecidas e subjugadas até que este nosso corpo finalmente volte ao pó e desapareça.

*Não darei lugar às concupiscências
em meu corpo mortal.*

Martinho Lutero

CONHEÇA A DEUS EM SUA PALAVRA

Quem, pois, conheceu a mente do Senhor?
Ou quem foi o seu conselheiro? ROMANOS 11:34

Com estas palavras, Paulo diz àqueles que desejam ser sábios que abandonem as suas buscas insolentes pelos mistérios de Deus e se dediquem à revelação que Ele lhes deu. Mesmo que você procurasse eternamente, nunca descobriria os planos ocultos de Deus, mas colocaria em risco o bem-estar de sua própria alma. Se quiser proceder de maneira sensata, deve se interessar pela Palavra e pelas obras de Deus. Ele se revelou nelas e pode ser compreendido por meio delas. Ele lhe mostra Seu Filho na cruz como a obra de redenção para você. Nesta obra, você pode aprender de Deus e que Ele o condenará por seus pecados, mas lhe concederá a vida eterna se você crer nele. Todos os tesouros da sabedoria e do entendimento estão escondidos em Cristo. Nisso, você terá o suficiente para aprender e ponderar. Você ficará maravilhado com a magnífica revelação de Deus e o adorará. Esse é um manancial que nunca se esgotará nesta vida, por mais que o estudemos. Mesmo os anjos nunca se cansam de contemplá-lo, mas nisso encontram alegria e prazer sem fim. Digo isso para que possamos estar prontos para aconselhar as pessoas que encontramos e que, atacadas e atormentadas pelas ideias diabólicas, são levadas a tentar Deus. Essas pessoas devem ser lembradas dessas coisas e corrigidas.

Meu coração e minha mente ficam maravilhados
com o Deus eterno.

Martinho Lutero

NÃO FIQUE FORA DA GRANDE CEIA

*Certo homem deu uma
grande ceia e convidou muitos.*
LUCAS 14:16

Esta ceia foi organizada pelo próprio Senhor Deus. Ele é o Senhor poderoso e rico que certa vez organizou um banquete para Sua gloriosa majestade e honra. Esta festa é considerada grande e gloriosa não só por causa do anfitrião, que é o próprio Deus, mas também por causa da comida, que é farta e cara acima de qualquer medida, a saber, o santo evangelho e o próprio Senhor Jesus Cristo. Ele é o alimento que nos é oferecido por meio do evangelho, pois fez expiação pelos nossos pecados por Sua morte e nos resgatou da miséria da morte eterna, do inferno, da ira de Deus, do pecado e da condenação eterna. A mensagem de Cristo é o grande e belo jantar, que alimenta e satisfaz os convidados por meio do santo batismo e os acalma e fortalece por intermédio de Seu corpo e sangue na Ceia, para que nada falte e todos fiquem satisfeitos. Ele é um alimento eterno, pelo qual o homem nunca mais terá fome ou sede. Não é apenas para um indivíduo, mas para todo mundo, não importa quantos sejam, uma vez que é inesgotável. Creia em Cristo, nosso Senhor, e você ficará satisfeito, forte e alegre para sempre. Você foi convidado; agora é a hora de vir, pois a ceia está pronta. Seu Senhor Jesus Cristo já nasceu, morreu e ressuscitou; portanto, não demore mais; receba com alegria este tesouro prometido. Venha para a mesa, coma e se alegre.

*Quero me alimentar de Cristo, pois Ele
é o meu alimento eterno.*

Martinho Lutero

SEJA GUIADO PELO BOM PASTOR

*Para este o porteiro abre, as ovelhas ouvem
a sua voz, ele chama pelo nome as suas próprias ovelhas
e as conduz para fora.* JOÃO 10:3

Conduzir as ovelhas para fora fala da liberdade cristã. Elas agora estão livres e alegremente pastoreadas e alimentadas no doce reino da graça de Cristo. Essa liberdade não implica que as ovelhas, agora sem redil e sem guardador, possam fugir desenfreadas do seu Pastor para o erro, isto é, que agora o cristão possa fazer tudo o que a carne deseja. Significa que agora elas estão livres do medo dos lobos, dos ladrões e dos assassinos e podem viver com o seu querido Pastor, seguindo-o com amor e prazer para onde Ele as guie; pois o Senhor, o Filho de Deus, é o Pastor que acolhe as ovelhas sob Sua graça, abrigo e proteção. O reino de Cristo não foi estabelecido para que possamos satisfazer nossos desejos carnais, mas para que possamos seguir a Cristo com alegria e boa consciência, livres do cativeiro da Lei, sob a qual não poderíamos fazer nada de bom com sinceridade. Cada cristão responde conforme a orientação de Cristo, para ser um instrumento único para o Seu propósito. Seguir a Cristo significa viver toda a nossa vida e obras na fé em Cristo, um exercício contínuo de fé no qual temos a certeza do favor de Deus por causa desse maravilhoso Pastor. Com esta segurança, podemos agora lhe obedecer, invocá-lo nas nossas tentações e necessidades, professar a Sua Palavra e servir ao nosso próximo. Para isso, o cristão necessita sempre da Palavra de Cristo e aprender a se exercitar nela.

Viverei cada dia de vida para a glória de Cristo.

Martinho Lutero

CONFIE APENAS NOS MÉRITOS DO SALVADOR

Porquanto Deus enviou o seu Filho
ao mundo, não para que julgasse o mundo, mas para
que o mundo fosse salvo por ele. JOÃO 3:17

Podemos compreender Deus como Ele deve ser compreendido por meio dessas palavras. Ele nos apresenta Seu Filho como Salvador e não como Juiz. É prática comum descrever o misericordioso Salvador como um juiz, e essa prática resultou na confiança nos méritos dos santos [N.E.: veja 1 Coríntios 3:4], levando-nos a nos afastar de Cristo e a procurar segurança no homem. Mas Deus não permitirá isso, pois a honra deve ser apenas dele. Nossa consciência deve estar sobre o fundamento da verdade eterna e onisciente, da qual Deus é a única fonte. Terei medo de Cristo se o imaginar como juiz, e, como resultado, ficarei constrangido diante dele pelo medo; por fim, eu o desprezarei, e meu coração se tornará corrupto e blasfemo. Mas, quando eu o conheço como a Bíblia o descreve e anseio por Ele como o melhor amigo que meu coração pode encontrar, o amor vem rapidamente. Nenhum outro amigo fez tanto por nós quanto Ele. Aprenda com esta lição a conhecer Cristo corretamente e a colocá-lo entre você e o Pai; deixe-o ser o único sacrifício que lhe garantirá o Céu e a salvação. Quem crê não pode se perder, mas será salvo, pois a verdade é que nada nos salva senão Cristo, que veio para ser o nosso Salvador. Como resultado, quando existe fé, o pecado não tem efeito, porque a fé nos torna pertencentes a Cristo.

Cristo será sempre o meu melhor amigo
e único meu Salvador.

Martinho Lutero

O SENHOR NUNCA O ABANDONARÁ

*Não se turbe o vosso coração; credes em Deus,
crede também em mim.* JOÃO 14:1

Neste versículo, podemos ver quão terna e diligentemente o Senhor Jesus trata Seus amados discípulos. Ele não os abandona, apesar de ter sido separado deles naquela noite e eles terem ficado em grande perigo, medo e terror. O primeiro infortúnio experimentado na tribulação é que não apenas o corpo é afetado, mas o coração fica assustado e entristecido. Como é impossível mudar o corpo, o Senhor está especialmente preocupado com que o coração seja livre e não molestado. Quem tem a consciência tranquila e o coração alegre nos momentos de dificuldade já está a meio caminho da vitória sobre os seus problemas. Por isso, Cristo adverte: "Cuidado para que esse sofrimento que está no corpo, de alguma forma, não afete seu coração". Como cristãos — diria Jesus —, vocês não são como as demais pessoas, que não conhecem a Palavra de Deus e não podem crer. Vocês podem estar profundamente impactados pela minha morte, mas, assim como creem em Deus, creiam em mim. Nenhum de vocês tem medo de que Deus morra ou seja removido do Seu trono; então, por que teriam medo por minha causa? A morte, o mundo e o diabo podem ficar tão furiosos quanto quiserem; eles não encontrarão nada em mim porque eu sou Deus. Essa crença acalmará seu coração e vocês poderão até encontrar consolo na minha morte. Pois, quando a morte e eu lutarmos, a morte será vencida e isso será para o benefício de vocês.

*Confiarei e esperarei em Jesus todo o tempo,
pois Ele nunca me abandonará.*

Martinho Lutero

TENHA FÉ NA PALAVRA DE DEUS

*E, ausentando-se deles os anjos para o céu,
diziam os pastores uns aos outros: Vamos até Belém
e vejamos os acontecimentos que o Senhor
nos deu a conhecer.* LUCAS 2:15

Se os pastores não tivessem acreditado nos anjos, eles não teriam ido a Belém, não teriam feito nenhuma das coisas mencionadas neste evangelho. Alguém poderia dizer: "Eu acreditaria de bom grado se um anjo do Céu pregasse a mim", mas quem não recebe a Palavra pelo que ela é nunca a receberá por causa do pregador, ainda que todos os anjos a proclamem. Aquele que a recebe por causa do pregador não crê na Palavra nem em Deus pela Palavra, mas crê no pregador. Por isso, a fé dessas pessoas não dura muito. Mas aquele que crê na Palavra não se importa com quem prega nem honrará a Palavra por causa da pessoa que a prega; pelo contrário, ele honra quem prega por causa da Palavra e sempre subordina essa pessoa à Palavra. Se o pregador perecer ou cair da fé e pregar de maneira diferente, ele deixará o pregador, mas não a Palavra de Deus. Só a Palavra de Deus deve ser suficiente para o coração; ela deve se apoderar do homem como se ele estivesse atado a ela, para que ele sinta o quanto é verdadeira e correta, mesmo que o mundo, todos os anjos ou todos os príncipes do inferno digam o contrário. Essa fé triunfa na vida e na morte, e nada é capaz de derrubá-la, pois ela está alicerçada sobre a Palavra e nada mais. Aqueles pastores tinham essa fé, porque se apegaram à Palavra com tanta força que se esqueceram dos anjos que a declararam a eles.

*A minha fé sempre estará sustentada na boa
e perfeita Palavra de Deus.*

Martinho Lutero

TENHA ESPERANÇA NA VIDA ETERNA

*Porque sabemos que toda a criação,
a um só tempo, geme e suporta angústias
até agora.* ROMANOS 8:22

Aqui, Paulo usa uma linguagem forte. Ele afirma que a criação está consciente tanto da sua grandeza futura como da sua iminente libertação da escravidão da corrupção. Ela geme e sofre continuamente enquanto observa o esplendor reservado para si. Paulo afirma que a criação está tão cansada do seu estado atual de escravidão e tão faminta de liberdade quanto uma mãe está de alívio durante as dores de parto. Ele discerne essa realidade sobre a criação com visão espiritual e apostólica. Seu foco está no futuro, na existência eterna, que é invisível e inédita, alheio a este mundo e aos prazeres e dificuldades desta vida terrena. Assim, ele oferece conforto real e eficaz aos cristãos, apontando-lhes uma vida futura para si mesmos e toda a criação depois que esta vida pecaminosa tiver um fim. Portanto, aqueles que seguem a Cristo devem ter a certeza da glória eterna e implorar ao Senhor Deus que apresse o dia feliz em que suas expectativas se tornem realidade com gemidos e suspiros. Na Oração do Pai Nosso, Cristo nos ordenou que orássemos: "Venha o Teu reino". Nossa fé não deve ser exercida para obter riquezas terrenas; não somos batizados para a vida presente nem recebemos o evangelho como ministração para nosso bem temporal, mas tudo isso deve nos direcionar para a vida eterna. Que Deus conceda a rápida chegada do feliz dia da nossa redenção, quando alcançaremos todas essas bênçãos, das quais agora ouvimos e nas quais cremos por meio da Palavra.

*Minha esperança estará firmada em Deus
até o dia da nossa redenção.*

Martinho Lutero

NÃO ANDE NO CAMINHO DOS ÍMPIOS

Faze-me justiça, Senhor, pois tenho andado na minha integridade e confio no Senhor, sem vacilar. SALMO 26:1

Esta é uma oração a Deus que contém uma queixa contra os hipócritas que querem ser justificados pelas obras da Lei, atacam continuamente o ensino genuíno da fé e rotulam aqueles que a defendem como hereges. Davi se refere a esses indivíduos como falsos, dissimuladores, malfeitores e ímpios. Porque, apesar das suas reivindicações de grande santidade, eles nutrem profundo ódio e amargura contra Deus, bem como malícia e iniquidade para com o seu próximo. Muitos que afirmam adorar a Deus o professam com os lábios, mas o adoram sem sinceridade, agindo apenas em seu próprio interesse. Em outras palavras, como Paulo disse aos filipenses, eles não adoram a Deus, mas sim a Mamom e ao seu próprio ventre. Também, de acordo com este salmo, a sua "destra está cheia de subornos" (v.10). Portanto, devemos orar fervorosamente para que Deus nos mantenha em Sua verdadeira Igreja e nos impeça de nos misturarmos com esses indivíduos. Caso contrário, corremos o risco de nos associarmos a esses hipócritas, cujo fim (embora eles possam, temporariamente, dar um espetáculo ao mundo) será a destruição e cuja glória se tornará confusão. Este salmo se refere tanto ao primeiro quanto ao segundo pedidos da Oração do Pai Nosso, bem como ao terceiro mandamento do Decálogo, uma vez que fala sobre a verdadeira adoração e o reino de Deus.

Sempre santificarei meu caminho ao Senhor e não praticarei a injustiça.

Martinho Lutero

SEJA SEMPRE PACÍFICO E ABENÇOADOR

Não pagando mal por mal ou injúria por injúria; antes, pelo contrário, bendizendo, pois para isto mesmo fostes chamados, a fim de receberdes bênção por herança. 1 PEDRO 3:9

Esta bênção que lhe dá acesso a todas as riquezas da graça de Deus é uma verdade maravilhosa e esplêndida que Deus determinou para você! E se você simplesmente se apegar à Sua graça e se recusar a privar-se dela, Ele generosamente lhe dará o Seu Espírito para estar com você, abençoando tanto o seu corpo quanto o seu espírito. Que preço você não pagaria de bom grado por essa bênção, se ela pudesse ser comprada em vez de dada gratuitamente e sem qualquer mérito? Pondere acerca de quanta distinção Deus faz entre você e os outros como resultado de sua fé. Você foi escolhido por Deus para ser herdeiro da graça e da vida eterna. No entanto, aqueles que não são cristãos têm apenas uma sentença horrível como um peso pendurado no pescoço. Eles são declarados filhos da maldição e sujeitos à condenação eterna. Os cristãos, porém, têm uma causa excelente e um poderoso motivo para serem pacientes e não vingativos ou amargurados: o fato de serem tão ricamente favorecidos por Deus e receberem essa graça excelente, da qual não podem ser privados ou sofrer perdas, se permanecerem nela. Contanto que você não permita que o diabo ou as pessoas más façam com que você perca sua boa consciência, seu coração pacífico ou a bênção dada por Deus, você poderá manter uma consciência tranquila e um coração amoroso.

Não serei vencido pelo mal, mas vencerei o mal com o bem!

Martinho Lutero

ESTEJA SEMPRE ALERTA

*Ora, o fim de todas as coisas
está próximo; sede, portanto, criteriosos e sóbrios
a bem das vossas orações.* 1 PEDRO 4:7

Não convém ao cristão um estilo de vida mundano, se entregar à glutonaria, bebedeira e farras, pois ele tem uma tarefa nobre a cumprir. Deve dedicar seu tempo à Palavra de Deus, que lhe traz o novo nascimento e o preserva. Devido ao seu novo nascimento, o cristão tem inimigos contra os quais deve lutar, como o diabo e a sua própria carne. Ele deve resistir a cair na indolência e não se tornar descuidado com suas responsabilidades. Em vez disso, deve estar alerta e sóbrio, constantemente preparado com a Palavra de Deus e em oração. Essas são as armas que o diabo teme e pelas quais é derrotado. Ele não suporta nenhuma dessas armas que usamos, por isso, o cristão necessita delas para que seu coração possa se voltar constantemente para Deus. O cristão precisa ser diligente em ler, aprender e aplicar a Palavra de Deus para que possa receber instrução, consolo e força. Quando surgem tentações e conflitos, ele deve ser sincero em seus pedidos, tendo como base a Palavra de Deus, e clamar por ajuda. Uma ou outra dessas armas de defesa deve estar sempre em exercício, resultando numa comunicação constante entre Deus e o cristão, quer Ele fale enquanto ouvimos silenciosamente, quer ouça as nossas declarações e pedidos sobre as nossas necessidades. Pedro exorta o cristão a se manter nos limites da sobriedade e da temperança. Aquele que não tem o cuidado de cumprir os deveres do seu ofício ou posição é inadequado para cumprir qualquer dever cristão.

*Sempre atentarei para usar as armas que Deus
me deu para vencer o inimigo.*

Martinho Lutero

NOSSA FORÇA VEM DE DEUS

*Humilhai-vos, portanto, sob
a poderosa mão de Deus, para que ele, em tempo
oportuno, vos exalte.* 1 PEDRO 5:6

O conhecimento do pecado leva o coração a temer da ira de Deus e buscar desesperadamente a graça. Assim, a humildade nasce, não apenas a humildade externa exercida diante dos homens, mas a que brota do coração e de Deus, do temor a Ele e do conhecimento da própria indignidade e fraqueza. Quem teme a Deus e estremece diante de Sua Palavra sem dúvida não se gloriará em vista de ninguém. Até mesmo seus adversários perceberão sua bondade, e ele encontrará o favor de Deus e das pessoas. A razão para isso será "a poderosa mão de Deus", que é forte e poderosa o suficiente para erguer, confortar e fortalecer os humildes e temerosos. Aqueles que experimentaram o medo não devem se desesperar ou fugir da presença de Deus, mas se levantar e encontrar consolo nele, pois Ele está disposto a nos dar o Espírito Santo, o perdão dos pecados e a vida eterna se buscarmos Seu favor. Consequentemente, Deus também o exaltará "em tempo oportuno". Embora Sua ajuda pareça demorar e os humildes e sofredores pareçam permanecer oprimidos por muito tempo sob Suas mãos e definhar, que eles se apeguem à promessa que Paulo fez de que Deus "não permitirá que sejais tentados além das vossas forças" (1 CORÍNTIOS 10:13), mas ouvirá o seu clamor e os ajudará na hora certa; e assim seremos consolados. Deus já estendeu Sua mão poderosa, tanto para derrubar os ímpios quanto para exaltar os humildes.

*Serei fortalecido em Deus todas as vezes
que me sentir fraco.*

Martinho Lutero

TENHA SEMPRE UM BOM TESTEMUNHO

Sede sóbrios e vigilantes. O diabo, vosso adversário, anda em derredor, como leão que ruge procurando alguém para devorar. 1 PEDRO 5:8

É imperativo que vocês considerem como enfrentar o diabo porque são um povo chamado para lutar contra esse espírito poderoso, que está mais empenhado em capturar a sua alma do que o lobo em se apoderar das ovelhas. Somente a fé e a oração podem lhe resistir, e para poder orar é preciso ser sóbrio e vigilante. Mesmo enfrentando severas perseguições, os cristãos da Igreja Primitiva eram devotados à oração. Eles estavam sempre dispostos a se reunir todos os dias para orar, não apenas pela manhã e à noite, mas também em outros horários, o que é louvável. Toda família cristã deve aderir à mesma prática, e todo pai deve ensinar seus filhos a orar, pelo menos ao nascer e ao pôr do sol, agradecendo a Deus por todas as dificuldades que enfrentam, para que a ira de Deus possa ser evitada e a justa retribuição, retida. Assim, seríamos devidamente educados, não teríamos de ser guiados pelos ditames de nossa própria natureza e não seríamos desordenados e irracionais no comer, no beber e no vestir. Mesmo que não existisse Deus ou mandamentos, a embriaguez continuaria sendo um pecado e uma humilhação para qualquer pessoa e deveria ser menos ainda tolerada pelos cristãos. Para evitar a possibilidade de ofender alguém com o nosso comportamento, o nosso caráter deve ser tão nobre que o nome de Deus não seja desonrado, mas sim exaltado.

Não me entregarei a nenhum apetite carnal, mas andarei no Espírito e glorificarei ao Senhor.

Martinho Lutero

Se você gostou desta leitura, compartilhe com outros!

- Presenteie alguém com um exemplar deste livro.
- Mencione-o em suas redes sociais.
- Escreva uma avaliação sobre ele em nosso site ou no site da loja onde você o adquiriu.
- Recomende este livro para a sua igreja, clube do livro ou para seus amigos.

Ministérios Pão Diário valoriza as opiniões e perspectivas de nossos leitores. Seu *feedback* é muito importante para aprimorarmos a experiência de leitura que nossos produtos proporcionam a você.

Conecte-se conosco:

Instagram: paodiariooficial
Facebook: paodiariooficial
YouTube: @paodiariobrasil
Site: www.paodiario.org

Ministérios Pão Diário
Caixa Postal 9740
82620-981 Curitiba/PR

Tel.: (41) 3257-4028
WhatsApp: (41) 99812-0007
E-mail: vendas@paodiario.org

Escaneie o QR Code e conheça todos os outros materiais disponíveis em nosso site:

publicacoespaodiario.com.br